2022 年 主 题 出 版 重 点 出 版 物

人 类 文 明 新 形 态 研 究 丛 书

编委会主任 / 赵　奇

编委会副主任 / 王利民

颜晓峰 杨 群 ◎ 主编

构建命运共同体的
人类文明

杨洪源 等 ◎ 著

社会科学文献出版社
SOCIAL SCIENCES ACADEMIC PRESS (CHINA)

总　序

习近平总书记在庆祝中国共产党成立 100 周年大会上的重要讲话中指出："我们坚持和发展中国特色社会主义，推动物质文明、政治文明、精神文明、社会文明、生态文明协调发展，创造了中国式现代化新道路，创造了人类文明新形态。"党的十九届六中全会指出："党领导人民成功走出中国式现代化道路，创造了人类文明新形态。"创造人类文明新形态，不仅从人类发展道路新开拓和人类文明新创造的高度，对中国特色社会主义理论成就和实践意义做出了最新概括，拓展了研究中国共产党、中国特色社会主义与人类文明新形态的理论空间，而且为中国特色社会主义进一步发展指明了前进方向，是中国共产党的重大理论创新。

创造人类文明新形态是马克思主义中国化的重大课题。习近平总书记在庆祝中国共产党成立 100 周年大会上的重要讲话中指出："中国共产党为什么能，中国特色社会主义为什么好，归根到底是因为马克思主义行！"马克思主义之所以行，就在于党不断推进马克思主义中国化、时代化并用以指导实践。党的百年是不断推进马克思主义中国化的百年，也是成功开辟中华民族伟大复兴正确道路，实现中华文明从传统到现代、从封闭到开放、从蒙尘到复兴伟大转变的百年。党在百年奋斗中的每一个伟大成就、每一次伟大飞跃，都是实现和推进中华民族伟大复兴的重大进步，也都是创造人类文明新形态的重大进展。

创造人类文明新形态是马克思主义中国化在新时代实现新飞跃的重大成果。以习近平同志为主要代表的中国共产党人，坚持把马克思主义基本原理同中国具体实际相结合、同中华优秀传统文化相结合，发展出当代中国马克思主义、21世纪马克思主义，孕育出中华文化和中国精神的时代精华，创立了习近平新时代中国特色社会主义思想，实现了马克思主义中国化新的飞跃。创造人类文明新形态，正是继续深入探索这一思想并取得新的重大成果的时代课题，已经成为实现马克思主义中国化新的飞跃的重要内容。这表现在中国式现代化道路是人类文明新形态的基石，"人民至上"反映了人类文明新形态的根本性质，"四个自信"表征了人类文明新形态的显著优势，物质文明、政治文明、精神文明、社会文明、生态文明共同支撑起人类文明新形态的内在结构，人类命运共同体彰显了人类文明新形态的天下胸怀等方面。

创造人类文明新形态为发展21世纪马克思主义、复兴科学社会主义做出了重大贡献。中国共产党领导人民创造的人类文明新形态，不仅是中国的文明新形态，更是人类的文明新形态，具有深刻的世界历史意义。具体来看，人类文明新形态摒弃了西方的现代化老路，从时代坐标上保证了人类文明形态之新，其制度优势和制度密码从制度基础上保证了人类文明形态之新，其整体推进从全面性上保证了人类文明形态之新；中国创造人类文明新形态的成效和经验，以其参与建设和享用文明的人口最多、文明实践覆盖面最广、国际影响力最大，在当今世界社会主义国家的文明实践中站在高处、走在前列、成为示范；中国式现代化所创造的现代化文明，对人类现代化文明做出了重大贡献；创造人类文明新形态有利于增强社会主义意识形态的世界感召力，有利于扩大社会主义制度的国际影响力，有利于推动人类发展进步。

对人类文明新形态做出准确深刻的理论阐释，是马克思主义理论学科的重大课题。社会科学文献出版社策划出版的这套丛书旨在深入剖析和探讨中国共产党带领人民在不同文明领域创造的人类文明新形态，分为《创造人类文明新形态》《全体人民共同富裕的物质文明》《人民当家作主的政治文明》《守正创新的精神文明》《共建共治共享的社会文明》《人与自然和谐共生的生态文明》《构建命运共同体的人类文明》，共七本，力求全方位鲜活呈现人类文明新形态的理论和实践样态，并试图在以下几个方面寻求创新与突破。

一是从历史高度、思想深度和实践广度上把握人类文明新形态。七本著作以大历史观认识人类文明新形态的地位和作用，将人类文明新形态置于中国共产党百年奋斗和中国道路的独特历史境遇中展开分析与探讨，把马克思主义的思想精髓、人类文明的优秀成果和中华文明的精神特质融会贯通起来，将人类文明新形态同中国式现代化道路紧密联系起来，并围绕新时代中国特色社会主义现代化背景下不同领域文明建设与中国共产党治国理政的关系谋篇布局，阐明了中国共产党带领中国人民走中国道路、创造中国奇迹的文明史意蕴，彰显了中国共产党创造人类文明新形态的世界历史贡献。

二是基于文明协调发展的视角建构人类文明新形态。丛书的各本专著立足中国特色社会主义道路、理论、制度、文化，精辟阐述了社会主义现代化与社会主义文明之间内在统一、相互促进的关系，系统论述了人类文明新形态是物质文明、政治文明、精神文明、社会文明、生态文明协调发展的文明新形态，是人的全面发展与社会全面进步共同推进的文明新形态，是新时代中国文明与世界各国文明相互促进的文明新形态，进而深刻揭示了在新征程中全面建设、协调发展、统筹推进人类文明新形态的时代价值和实践要求，为新时代坚持和发展中国特色社会主义、全面建设社会主义现代化国家指明了正确方向。

三是从中国话语创新的意义上研究人类文明新形态。习近平总书记在哲学社会科学工作座谈会上的讲话中指出："这是一个需要理论而且一定能够产生理论的时代，这是一个需要思想而且一定能够产生思想的时代。"人类文明新形态是中国共产党领导中国人民顽强奋斗中产生的伟大创造和最新成果，是在中国原创性实践中创造出的原创性新话语。丛书坚持以学术的方式关注人类文明新形态，以高度的时代使命感研究人类文明新形态，力图通过贯通历史与现实、理论与实践，围绕这一原创性新话语积极展开创新阐释和系统论证，从而深刻揭示人类文明新形态背后的道理、学理、哲理，科学回答中国之问、世界之问、人民之问、时代之问，努力为构建中国特色哲学社会科学话语体系做出应有贡献。

"文章合为时而著，歌诗合为事而作。"即将召开的党的二十大，是在进入全面建设社会主义现代化国家新征程的关键时刻召开的一次十分重要的大会，将科学谋划未来五年乃至更长时期党和国家事业发展的目标任务和大政方针。这是在新征程中继续推动人类文明新形态取得新进展的"指南针"，更是当前加强人类文明新形态研究的"动员令"。作为马克思主义理论研究者，我们应当以高度的理论自觉、积极的历史主动、鲜明的创新意识，准确把握、正确阐述、全面分析、科学论证人类文明新形态。

　　社会科学文献出版社策划出版的这套丛书入选了中宣部"2022年主题出版重点出版物",也是中国社会科学院为党的二十大献礼的重点出版项目之一。中国社会科学院党组高度重视,相关部门也做了大量工作给予支持。期望这套丛书能为学界进入人类文明新形态研究的新征程,攀登人类文明新形态研究的新高地,增强人类文明新形态的说服力、感召力和引领力贡献微薄之力。

中国社会科学院秘书长

2022 年 9 月

主创简介

　　杨洪源 1989 年 7 月生，河北黄骅人，2005~2015 年就读于北京大学哲学系，先后获哲学学士、哲学博士学位。现为中国社会科学院哲学研究所副研究员、马克思主义哲学史研究室副主任，中国社会科学院大学哲学院副教授，兼任中国马克思主义哲学史学会副秘书长，马克思恩格斯文本文献研究分会副秘书长、中国共产党巡视理论研究中心理事、中国社会科学院新时代党建研究中心理事，主要从事马克思主义哲学史、马克思恩格斯文本文献研究。出版《政治经济学的形而上学：〈哲学的贫困〉与〈贫困的哲学〉比较研究》《政治经济学批判的逻辑建构——"1857—1858 年手稿"再研究》《恩格斯〈反杜林论〉导读——从思想论战中建构马克思主义理论体系》《〈哲学的贫困〉再研究——思想论战与新世界观的呈现》等多部专著，合著 3 部，参与编著 5 部，在《哲学研究》《哲学动态》《北京大学学报（哲学社会科学版）》《中共中央党校（国家行政学院）学报》《光明日报》等权威和核心报刊上发表文章 70 余篇，主持国家社会科学基金项目 2 项，主持其他省部级课题 6 项。曾获第八届"胡绳青年学术奖"（2018）、首届"贺麟青年哲学奖"二等奖（2017）、第二届"贺麟青年哲学奖"二等奖（2019）、北京市第十六届哲学社会科学优秀成果奖一等奖（2021）等。

理解和把握命运共同体的人类文明思维导图

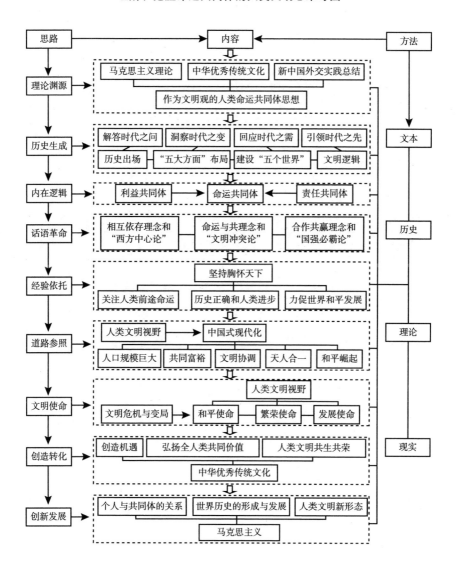

目 录

导　言　深化对构建命运共同体的
人类文明的理解与把握

　　创造人类文明新形态，是中国共产党百年奋斗的重大成就之一。它高度概括了百年党史在人类进步与文明发展中的重要地位，向世人宣告了中华民族的自信自立自强和不断为人类做出更大贡献的决心。伴随着人类文明新形态的开创，构建人类命运共同体的"中国智慧""中国方案""中国力量"，以及以人类命运共同体为标识的文明观，在世界范围内得到了越来越广泛的认同。由此，从历史高度、思想广度、表达深度等方面，对命运共同体的人类文明作进一步的凝练和提升，深化对它的理解和把握，以适应并促进其更为广泛的传播，进而引领时代发展方向与人类进步潮流，成为一个大势所趋的重大课题。

一　提炼以命运共同体为标识的人类文明概念

　　自构建人类命运共同体的理念提出以来，从文化和文明的角度对此加以阐释，就成为国内外理论界和思想界的热点问题，并形成了一些引发思想共鸣并产生较强影响的理论成果。综观这些成果及其核心观点，主要是从文化基础与文明交流出发，对人类命运共同体的思想渊源、现实意义、历史经验、构建路径、发展趋势等，作了较为系统而全面的分析和论证，使得对人类命运共同体的理解实现了从价值观到历史观再到文明观的升华。尤其是以中国共产党成立 100 周年为契机，人们以作为文明观的人类命运共同体为研究对象，不仅从"小写的文明"，即具体领域，包括物质文明、政治文明、精神文明、社会文明、生态文明等视角，进行了精准而翔实的探讨；而且基于"大写的文明"，即全人类进步与文明新形态的维度，做出了深刻而整体的把握，为进一步深化相关理解奠定了基础、指明了方向。

由此，在总体上提炼出以命运共同体为标识的人类文明的概念，并围绕它展开系统而全面的探究，成为可进一步发展或突破的空间。值得注意的是，从"创造了人类文明新形态"的权威英译"creating a new model for human advancement"来看，它主要是从文明的核心要义——人类进步的表征——来界定，而非范畴本身来界定。一方面，作为命运共同体的人类文明的产生不是一蹴而就的，而是在不同时间、不同场合中持续深化，是从倡议到理念直至升华为思想的历史过程。另一方面，它超越了纯粹的价值观的层面，蕴含着兼具历史性与进步性的文明逻辑。不论是站在历史的高度和基于理论的深度，还是立足实践的广度与依据文明的厚度，命运共同体的人类文明都已展现出巨大价值及重大作用。基于人类文明的整体性，重新梳理构建人类命运共同体是在何种历史背景下出场的，它从倡议和理念升华为思想，经历着怎样的发展过程，昭示着什么样的文明逻辑，如何进一步建设和发展这样的文明新形态……这些构成了理解并践行"引领时代潮流和人类前进方向的鲜明旗帜"[1] 的前提性工作。

二　坚持文本、历史、理论、现实相结合的方法

从马克思主义的立场、观点、方法来看，命运共同体的人类文明同唯物史观尤其是世界历史理论之间具有高度的思想契合性。遵循理论创新与实践发展有机互动的总体思路，在现实问题的导向下，以《习近平谈治国理政》《论坚持推动构建人类命运共同体》《习近平外交演讲集》等一系列原文原著为基本依据，采取文本、历史、理论、现实相结合的方法，可以使对命运共同体的人类文明的把握，具有学理上的可行性。不仅如此，文本、历史、理论、现实相结合还是跨学科的方法，综合运用哲学、马克思主义理论、政治学等进行研究，有助于形成一种整体性的理解框架。

具体而言，以现实问题为导向，对关于构建人类命运共同体的原文原著进行初步阐释。由此得出的内在逻辑，构成了思想阐释的首个内容。这里的现实问题，不是一般的经验事实层面的问题，而是真正的时代课题，也就是表征着时代的主要特征及发展趋势的社会现象、历史事件或理论动向。命运共同体的人类文明，直面"时代之问"，即"面对复杂变化的世界，人类社会向何处去"，"世界怎么了、我们怎么办"[2]，并从哲学高度向人类自身追问"从哪里来""在哪里""到哪里去"，以此作为回答"时代之问"的前提。

思想阐释虽始于文本解读，但所得出的内在逻辑却远不止于此。从思想开放、发展的特质来说，思想阐释应当包括思想的演进过程即对历史的把握，也就是思想的批判、传承与发展。对于构建命运共同体的人类文明来说，可以充分考察其理论渊源，系统阐释它从确立核心理念到打造"五大方面"的总体布局，再到建设"五个世界"的

总体路径的发展；从与多个国家分别构建双边命运共同体，到周边命运共同体、亚太命运共同体、中欧命运共同体、中非命运共同体、中拉命运共同体、中阿命运共同体、上海合作组织命运共同体，并延续至构建网络空间命运共同体、核安全命运共同体、海洋命运共同体、人类卫生健康共同体、人与自然生命共同体、地球生命共同体、全球发展共同体、人类安全共同体、人文共同体等新的重大倡议与丰富内涵，进而揭示它对马克思主义和中华优秀传统文化的有机结合与创新发展。

正所谓"论从史出"，在梳理思想演进的过程中，一些基本的观点与重要的命题也可以顺理成章地提炼而出。因此，基本观点或重要命题的重释，亦成为思想阐释的重要组成部分，命运共同体的人类文明研究也不例外。思想与现实是密不可分的，它们作为同一事物的相互依存的两个方面而存在。所谓"现实"，简言之就是"事实"加上"本质"，而这里"本质"即为"思想"。按照哲学原理的一般表述，思想作为客观实在反映在人的意识中经过思维活动而产生的结果，本身就属于客观实在即现实的范围。可见，现实问题的解决是思想阐释的题中应有之义。在顺应人类发展大潮流、把握世界变化大格局、立足中国发展大历史的基础上，通过深化对构建命运共同体的人类文明的理解，我们能够从中得到世界观方面和方法论层面的启示，彰显出其重大的现实意义。

三 把握命运共同体的人类文明的内在逻辑

从人类文明的整体上审视人类命运共同体思想及其实践，将命运共同体的人类文明作为研究对象，离不开对其内在逻辑的深刻把握，包括它的理论渊源、历史生成、内在逻辑、话语革命、经验依托、道路参照、文明使命、创造转化、创新发展等。

其中，马克思主义理论、中华优秀传统文化、新中国成立以来的外交实践总结，共同构成了人类命运共同体思想的三个主要来源，昭示出其蕴含的坚实的理论根基、深厚的文明底蕴、独特的实践创新。人类命运共同体思想充分体现了历史逻辑、理论逻辑、实践逻辑的有机统一及其必然，它的产生不是一蹴而就的，而是在不同时间、不同场合中持续深化，是从倡议到理念直至升华为思想的历史过程；它超越了纯粹的价值观的层面，蕴含着兼具历史性与进步性的文明逻辑。从整个人类文明的发展来看，人类命运共同体在本质上既是利益共同体、责任共同体，又是命运共同体，其内在要求维护全人类的普遍正当利益、承担文明召唤的时代责任，进而实现利益与责任的有机统一。

同马克思世界历史理论中的普遍交往学说一脉相承，人类命运共同体思想以相互依存、命运与共、合作共赢为核心理念，分别用以界定人类存在，表述所有普遍交往的个人的共同利益，把握"个人的特殊利益"和"普遍的共同利益"的关系，依次实现了对"西方中心论"的结构性超越、"文明冲突论"的系统性批判、"国强必霸论"的总体性解构。从马克思的"真正的共同体"学说到人类命运共同体思想，表征着马克思主义的理论品格和思想旨归的一脉相承，它们均对历史向世界历史转变这一趋势具有深刻的把握，从而在价值同构上表现为从个人与共同体的关系出发来实现人的自由全面发展。除此之外，构建人类命运共同体之于开创人类文明新形态的作用，还同时奠定了实现"真正的共同体"的思想基础。

作为世界各古老文明中唯一延续至今的形态，中华文明既是中国和中华民族独特的精神标识、精神血脉，也是"当代中国文化的根基"与"中国文化创新的宝藏"[3]。这一源远流长、博大精深的文明形态，需要薪火相传、代代守护和与时俱进、推陈出新。中华优秀传统文化是中华文明的智慧结晶与精华所在。弘扬中华优秀传统文化，推动其创造性转化与创新性发展，使之适应于当代文化与现代社会，能够为人类进步与文明发展提供正确的精神指引。在当今世界多极化、经济全球化、社会信息化、文化多样化、生态绿色化的时代背景下，推动构建人类命运共同体，不仅有助于超越中国传统文化的局限性，为中华优秀传统文化的创造性转化和创新性发展提供新的机遇，而且有利于进一步弘扬中华文明所蕴含的全人类共同价值，为人类文明共生共荣贡献中国智慧、中国力量。

从创造人类文明新形态的维度构建人类命运共同体，推动命运共同体的人类文明进一步发展，离不开以一定的实践活动为依托，尤其是作为人类文明新形态的主要创造者和领导者的中国共产党百年奋斗的历史经验。党的十九届六中全会通过的《中共中央关于党的百年奋斗重大成就和历史经验的决议》，将"坚持胸怀天下"概括为百年党史中积累的宝贵历史经验之一。不论是始终以世界眼光关注人类前途命运，还是站在历史正确和人类进步立场探索共建共享之道，抑或坚持和平发展道路为文明进步积极贡献力量，都是构建人类命运共同体的有效经验依托。

中国式现代化道路展现了人类文明的新形态。人口规模巨大、共同富裕、物质文明和精神文明相协调、人与自然和谐共生、走和平发展道路，是中国式现代化的主要特质。中国共产党领导中国人民所创造的中国式现代化，不仅为广大发展中国家提供了可资借鉴的道路参照，而且积极融入全球文明的塑造中，为构建人类命运共同体提供了极为重要的道路参考。

　　文明的存续与发展是人类社会亘古不变的终极关怀。立足为世界谋大同，坚持维护世界和平、引领世界走向繁荣、共创更加美好未来，则是构建人类命运共同体的文明使命。正如习近平所强调的："推动构建人类命运共同体，不是以一种制度代替另一种制度，不是以一种文明代替另一种文明，而是不同社会制度、不同意识形态、不同历史文化、不同发展水平的国家在国际事务中利益共生、权利共享、责任共担，形成共建美好世界的最大公约数。"[4]

（执笔：杨洪源）

第一章　作为文明观的人类命运共同体
思想及其理论渊源

　　自《中国的和平发展》白皮书中首次提出"命运共同体"的概念以来，经过十余年的理论探索和实践发展，构建人类命运共同体超越了价值观的层面，提升到深受国际社会广泛认同的文明观的形态。有鉴于此，党的十九届六中全会上通过的《中共中央关于党的百年奋斗重大成就和历史经验的决议》，站在百年党史的高度上，不仅将"推动构建人类命运共同体"归结为习近平新时代中国特色社会主义思想的重要组成部分，定位为党和国家事业所取得的历史性成就和历史性变革之一，而且从深刻影响世界历史进程的深度，将它树立为引领时代潮流和人类前进方向的鲜明旗帜。

　　作为一种文明观，人类命运共同体思想不仅具有鲜明的实践指向，而且具有深刻的理论渊源。马克思主义理论、中华优秀传统文化、新中国成立以来的外交实践总结，共同构成了人类命运共同体思想的三个理论渊源，充分体现了人类命运共同体思想所蕴含的坚实的理论根基、深厚的文明底蕴和独特的实践创新。

一　坚实的理论根基：马克思主义理论的继承与发展

一种理论的价值及其产生的影响，源于它所蕴含的真理性力量、科学性方法、开放性智慧。恩格斯曾说："我们的理论是发展着的理论，而不是必须背得烂熟并机械地加以重复的教条。"[1] 作为一种发展的和开放的理论体系，马克思主义始终站在时代的前沿，不断进行对时代问题的追问与反思。"只有聆听时代的声音，回应时代的呼唤，认真研究解决重大而紧迫的问题，才能真正把握住历史脉络、找到发展规律，推动理论创新。"[2]

当人类步入 21 世纪，伴随着全球化的深入发展和国家之间联系的日益增多，人类社会进入了一个新的时代。这是一个大发展大变革大调整的时代，借用狄更斯的话来说，"那是最美好的时代，那是最糟糕的时代；……那个时代和当今这个时代是如此相似"[3]。一方面，不同国家之间的联系从来没有像今天这样紧密，世界人民对美好生活的向往达到了前所未有的强烈程度，人类战胜困难的手段和谋求发展的机遇皆更为丰富，人类文明确实发展到了迄今为止的历史最高水平。另一方面，世界经济增长动力不足，金融危机周期反复，贫富差距日渐加大，地区战乱时有发生，恐怖主义、极端主义等共同威胁蔓延肆虐，粮食安全、资源短缺、气候变化、网络攻击、疾病流行等非传统安全问题更加紧迫，人类生存和社会发展均面临着严峻挑战。

面对新的时代现实，人类将何去何从？对这一问题，许多人既满怀期待，也充满困惑。基于对人类前途命运和时代发展趋势的深刻洞察，秉承马克思主义关于"世界历史"的广阔视野、"改变世界"的思维方式、"人的解放"的价值追求、"自由王国"的现实路径，人类命运共同体思想为解决人类重大问题、维护人类共同利益、推动人类文明进步，提出了新的构想、贡献了新的方案，充分昭示出马克思主义的强大生命力。

（一）"世界历史"的广阔视野

马克思主义之所以能够引领人类文明发展，就在于它科学地分析了世界历史的发展趋势，深刻地把握了文明发展的客观规律，正确地指明了人类进步的未来方向。众所周知，世界历史不是过去一直存在的，而是到了 16 世纪的地理大发现之后才开始初露端倪。在此以前，各个国家和民族仍然处于相对封闭的状态，彼此之间的交往和联系十分有限。新大陆的发现和新航路的开辟扩大了交往范围，为世界市场的形成与发展创造了有利的条件，人类社会由此作为一种整体性的存在，开始进入人们的视野。

如果说，地理大发现只是拉开了世界历史的帷幕，那么，18 世纪 60 年代的英国工业革命则成为世界历史生成的根本动力。正如马克思所说："随着美洲和通往东印度的航线的发现，交往扩大了，工场手工业和整个生产运动有了巨大的发展。从那里输入的新产品，特别是进入流通的大量金银完全改变了阶级之间的相互关系，并且沉重地打击了封建土地所有制和劳动者；冒险者的远征，殖民地的开拓，首先是当时市场已经可能扩大为而且日益扩大为世界市场，——所有这一切产生了历史发展的一个新阶段。"[4] 这个新的历史阶段，即为世界历史的形成。

世界历史的开创意义，不只在于各个国家和民族之间经济联系的日益加强，人类历史的发展开始由分散走向整体，还反映出人类社会由传统农业文明向现代工业文明的深刻演变。在马克思看来，以大工业为基础的社会化大生产的出现，实现了对传统自然经济生产方式的深刻变革，并且创造出前所未有的社会生产力，对整个人类社会生产生活产生了极其深远的影响。在这一进程中，生产的社会化与国际化程度日益加深，各个民族和国家之间的普遍交往日趋扩大，人与人之间的相互联系日渐紧密。新的生产方式以商品生产为基础，以机器大工业为龙头，以市场扩张为机制，以科技革命为动力，不仅"消灭了各国以往自然形成的闭关自守的状态"[5]，而且"把一切民族甚至最野蛮的民族都卷到文明中来了"[6]。

根据世界发展的全新图景，马克思恩格斯得出如下结论："各民族的原始封闭状态由于日益完善的生产方式、交往以及因交往而自然形成的不同民族之间的分工消灭得越是彻底，历史也就越是成为世界历史。"[7] 地域的区隔势必导致现实的个人的孤立，这意味着个人之间的联合仍然处于原始的、封闭的和狭隘的状态。生产的发展和大工业的兴起，不仅为地方性的联合，更为超越国家、民族界限的世界性联合，创造了必要的手段。这是现代社会从萌芽走向成熟的历史进程中的一条根本线索。没有世界历史的形成和普遍交往的发展，现代文明也就无法得以孕育和产生。

"世界历史"理论是马克思对当时新的历史时代的深刻把握和思想透视，它不仅揭示了资本主义生产方式的全球扩张逻辑，而且指明了人类相互依存、命运与共的潜在发展趋势。换言之，世界历史的形成，本身已经预示了人类命运共同体的未来生成。

当前，随着世界多极化、经济全球化、社会信息化、文化多样化、生态绿色化的深入发展和持续推进，各国相互联系、相互依存的程度空前加深，广泛的共同利益和深度的价值共识愈益增多，使得"地球村"成为人们的共同生活状态。人类"生活在历史和现实交汇的同一个时空里，越来越成为你中有我、我中有你的命运共同体"[8]。与此同时，世界格局的深刻变革，伴随着层出不穷的挑战和不断增多的风险，使人们在日益增长的不确定性中，对"人类何去何从"深感忧虑。在时代发展的现实面前，"没有哪个国家能够独自应对人类面临的各种挑战，也没有哪个国家能够退回到自我封闭的孤岛"[9]。

因此，只有对世界历史做出整体把握，才能真正理解当今世界正在发生的一切，准确界定现在的历史方位，科学预判未来的发展方向。从这个意义上讲，人类命运共同体思想是尊重世界历史规律、顺应世界历史大势、引领世界历史潮流的产物。将人类社会的发展置于世界历史的广阔视野中进行审视与考察，这是人类命运共同体思想对马克思世界历史理论的当代发展。

（二）"改变世界"的思维方式

"哲学家们只是用不同的方式解释世界，而问题在于改变世界。"[10]"改变世界"是马克思主义的实践性所在。通过对青年黑格尔派和旧唯物主义的双重批判，马克思实现了哲学视野和思维方式的深刻变革，凸显了马克思主义的理论底色和实践品格。作为一种革命的学说，马克思主义不仅要求对资本主义世界予以批判性审视，而且要求对一个新世界进行建构性阐明。

从世界历史的进程来看，资本是推动社会历史发展的强大力量。马克思指出，资本对文明的塑造表现为，"它创造了这样一个社会阶段，与这个社会阶段相比，一切以前的社会阶段都只表现为人类的地方性发展和对自然的崇拜"[11]。无论是资本主义的滥觞与勃兴，还是世界历史的形成与发展，都离不开资本逻辑的作用。

然而，资本的本性却是无限度地自我增殖，其开创世界历史的动力也大多出于这种贪婪的本性。在资本逻辑所主导的世界秩序下，社会不平等和贫富悬殊，引发了国际格局的动荡、矛盾、冲突和失序，使得现代社会在持续不断的变革中，充斥着不稳定性和不确定性。"当固定的世界秩序消失时，流动性成为这个世界的主旋律，不安感也就成为现代性的内在特征。"[12] 流动性的加速及安全感的丧失，把人们囚禁于现代性的灾难后果中，同时也使人们困陷在资本永不停息地追求利润和毫无限度地满足贪婪的运行逻辑中。面对这样的世界，"人们终于不得不用冷静的眼光来看他们的生活地位、他们的相互关系"[13]。由此可见，资本逻辑在现代社会的运行及其建构的现代世界图景，构成了人类命运共同体思想出场的历史前提。

"改变世界"的思维方式不仅确立了从人的实践活动出发来理解人与世界的关系这一全新视角，而且开辟了实现人的解放的现实道路。新世界从来都不是凭空出现的，而是在批判和改造旧世界的过程中才得以生成。马克思恩格斯曾说："实际上，而且对实践的唯物主义者即共产主义者来说，全部问题都在于使现存世界革命化，实际地反对并改变现存的事物。"[14] 资本主义经济全球化及其建构的国际秩序和世界体系，从根本上是为了满足资本增殖的欲望和需要，而非促进作为类存在的人的解放和自由发展。与之相对，构建人类命运共同体寻求建立的新型国际关系和全球治理体系，正是对现存世界不合理的剥削性社会关系、不公平的国际政治经济秩序的"拨乱反正"。

改变世界不可能一蹴而就，更不可能仅靠美好的幻想就会实现，而是必须在实践中付出实在且具体的行动，在行动中破解复杂且棘手的难题。任何一种共同体若要达成自己的目标，皆需要依靠其全体成员的集体行动，构建人类命运共同体亦是如此。"构建人类命运共同体是一个美好的目标，也是一个需要一代又一代人接力跑才能实现的目标。中国愿同广大成员国、国际组织和机构一道，共同推进构建人类命运共同体的伟大进程。"[15] 换言之，人类命运共同体思想及其实践，并不只是一句口号和一种愿景，而是可以通过各个国家的共同参与和努力来达致的、真正让现存世界朝着更好方向发展的现实目标。

（三）"人的解放"的价值追求

人的解放与自由全面发展，是马克思哲学的根本主题，是整个马克思主义的落脚点和归宿。马克思之所以十分重视对世界历史的研究，一个深刻的原因就是通过对资本主义社会的总体分析，揭示其深层的运行规律和固有的内在矛盾，进而探寻通往人的解放的现实道路。随着历史向世界历史的转变，个人的活动虽然逐渐摆脱民族性与地域性的界限，不断扩展为世界历史性的活动，但同时也"受到日益扩大的、归根结底表现为世界市场的力量的支配"[16]。世界市场所形成的普遍交往和国际分工，一方面使人们在不断丰富和发展的社会关系中提升了自身的素质、能力和才能，另一方面也导致以资本增殖为核心的市场交换价值体系成为压倒一切的主宰力量，造成物对人的异己支配和抽象统治。

现实的个人改变现实世界的原因，从根本上来说就在于改变其现有的生存状况，从而让人的本质力量得到真正的展现和发展。早在《1844 年经济学哲学手稿》中，马克思就提出以私有财产的扬弃来实现对异化逻辑的克服："共产主义是对私有财产即人的自我异化的积极的扬弃，因而是通过人并且为了人而对人的本质的真正占有；因此，它是人向自身、也就是向社会的即合乎人性的人的复归，这种复归是完全的复归，是自觉实现并在以往发展的全部财富的范围内实现的复归。"[17] 从早期的异化批判到《资本论》中的拜物教批判，马克思对政治经济学的认识逐渐深化，对资本主义社会的批判也不再附着过多的道德和情感谴责，转而对其本身展开历史的理性分析。

探求人的解放的现实道路，必然要求对人们所置身其中的世界，进行深入的研究与反思。由此，聚焦于对资本主义社会的批判，自然就在情理之中。在马克思看来，资本主义社会绝非一种永恒的和历史终结式的存在，真正的"属人的历史"唯有克服资本主义社会本身的历史规定性方能开显。"资产阶级的生产关系是社会生产过程的最后一个对抗形式，这里所说的对抗，不是指个人的对抗，而是指从个人的社会生活条件中生长出来的对抗；但是，在资产阶级社会的胎胞里发展的生产力，同时又创造着解决这种对抗的物质条件。因此，人类社会的史前时期就以这种社会形态而告终。"[18]

通过对"非人的历史"和"属人的历史"之间的区分，马克思建构了一种以人的解放即真正的人的自由个性为内核和主题的新哲学，并以此深刻揭露了资本主义社会中人与人之间无休止的利益对抗与相互竞争。因此，如何走向真正自由的人类历史，恰恰构成了马克思对资本主义批判的理论旨归。在这一理论探索的过程中，马克思的哲学视域从"市民社会"转向"人类社会"，将资本主义的发展置于人类历史的进程中予以考察，从而彻底破除了古典政治经济学家将资本主义永恒化的意识形态迷雾。"这一视域差异深刻地揭示了资本主义经济全球化与人类命运共同体之间哲学立场的深刻分歧。"[19] 实现人的解放和自由全面发展，是马克思主义的社会理想和价值追求，同时也是人类命运共同体思想的题中之义。

（四）"自由王国"的现实路径

人类的历史发展在克服"人的依赖性关系"和"以物的依赖性为基础的人的独立性"这两个阶段的局限性以后，将会走向"建立在个人全面发展和他们共同的、社会的生产能力成为从属于他们的社会财富这一基础上的自由个性"[20]。按照马克思的理解，"自由个性"在历史中的生成预示着人类发展的最高阶段，代表着资本逻辑对人的抽象统治的瓦解，意味着"自由人联合体"的真正实现："代替那存在着阶级和阶级对立的资产阶级旧社会的，将是这样一个联合体，在那里，每个人的自由发展是一切人的自由发展的条件。"[21]

人的自由个性只有在"真正的共同体"中才成为可能，这是马克思主义共同体思想的核心要义。与过去存在的"自然的共同体"和"虚幻的共同体"不同，"自由人联合体"作为"真正的共同体"，取代了个人与个人之间、个人与共同体之间以及共同体与共同体之间的分裂、冲突与对抗，真正实现了个人自由与共同体的自由之间的内在统一[22]。显然，"自由人联合体"是未来社会共同体的理想形态。

当然，"自由人联合体"和"人类命运共同体"之间存在的时空差异，也使二者在内涵上并不完全相同。"自由人联合体是指社会制度差别消除、阶级和国家消亡的理想社会，而人类命运共同体主要是指包容发展程度、发展道路、社会制度差别的国际大家庭。"[23] 人类命运共同体尽管并非马克思所说的"自由人联合体"，但是构成了通往这一理想的现实路径。这是因为对人类整体发展和共同利益的观照，必然要求对人类的命运予以特别的关注；而要真正实现"作为目的本身的人类能力的发挥"[24]，必然需要在现实中推进人类命运共同体的构建。

人类命运共同体能否在现实中形成，取决于这个共同体的成员是否形成价值上的共识，而价值共识能否形成的关键在于有没有共同的利益。处于社会交往中的人们之间的共同利益越是不断扩大，由他们组成的共同体的根基就会越加巩固。共同利益的存在并不意味着共同体内部不存在利益的矛盾与冲突，在共同体中仍然存在特殊利益与普遍利益的矛盾。正是因为这种矛盾的存在，"共同利益才采取国家这种与实际的单个利益和全体利益相脱离的独立形式，同时采取虚幻的共同体的形式……这些始终真正地同共同利益和虚幻的共同利益相对抗的特殊利益所进行的实际斗争，使得通过国家这种虚幻的'普遍'利益来进行实际的干涉和约束成为必要"[25]。因此，如何处理和解决全人类的共同利益和特定民族国家的特殊利益之间的矛盾，构成了全球治理和构建人类命运共同体的一个核心问题。

当今世界，在经济全球化深入发展的时代语境中，各个国家及其人民的利益高度融合，已然形成了一个联系十分紧密的共同利益链条。无论哪个环节出现问题，都可能导致全球利益链条的中断，从而危及各国人民的利益。世界各国的发展已不再是你输我赢、一家通吃，而是一荣俱荣、一损俱损。要想实现共同的繁荣与发展，只有义利兼顾，才能让二者兼得。对此，人类命运共同体思想主张以协商对话、合作共赢的方式，来解决人类的共同利益和民族国家的特殊利益之间的矛盾，这是对马克思主义共同体思想的当代继承与发展。

综合以上分析，人类命运共同体思想继承和发展了马克思主义的历史视野、价值追求、实践品格和理想境界，是 21 世纪马克思主义中国化的重大理论成果之一，为人类文明的进步、发展和繁荣贡献了中国智慧、中国方案和中国力量。

二　深厚的文明底蕴：中华优秀传统文化的传承与发扬

每个国家和民族都有属于自己的文化基因，并在历史的传承中不断汲取精神滋养。作为中华文明的历史记忆和重要载体，中华优秀传统文化承载着中华民族的精神命脉和独特标识。在几千年绵延不断的文明发展中，中华优秀传统文化作为中华民族生生不息、发展壮大的丰厚滋养，潜移默化地塑造着中国人的思想、精神、气质和行为。习近平指出："中华民族历来是爱好和平的民族。中华文化崇尚和谐，中国'和'文化源远流长，蕴涵着天人合一的宇宙观、协和万邦的国际观、和而不同的社会观、人心和善的道德观。"[26] 中国的"和"文化具有丰富的思想内涵，不仅蕴含了古人对人与人的关系、人与自然的关系、人与世界的关系的深刻思考，而且至今仍然对中国的社会发展、国家治理和国际交往产生着深远影响。人类命运共同体思想植根于源远流长的中华文明，具有深厚的文明底蕴和悠久的文化传统。

（一）"天人合一"的宇宙观

天人关系是中国传统哲学的基本问题，包含着十分丰富而复杂的内容。"中国传统哲学中所讲的'天'，有意志之'天'、命运之'天'，义理之'天'等涵义，但不能否认，它的一个最基本的涵义就是指自然界，即天地之'天'、自然之'天'、物质之'天'。"[27]
作为一种观念，"天人合一"强调"天"与"人"之间的和谐，将
天地万物与人视为一个整体。它反映了人与自然相互关联、彼此相依
和不可分离的紧密联系，是古代先哲解决人与自然关系问题的基本
思路。

从儒家的"天人一体""性天相通"到道家的"人法地、地法
天、天法道、道法自然"，都实际地表达了人要遵循、顺应自然规律
的内在要求。人是自然界的产物，人类的生存与发展离不开同大自然
的和谐相处。中国古代先哲提出的"天人合一""道法自然"等理
念，是中华文明尊重自然、追求人与自然共同生存与和谐统一的思想
基础。与之相对，西方传统文化中存在将"天"与"人"加以疏离
甚至对立起来的倾向，主张人类游离于自然之外或超然于自然之上。
这种观念尽管在一定程度上推动了科学技术和物质文明的进步，但同
时也引发了威胁人类生存与发展的生态危机。

作为处理人与自然关系的正确思想原则，中国传统哲学中的
"天人合一"观念本身是农业文明时代的产物，不可避免地带有一
定的历史局限性。因此，中华文化要对人类的未来发展有所贡献，
就存在一个对中华优秀传统文化中各种理念加以创造性转化的问
题。直接现成地将这些理念拿来运用，并希冀它们成为解决当下
困境的"药方"，显然是不现实的。必须结合时代发展的现实来重
新激活这些理念所蕴含的智慧，并在时代问题的思考中阐发其当
代价值。

面对困扰当今人类的生态破坏难题，建立人与自然之间的和谐关
系已然迫在眉睫。正如习近平所强调的："我们应该遵循天人合一、
道法自然的理念，寻求永续发展之路。"[28] 中国作为一个负责任的大

国，不仅致力于解决好自己的人口、资源和环境问题，以生态文明建设推动经济发展与绿色发展齐头并进，而且积极推动全球环境治理和全世界的可持续发展。在全球化时代，生态环境问题绝不是某一个国家的问题，而是关系到每个国家长远发展与人类前途命运的共同问题。人类只有一个地球，只有共同呵护其赖以生存的共同家园，才能实现人类社会的持续繁荣与发展，满足各国人民对美好生活的追求与期待。

生态兴则文明兴，生态衰则文明衰。如若没有人类社会的可持续发展，人类命运共同体就不会长久存在。面对气候变化、能源资源安全、重大自然灾害等日益增多的全球环境治理难题，各国应各尽所能、携手应对，形成保护全球环境的最大合力。对此，人类命运共同体思想继承了"天人合一""道法自然"等中华优秀传统文化中的生态理念，为实现人类社会的永续发展贡献了中国智慧。

（二）"协和万邦"的国际观

中华民族自古以来就崇尚和平、倡导和谐、追求和睦。《尚书·尧典》有言："九族既睦，平章百姓。百姓昭明，协和万邦，黎民于变时雍。"[29] 此处的"协和万邦"，意指在氏族内部关系和睦和国家治理尚贤举能的基础上，可以实现各邦国及其人民之间的友好相处。究其实，中国传统文化中的"协和万邦"表达了这样一种深刻的观念：以一种普遍有效的兼容关系来抑制相互之间的冲突，以平等、协商、友好、合作、共赢、互利的方式妥善处理各国之间的关系，进而谋求共同发展、共同繁荣。

中国之所以在谋求自身发展时不会陷入一己和一国的界域，是因为其自古以来就具有以"天下"为基点来思考的博大胸怀。在中国传统文化中,"天下"不只是一个时空意义上的观念,更是一种崇高的精神境界。《礼记·礼运》篇对"天下一家"的理念进行了如下阐明:"故圣人耐以天下为一家,以中国为一人者,非意之也。必知其情,辟于其义,明于其利,达于其患,然后能为之。"[30] 钱穆曾指出:"'天下'二字,包容广大,其涵义即有,使全世界人类文化融合为一,各民族和平并存,人文自然相互调适之义。"[31] "天下一家"是从"天下"来理解世界,将"世界"作为分析问题的思考单位,从而真正用"世界"的眼光来看待世界。"在天下一家的理想影响下,在中国的意识里不存在'异端意识',于是,中国所设定的与'他者'的关系在本质上不是敌对关系,其他民族或宗教共同体都不是需要征服的对象。"[32] 征服和侵略往往建立在自我与他者的敌对关系基础之上,而合作和互利则是建立在自我与他者之间的和谐关系之上。"协和万邦"和"天下一家"的理念,不仅在思想旨趣上紧密相连,而且集中体现了中华民族自古以来注重以和平方式来处理不同国家之间关系的文化传统。

爱好和平的思想深深植根于中华民族的精神世界之中,时至今日仍然是中国处理国际关系的基本理念。人类命运共同体思想秉持"天下一家""协和万邦"的理念,超越了局限于特定民族国家的解释范式和狭隘视界,打破了国强必霸的传统模式和陈旧逻辑,凸显了和平合作、和谐发展、和睦互助的博大情怀。"为了和平,我们要牢固树立人类命运共同体意识。偏见和歧视、仇恨和战争,只会带来灾难和痛苦。相互尊重、平等相处、和平发展、共同繁荣,才是人间正道。"[33] 20 世纪的两次世界大战,曾给世界人民带来巨大的灾难和创伤,使人们对免于战争和缔造和平充满着渴望与向往。人类命运共同体思想取代了旧有的冷战思维、零和博弈和强权政治，致力于构建以合作共赢为核心的新型国际关系，从而开辟了共同推进世界和平与发展的崭新道路。

（三）"和而不同"的社会观

"和"与"同"是中国哲学中的两个重要范畴。最早对"和"与"同"加以阐释的是中国西周末年的太史伯。《史伯为桓公论兴衰》中有云："和实生物，同则不继。以他平他谓之和，故能丰长而物归之；若以同裨同，尽乃弃也。"[34] 这段话的意思是，"和"使不同的事物达到平衡与和谐的状态，从而让万物得以生长；如果一切都完全相同，就会停滞不前、无所增益。"和"之所以能够推动事物的发展，不只在于冲突和对抗的消解，更在于对不同事物及其差异性的包容与尊重。中国古人很早就懂得"万物并育而不相害，道并行而不相悖"[35] 的道理，主张和谐是尊重差异性和特殊性的统一。因此，"和"的内涵是很明确的，即包含着差异、矛盾和对立面在内的事物多样性的统一。而"同"则指无差别的同一性，即没有差异和矛盾的相同事物的简单相加。

在以和为贵、以和为美的中国传统文化中，"和而不同"构成了源远流长的"和"文化的哲学根据与理论基础。作为中国传统哲学的处世智慧，"和而不同"不仅反映了古代先哲对宇宙万物的生成及发展规律的认识，而且构成了处理人际关系，以及不同国家、民族、文化之间关系的重要原则。费孝通认为，"和而不同"就是多元互补，多元的文化形态在相互接触中相互影响、相互吸收、相互融合，既是中华文化本身融合力和包容性的表现，同时也使中华文化得以连绵不断地发展。中华优秀传统文化中的这一古老观念，时至今日仍具有强大的活力，并且仍然可以成为现代社会发展和对待文明差异的有效准则和理想目标。

"和而不同"既是文化发展的内在要求，也是文明冲突的化解之道。习近平指出："文明相处需要和而不同的精神。只有在多样中相互尊重、彼此借鉴、和谐共存，这个世界才能丰富多彩、欣欣向荣。"[36] 文明多样性是人类社会的基本特征，更是人类发展进步的动力源泉。丰富多彩的世界文明，正是因多样性和差异性汇聚而成。只有破除"文明高低论""文明优劣论"的偏见，尊重不同民族的历史、习俗、智慧和贡献，鼓励不同文明之间的对话、交流、互鉴与融合，才能真正化解文明之间的冲突和不断延续人类文明的发展。究其实，"文明冲突论"或"文明优越论"是将文明之间的区别和历史上的冲突加以永恒化的产物；其不但忽视了文明本身的动态发展和包容弹性，而且低估了不同文明所具有的发展潜力以及文明之间相互借鉴的广阔空间。

"和而不同"是一种高超的境界和理想状态。要使生活于不同文明中的人们都能认同和贯彻这一理想并非易事。以"和"为理念内核的人类命运共同体思想，传承了中华民族"和合共生""和衷共济"的历史基因，发扬了中华民族"以和为贵""和而不同"的优良传统，为实现不同文明、不同国家、不同民族之间的互信、互惠、互通迈出了关键的一步。

（四）"人心和善"的道德观

在中国传统文化中，"人心和善"是一种十分重要的美德，其内涵与儒家的"仁爱"思想有着紧密的关联。"仁"是儒家思想的核心观念，"爱人"则为"仁"的根本。从孔子的"己欲立而立人，己欲达而达人"到孟子的"老吾老以及人之老，幼吾幼以及人之幼"，从荀子的"四海之内若一家"到张载的"民胞物与"，都体现了古人对人与人之间关系和睦、相互扶持的内在体认。换言之，"爱人"就是能够设身处地为他人着想，而不是只关注个人的得失。《墨子·兼爱》有云："夫爱人者，人亦从而爱之；利人者，人亦从而利之；恶人者，人亦从而恶之；害人者，人亦从而害之。"[37] 这就是说，个人利益和他人利益之间并不是各自独立的，而是紧密连接在一起。为他人谋幸福，实际上也是能够让自己得益。心中有我，也有别人，在人际关系中做到"推己及人"，如此方能在群体生活中建立起一种互相尊重、互相帮助、互相有利的合作关系。

由个人延伸至社会再拓展到国家，"仁爱"思想对中国处理国与国的关系有着十分深远的影响。不同的国家、民族和文明之间的关系，归根结底不过是人与人的关系在空间范围上的延伸。一个民族或一个国家的发展与繁荣，离不开人民之间的和睦相处，而人类的进步与发展更是离不开各国人民的相亲相爱。"人心和善"不仅是一种需要不断追求的崇高的道德品质，更是在现实中为个人和国家提供的一种道德上的规范。正所谓"穷则独善其身，达则兼济天下"，人类命运共同体思想及其实践，力求在追求本国利益的同时兼顾他国的合理关切，在谋求本国发展的同时促进各国发展，从而使各国成为亲密合作和守望相助的伙伴，共同应对全人类的挑战，共同为全人类的事业贡献力量。

尽管近代中国遭受列强的侵略而饱受战乱之苦，但中国崛起后仍然坚持不称霸和不扩张，足见中华文明中的"仁爱"思想在中国外交政策中的传承与发扬。习近平指出："我们应该坚持你好我好大家好的理念，推进开放、包容、普惠、平衡、共赢的经济全球化，创造全人类共同发展的良好条件，共同推动世界各国发展繁荣，共同消除许多国家民众依然面临的贫穷落后，共同为全球的孩子们营造衣食无忧的生活，让发展的成果惠及世界各国，让人人享有富足安康。"[38] 由此可见，人类命运共同体思想旨在超越民族、文化、国家与意识形态等诸多界限，真正从全人类的共同利益出发，努力让世界人民共享发展机遇和发展成果。它不仅体现了中华优秀传统文化中"仁爱"思想的深厚底蕴，而且表明了中国主动承担世界责任的大国担当。

总而言之，人类命运共同体思想的形成和践行，彰显出中华优秀传统文化中所蕴藏的丰富思想和智慧宝藏，并结合时代的发展赋予了中华优秀传统文化以新的生命和价值。作为人类命运共同体思想的理论渊源之一，中华优秀传统文化集中体现了这一思想所蕴含的深厚的文明底蕴，既对解决当代人类面临的各种挑战有着重要的启示，又能够为人类社会的未来发展继续做出更大的贡献。

三 独特的实践创新：新中国成立以来外交实践的总结与升华

一个国家所秉持的外交理念，表征着该国在外交工作中遵循的基本原则，深远地影响着同他国乃至整个国际社会相处时的具体实践。自中华人民共和国成立以来，中国共产党立足中国的基本国情，提出了一系列重要的外交理念和战略思想，丰富、发展和完善了适合中国国情的外交理论体系。由于中国共产党在不同时期的历史条件下面临的时代挑战和需要解决的主要问题有所不同，故而对世界格局和世界局势思考的角度与论述的重点也有所变化。通过对新中国成立以来外交实践的考察，不仅可以把握具有中国特色、中国风格和中国气派的大国外交历程，而且可以看到中国外交理念在认识上的不断深化和发展，在实践中的不断完善和创新。作为 21 世纪中国面向世界提出的外交理念，人类命运共同体思想继承了新中国成立以来外交实践积累的宝贵经验，并在独特的实践创新中持续引领中国外交实践再创辉煌，开拓了世界和平与共同繁荣的现实道路，同时也开启了人类进步与文明发展的崭新篇章。

（一）"中间地带""三个世界"的划分

面对世界历史发展中各种力量和各种关系的挑战，如何找到自己在世界格局中的准确方位，对于一国的发展而言至关重要。一个国家如果没有对世界格局与世界局势的清晰判断与深刻把握，就无法确定有利于自己发展的对外战略和外交政策。以毛泽东同志为主要代表的中国共产党人，基于对中国基本国情的正确认识，准确把握不断变化的国际形势，先后提出了"中间地带"和"三个世界"的重要战略思想。

随着第二次世界大战的结束，国际政治格局出现了新的分化和重组，尤其是美苏之间的紧张关系俨然成为国际社会面临的突出问题。针对这样的紧张关系下美国散布反苏战争的传言，毛泽东提出了"中间地带"论，指出美国和苏联中间隔着极其辽阔的地带，在没有真正压服处于"中间地带"的国家之前，美国不会对苏联发起进攻[39]。20 世纪 60 年代中期，毛泽东进一步加深了对"中间地带"

的认识，继而提出了"两个中间地带"思想："中间地带有两部分：一部分是指亚洲、非洲和拉丁美洲的广大经济落后的国家，一部分是指以欧洲为代表的帝国主义国家和发达的资本主义国家。"[40] "两个中间地带"思想打破了美国孤立中国的企图和阴谋，使国际上建立反对美帝国主义统一战线具有了坚实的理论基础，为进一步推动国家之间超越意识形态分歧指明了发展方向。

到了 20 世纪 60 年代末 70 年代初，国际形势出现了许多新的变化，世界多极化的迹象开始显现。根据对新的世界局势的判断，毛泽东提出了"三个世界"的思想，他在会见赞比亚总统卡翁达时指出："美国、苏联是第一世界。中间派，日本、欧洲、澳大利亚、加拿大，是第二世界。咱们是第三世界。"[41] 美国和苏联之所以被列为第一世界，不只是因为当时两国经济富裕和技术发达，更在于两个超级大国都想要称霸世界。这样的对抗和竞争，无疑对世界和平构成了严重威胁。相比之下，第二世界的其他资本主义发达国家虽具有帝国主义的特征，却又不得不忍受霸权主义的操纵和控制，故而也就成为中国在发展过程中可以努力争取和团结的中间势力。居于第三世界的广大发展中国家尽管经济并不发达、力量也相对分散，但在反对霸权主义、推动世界和平的过程中，则成为一股不容小觑的重要力量。

毛泽东关于"三个世界"划分的战略思想，具有重大的理论和实践意义。从理论上讲，这一划分不仅科学总结和高度概括了世界格局的深刻变化，而且为世界社会主义运动理论的发展做出了重要贡献[42]。从实践上看，"三个世界"的划分立足国际环境的实际情况，明确了世界多极化发展的必然趋势，指明了第三世界在国际斗争中的重要作用，为新中国的发展争取了有利的国际环境。这一战略思想"对于团结世界人民反对霸权主义，改变世界政治力量对比，对于打破苏联霸权主义企图在国际上孤立我们的狂妄计划，改善我们的国际环境，提高我国的国际威望，起了不可估量的作用"[43]。同样，正是基于对中国在 21 世纪世界格局中的方位洞察，人类命运共同体思想以寻求最大公约数和凝聚价值共识的方式，推动建立各国共同发展的实践平台，从而使各国人民共享世界发展的成果。

（二）坚持和平共处五项原则

一个国家的发展通常需要借助两种力量，即国内力量和国际力量。这两种力量如果得到充分的发挥和利用，一个国家自然就能加快自己发展的步伐。问题的关键在于如何处理两种力量之间的关系。对此，中国始终坚持独立自主的基本外交立场。早在中华人民共和国成立前夕，毛泽东就强调："中国必须独立，中国必须解放，中国的事情必须由中国人民自己作主张，自己来处理，不容许任何帝国主义国家再有一丝一毫的干涉。"[44] 独立自主的方针意味着以自己的力量为基点，依靠本国人民的努力来发展自己。在这一方针的指引下，新中国逐步建立起一个独立完整的工业体系和国民经济体系，为社会主义的现代化奠定了坚实的基础。

中国的社会主义建设和发展，离不开独立自主、自力更生方针的正确指引，但这并不意味着可以不借助任何国际力量的援助。正如毛泽东所说："那种丧失信心，以为自己什么也不行，决定中国命运的不是中国人自己，因而一切依赖外国的援助，这种思想是完全错误的。但是我们在肯定这一点之后，又必须肯定另一点，即应当继续努力同苏联和一切兄弟国家团结一致，继续努力同世界上一切兄弟党、人民革命政党和广大人民群众团结一致，取得他们的同情和援助。如果我们不肯定这一点，那也是完全错误的。"[45] 可以说，独立自主的和平外交政策构成了新中国 70 多年外交实践的底色。

中华人民共和国成立伊始，努力争取一个和平、稳定的国际环境，对于加快自己的发展至关重要。1953 年 12 月，周恩来就西藏问题同印度代表团交流时，首次提出和平共处五项原则。1954 年 6 月，中国和印度、缅甸分别发表联合声明，确认和平共处五项原则适用于相互关系以及同其他国家之间的关系，为推动建立公正合理的新型国际关系做出了不可磨灭的历史性贡献。

1955 年 4 月，为了促进亚洲各国间的亲密合作，建立友好的睦邻关系，反对帝国主义的殖民统治和内政干涉，有 29 个亚非国家参加的万隆会议召开。万隆会议形成的十项原则，不仅体现了联合国宪章的宗旨和原则，而且是对和平共处五项原则的引申和发展。自此之后，和平共处五项原则不仅成为中国外交工作的核心理念和政策基石，并且逐渐为世界上绝大多数国家所接受，日益成为世界各国普遍认可和支持的国际关系准则。时至今日，世界上已有近百个国家在同中国签订的双边文件中认可了和平共处五项原则，真正实现了从区域性向世界性的扩展。可以说，和平共处五项原则不仅经受住了历史的考验，而且在国际关系中日益显示出强大的生命力。

当前，国际关系和世界格局已经发生了许多重大而深刻的变革。"新形势下，和平共处五项原则的精神不是过时了，而是历久弥新；和平共处五项原则的意义不是淡化了，而是历久弥深；和平共处五项原则的作用不是削弱了，而是历久弥坚。"[46] 人类命运共同体思想继承和发展了和平共处五项原则的理念精髓，主张国家不分大小、强弱、贫富，皆为国际社会中的平等成员，都有平等参与国际事务的权利，反对任何国家对国际事务进行垄断。中国的迅速起和中国特色社会主义所取得的巨大成就，同中国坚定不移走和平发展道路，始终贯彻和平共处五项原则的外交理念之间，有着十分紧密的联系。

面对国际社会出现的"中国威胁论""国强必霸论"等论调，习近平指出："中国早就向世界郑重宣示：中国坚定不移走和平发展道路，既通过维护世界和平发展自己，又通过自身发展维护世界和平。走和平发展道路，是中国对国际社会关注中国发展走向的回应，更是中国人民对实现自身发展目标的自信和自觉。"[47]坚定不移走和平发展道路，是中国根据时代发展潮流和自身根本利益做出的战略抉择，同时对弘扬和平共处五项原则、增进各国人民友好合作、促进世界和平与发展具有深远意义。

（三）建立国际政治经济新秩序

对时代主题的正确认识，既是分析世界政治经济等问题的前提与基础，也是一个国家制定具体发展方针和政策的依据。根据 20 世纪 70 年代以来国际形势变化的新情况和新特点，邓小平对时代的主题形成了新的认识和思考。就当时总的国际局势而言，邓小平认为："战争是可以避免的，争取一个较长时间的和平是可能的。"[48]他在 1985 年 3 月会见日本访华团时提出了"和平和发展是当代世界的两大问题"的科学论断："现在世界上真正大的问题，带全球性的战略问题，一个是和平问题，一个是经济问题或者说发展问题。和平问题是东西问题，发展问题是南北问题。概括起来，就是东西南北四个字。南北问题是核心问题。"[49]没有和平，战争的硝烟就不会平息，合作的愿景就无法实现。没有发展，贫困的状况就不会改变，繁荣的未来更无从谈起。

然而，冷战时期形成的以雅尔塔体系为基础的国际秩序，使世界范围的和平与发展的问题一直受制于美苏的两极对峙格局及其争夺世界霸权的斗争。因此，建立公正合理的国际秩序就成为实现世界共同发展的时代性任务。20 世纪 80 年代，邓小平就提出了建立国际政治经济新秩序的问题，他在会见印度总理拉吉夫·甘地时指出："世界上现在有两件事情要同时做，一个是建立国际政治新秩序，一个是建立国际经济新秩序。"[50]

从政治上看，国际旧秩序的主要特征是国际事务由少数大国垄断，以大欺小、以强凌弱的现象在国际关系中频繁发生。从经济上看，很多国际经济机构和货币金融机构都掌握在少数发达国家手中，不合理的国际分工使广大发展中国家处于国际贸易体系的末端，进而导致南北之间的贫富差距持续扩大。旧的国际秩序之所以不公正、不合理，就在于它从根本上来说是霸权主义和强权政治的产物，奉行一家独占和赢者通吃的零和思维，不利于全球性问题的解决和世界的长远发展。

许多国家对国际新秩序的建立，仍然没有摆脱霸权主义思维的影响，都希望通过自己的力量和优势来建立对自身发展有利的国际新秩序，对发展中国家的权益依旧采取冷漠和无视的态度。因此，只要不合理不公正的国际秩序存在，世界的共同繁荣就不可能成为现实。冷战结束后，美苏对峙的两极格局走向终结，国际力量对比发生重大变化。尤其是以金砖国家为代表的新兴经济体的迅速发展，使世界多极化趋势愈加显明，和平与发展成为各国人民的愿望和期许。面对新的国际局势，如何建立适应时代发展的国际新秩序已然成为世界关注的一个焦点问题。

在这一问题上，邓小平曾强调："处理国与国之间的关系，和平共处五项原则是最好的方式。其他方式，如'大家庭'方式，'集团政治'方式，'势力范围'方式，都会带来矛盾，激化国际局势。总结国际关系的实践，最具有强大生命力的就是和平共处五项原则。"[51] 江泽民也指出："建立什么样的国际新秩序，是当前国际社会普遍关心的重大问题。根据历史经验和现实状况，我们主张在互相尊重主权和领土完整、互不侵犯、互不干涉内政、平等互利、和平共处等原则的基础上，建立和平、稳定、公正、合理的国际新秩序。"[52] 由此可见，建立国际政治经济新秩序，实际上是将和平共处五项原则延伸至国际秩序的问题上。中国主张在和平共处五项原则的基础上建立国际新秩序，就是要结束由霸权主义和强权政治所主导的国际旧秩序。

历史反复证明，各国人民才是世界发展的主体。"什么样的国际秩序和全球治理体系对世界好、对世界各国人民好，要由各国人民商量，不能由一家说了算，不能由少数人说了算。"[53] 人类命运共同体思想立足和平与发展的时代主题，主张建立和平、稳定、公正、合理的国际新秩序，呼吁各国淡化社会制度和意识形态的矛盾分歧，充分尊重世界各国人民对国际新秩序的诉求，这无疑有助于实现各国间相互尊重、平等相待的良性互动。

（四）建设持久和平、共同繁荣的和谐世界

进入 21 世纪，国际形势更加严峻复杂，各种全球性问题不仅直接威胁到世界的和平与发展，而且使人类的生存与安全面临着更多的挑战。在这样的背景下，推动建立更加公正合理的国际秩序和更

加有效的全球治理体系，已然成为应对各种挑战的根本出路，成为时代进步的迫切要求和不可阻挡的历史潮流。与此同时，改革开放以来，中国的经济实力获得了快速增长，国际地位明显改善，国际影响显著提升，在推动世界和平与发展的事业中能够发挥的力量也随之增强。

2005 年 4 月，胡锦涛在出席雅加达亚非峰会时明确提出"共同构建一个和谐世界"的主张，倡导"尊重各国选择社会制度和发展模式的自主权，推动不同文明友好相处、平等对话、发展繁荣"[54]。2005 年 9 月，胡锦涛在纽约联合国首脑会议上对建构和谐世界的问题进行了再次阐述。他指出："在机遇和挑战并存的重要历史时期，只有世界所有国家紧密团结起来，共同把握机遇、应对挑战，才能为人类社会发展创造光明的未来，才能真正建设一个持久和平、共同繁荣的和谐世界。"[55] 建设和谐世界既同关于建立国际政治经济新秩序主张一脉相承，也是中国走和平发展道路的客观要求和必然逻辑。没有相互尊重，就不会走向友好合作，没有普遍发展和共同繁荣，世界的持久和平就不会到来。因此，建设持久和平、共同繁荣的和谐世界，不仅符合各国人民的共同利益，而且体现了中国致力于世界和平与进步始终坚定的决心和信念。

要真正使建设和谐世界的理念由可能走向现实，各国必须遵循平等互信、包容互鉴、合作共赢的原则，共同维护和弘扬国际公平正义。在这个意义上，推动构建人类命运共同体不仅成为通往和谐世界的实践途径，而且为实现世界和平提供了现实可行的解决方案。中国的崛起离不开同世界各国的和平相处，而世界的发展也越来越需要崛起的中国贡献智慧与力量。人类命运共同体思想坚持协商对话、共建共享、合作共赢、交流互鉴、绿色低碳的基本原则，致力于建设一个持久和平、普遍安全、共同繁荣、开放包容、清洁美丽的世界，真正从全人类的高度来认识、分析和解决时代的挑战和全球的问题，为世界的和平与发展指引了新的方向、开出了新的药方。

综上所述，作为新文明观的人类命运共同体思想，具有深远的理论渊源。其中，对马克思主义理论的继承与发展构成了这一思想的坚实理论根基，对中华优秀传统文化的传承与发扬体现了其深厚的文明底蕴；对新中国成立以来外交实践的总结和升华凸显了它的独特实践创新。沿着正确的方向行进，才会通达光明的前途。循着正确的道路发展，才能改变衰落的命运。一国如此，世界亦然。作为人类文明发展的一个新阶段，社会主义不仅不能离开整个人类文明发展的大道，而且应该充分利用资本主义时代创造和积累的文明成果，积极吸取不同国家在新时代条件下的文明创造。只有这样，中国特色社会主义才能充分发挥自身优势，走在人类文明发展的前列，才能永远保持生机活力，为人类进步贡献更大的力量。

回望中国式现代化的历史进程，在实现了从"站起来""富起来"到"强起来"的历史性飞跃后，中国始终不渝地走和平发展道路，坚定不移地奉行互利共赢的开放战略，积极推动构建人类命运共同体，展现了中国始终做世界和平的建设者、全球发展的贡献者、国际秩序的维护者的时代担当。当前，人类社会是一个命运与共、相互依存的共同体已经成为共识，开展全球性协作作为人类发展的正确方向和正确道路也获得越来越多国家及其人民的认同。"历史昭示我们，弱肉强食不是人类共存之道，穷兵黩武无法带来美好世界。"[56]中国倡导的共建"一带一路"，正是为积极构建和扎实推进人类命运共同体所付出的努力实践，并在开辟世界经济增长的新空间、推动全球治理体系的新发展、增进各国人民福祉的新贡献中不断取得显著成效。人类命运共同体思想不仅彰显了中国式现代化道路的鲜明特色，而且丰富了人类文明新形态的理论表达，对于人类走向一个光明的未来、创造一个美好的世界具有深远的意义与价值。

（执笔：关祥睿）

第二章　人类命运共同体思想的历史生成与文明逻辑

从倡议和理念到思想的升华，构建人类命运共同体充分昭示出历史逻辑、理论逻辑、实践逻辑的统一。通过对时代之问的解答，人类命运共同体思想以确立相互依存、命运与共、合作共赢的核心理念的方式，在价值观层面上完成了历史出场。尔后，经由对人类前途命运和时代发展变化的深刻洞察，人类命运共同体思想从政治、安全、经济、文化、生态等方面作了总体布局，并且为了不断与时代发展的需要相契合，提出了建设持久和平、普遍安全、共同繁荣、开放包容、清洁美丽的世界的具体路径，实现了理论创新与实践发展的良性互动。从相互依存、命运与共、合作共赢的核心理念，到"五大方面"总体布局再到"五个世界"总体路径，在人类命运共同体思想及其实践中始终贯穿着文明逻辑，即立足全人类进步与文明新形态创造所做出的深刻而整体的把握。

一　解答时代之问：人类命运共同体思想的历史出场

近代以降，历史向世界历史的转变使人类文明取得了巨大的进步。世界历史的形成与发展，有赖于资产阶级"按照自己的面貌为自己创造出一个世界"[1]。与资本扩张相伴而生的全球化，打破了过去隔绝与封闭的落后状态，塑造了世界性的现代社会样貌，在客观上推动了人类文明在世界范围内的进步。正如习近平所说，"人类生活在同一个地球村里，生活在历史和现实交汇的同一个时空里"[2]，全球化让各国人民前所未有地联系在一起，也让各国的命运史无前例地联系在一起。

（一）由世界性难题与挑战带来的时代之问

全球化使世界各国紧密相连，同时也制造了诸多难题。过去资本主义国家将自身的特殊利益虚构为世界人民的普遍利益，长期主导且支配资本全球化的进程。然而，随着资本主义经济危机的周期性爆发和第三世界国家的崛起，资本主义全球化带来的一系列弊病日益显现并愈演愈烈。

政治方面，霸权主义、强权政治和新干涉主义有所抬头，冷战思维、零和博弈思维仍然是沉疴痼疾。一些"小圈子""小集团"妄图泛化国家安全概念，制造意识形态对立，甚至分裂世界的行径不时出现。在这一大背景下，煽动仇恨和偏见的政治言论此起彼伏，由此产生的政治冲突，对世界而言有百害而无一利。

安全方面，地缘冲突以致爆发"热战"的事实，充分表明传统安全威胁尚未远去，它以军备竞赛、地域性军事冲突、核危机、恐怖主义等形式破坏着世界人民的稳定生活。同时，网络恐怖主义、黑客攻击、新型疾病蔓延等更具隐秘性与破坏性的非传统安全威胁又带来了前所未有的挑战。

经济方面，国际金融危机的深层负面影响持续显现，经济增长动能不足，各类保护主义不断升温，世界经济发展的不平衡状况更加严重，贫困带来的灾难愈演愈烈……全球经济秩序面临日益严峻的挑战。

文化方面，霸权主义与民粹主义在破坏世界文化多样性的同时，加剧了不同地域和民族间的文化冲突。世界范围内的人类文化遗产保护，仍然面临以战争为代表的多种威胁。保护共同的文化遗产，推动不同地域、国家和民族之间文化的友好交流，亦时常遭遇壁垒。

生态方面，气候变暖、环境污染、资源危机、物种减少等诸多问题，皆直接威胁着人类生存境遇。一旦生态环境遭到根本性破坏，生态平衡被彻底打破，人类也必将遭受灭顶之灾，面对日益多样化的生态威胁，世界还有很多准备需要做。

上述世界性的难题与挑战，向每个时代亲历者发出追问："面对复杂变化的世界，人类社会向何处去？"[3]

（二）对时代之问的不同解答

面对上述时代之问，部分发达国家在享受全球化红利的同时，却拒绝承担相应的发展责任，施行政治上的单边主义、经济上的保护主义及文化上的民粹主义，掀起一股逆全球化的潮流。这些对外输出矛盾、转嫁责任的行为，不仅与人类道义背道而驰，更会带来严重的现实后果。

究其实，逆全球化的目的不在于应对挑战或解决困难，而在于通过制造壁垒来回避问题。可是，问题只要得不到解决，就总会以新的形式渗透到壁垒之内，一退再退总会有退无可退的一天。不难看到，世界范围内种族主义和贫富差异带来的矛盾，并没有随着保守主义的推行而得到缓解，相反却以更加激烈的形式暴露出来。逆全球化非但无法根除问题，反而陷于困境、升级矛盾。不断被激化的贸易战和世界范围内的难民潮充分说明，个别国家对自身利益的维护总是以制造新麻烦的方式来实现。它们以牺牲他国利益为代价谋求自身利益之时，即为矛盾与冲突升级之日。逆全球化不可避免地走向终结。全球化作为一个既定的事实已然将不同国家和各族人民紧密地联系在一起，这意味着在困难面前谁也无法做到独善其身。逆全球化的各项举措或许可以暂时缓解疼痛，却永远无法除掉病根。

逆全球化催生了更多更复杂的世界性难题，它对时代之问的回应是失败的。逆全球化的道路在逻辑上与现实中，都被证明是走不通的。既然如此，剩下的唯有坚持全球化这一条路。那么，如何适应全球化趋势？应当坚持怎样的全球化？在顺应与引导全球化方面，中国式现代化提供了一个可行性参照。尤其是改革开放以来，中国创造了发展腾飞的世界奇迹，国内生产总值突破百万亿元人民币大关，人均国内生产总值超过 10000 美元，经济实力、科技实力和综合国力显著提高，取得的成就全世界有目共睹。2021 年，中国脱贫攻坚战取得了全面胜利，提前 10 年完成了联合国 2030 年可持续发展议程的减贫目标。这些伟大的历史性成就，有力地昭示着中国共产党与中国人民有能力克服各种困难，实现高效的发展。相反，很多鼓吹逆全球化的国家经济却长期陷入负增长。

不仅如此，中国始终以开放和友好的态度面对世界，时刻牢记并肩负着一个大国应有的使命与担当。在世界各国利益交融、命运与共、合作共赢大势之下，中国在实现自身发展的同时，正以积极的姿态不断向世界舞台的中央迈进，在国际事务中发挥着越来越重要的作用。2020 年初，新型冠状病毒肺炎疫情突袭而至，中国积极开展抗疫国际合作，发起了新中国成立以来最大规模的全球紧急人道主义行动，向众多国家特别是发展中国家提供物资援助、医疗支持、疫苗援助和合作，展示了负责任大国形象。恰逢第一个百年目标的实现和第二个百年目标的奋斗历程展开之际，中国式现代化取得了举世瞩目的伟大成就。相应之下，作为中国式现代化的历史产物和理论表现，人类命运共同体思想无疑是对时代之问的最优解。

（三）人类命运共同体思想的最初形成

从其历史出场来看，人类命运共同体思想首先经历了从分析判断上升为总体观念的环节，即从"命运共同体"概念到"人类命运共同体"意识。无论是对两岸同胞血脉相依的表述[4]，还是对全球化趋势之于国际关系影响的把握[5]，命运共同体概念在双方关系中的运用，已经展现出了强大的感通力，指明了抵触与对抗没有前途、合作共赢方为实现和平发展的正确路径。对合作共赢的进一步界定，推动了作为整体意识的人类命运共同体的公开问世："在追求本国利益时兼顾他国合理关切，在谋求本国发展中促进各国共同发展，建立更加平等均衡的新型全球发展伙伴关系，同舟共济，权责共担，增进人类共同利益。"[6] 换言之，人类命运共同体意识和合作共赢理念是同义语，合作共赢的核心理念从一开始就内化于人类命运共同体思想中。这透露出了全新的信号：命运共同体思想取得的巨大成就让我们有信心也有能力将这一思想进一步发扬，为世界提供充满生机与活力的中国方案。

尔后，经由整体意识向具体实践的过渡，也就是从正式提出到初步应用，人类命运共同体思想在价值观层面上完成了它的历史出场。2013 年 3 月 23 日，将相互依存、命运与共、合作共赢确立为核心理念的人类命运共同体思想正式在世界舞台上"亮相"。习近平在莫斯科国际关系学院的演讲中明确指出："这个世界，各国相互联系、相互依存的程度空前加深，人类生活在同一个地球村里，生活在历史和现实交汇的同一个时空里，越来越成为你中有我、我中有你的命运共同体。"[7]

这一重要论断实现了人类命运共同体从整体意识向具体外交实践的过渡，精辟地概括了人类命运共同体思想的核心要义。推动构建人类命运共同体，是对时代前进潮流的准确而深刻把握。无论接受与否，个人的普遍交往、各国的密切相连，全世界人民命运与共，均为不争的事实。"你中有我，我中有你"，就是对这一点最为生动形象的概括。当然，事实不直接等同于共识。对人类命运共同体这一事实的强调，意在向世人阐明适应世界发展潮流、紧跟时代前进步伐，倡导"各国应该共同推动建立以合作共赢为核心的新型国际关系，各国人民应该一起来维护世界和平、促进共同发展"[8]，共享平等尊严、发展成果、安全保障。

在此基础上，人类命运共同体思想随即被运用于中非关系的具体实践中。概览中非交往史，在反殖民主义和帝国主义、争取民族独立解放的斗争中的相互支持，抑或在谋求国家富强与民族振兴的道路中的真诚合作，无不昭示着它们始终是命运共同体。正是共同的历史境遇、发展目标、战略利益，将中非人民紧密地联系在一起。也正是命运共同体这一以事实为依据的正确判断，构成了中非关系更进一步发展的共识基础。在人类命运共同体思想的指引下，中非双方以不附加任何政治条件为前提，展开了工业化、农业现代化、金融、产业促进、绿色发展、基础设施建设及联通、减贫惠民、能力建设、公共卫生、人文交流、和平安全等多领域的深度合作，向世界人民充分展现出人类命运共同体的巨大实践效应。

在当今世界最具发展潜力与活力的亚洲地区，人类命运共同体思想自正式确立起，就迅速得到广泛的传播与运用。之所以如此，原因就在于它为亚洲谋求更大发展，进而推动亚洲和世界其他地区的共同发展，提供了一种良好的借鉴。对于破解制约这种发展的突出矛盾与关键问题，包括转变发展模式、调整发展结构、提高发展质量的迫切需要，此起彼伏的热点问题、已有所表现的传统安全威胁与非传统安全威胁，加强区域合作、保障互利共赢的机制完善，牢固树立命运共同体意识具有较强的可行性。它提出了"勇于变革创新""同心维护和平""着力推进合作""坚持开放包容"[9]等实践方式，为促进共同发展提供不竭动力、安全保障、有效途径、广阔空间。

不止于此，在新型大国关系的构建、国际经济合作论坛、"一带一路"建设等方面，人类命运共同体思想均发挥着重要的引领作用。在这些丰富的实践及其示范效应下，人类命运共同体思想的历史出场与不断创新始终相并行。2014年11月28~29日召开的中央外事工作会议上，习近平从高举旗帜、统筹大局、把握主线、维护利益、营造利因、找准机遇、增强自信、推动共赢等高度上，对人类命运共同体思想及其实践作了阶段性的系统总结；既充分肯定了已有成就，又对未来发展谋篇布局，使构建人类命运共同体的实践之路越走越宽。

总而言之，人类命运共同体思想自形成以来，就始终在理论创新与实践创新的良性互动中丰富发展。从"命运共同体"概念的尝试性实践，到"人类命运共同体"整体意识的形成，再到"人类命运共同体"思想的实践应用，人类命运共同体思想在全球化遭遇问题的时代透过表象抓住了世界发展潮流的大势，坚定不移地顺势而为，把握好中国与世界关系的战略走向，以中国自身举世瞩目的发展、开放包容的态度、合作共赢的方式，吸引着越来越多的国家参与到人类命运共同体建设中，为进一步外化为体系化的总体布局，奠定了坚实的基础。

二 洞察时代之变：打造"五大方面"的总体布局

从整体意识向具体实践的过渡、理论创新与实践创新的良性互动，意味着人类命运共同体思想不是一个封闭的、静态的体系，而是一个开放的、发展的过程。洞察正处于加速演变之历史进程中的世界格局，把握政治多极化、新兴市场国家和发展中国家崛起的不可逆转之势，掌握经济全球化与社会信息化对生产力的极大解放和发展，认清它们所带来的前所未有之机遇同新威胁新挑战的并存，人类命运共同体思想不断丰富着内涵。2015 年 9 月 28 日，习近平出席在美国纽约联合国总部举行的第七十届联合国大会一般性辩论时，发表题为《携手构建合作共赢新伙伴，同心打造人类命运共同体》的重要讲话，从政治、社会、经济、文化、生态文明等方面，提出了以打造"五大方面"总体布局为主要内容、原则和方法相统一的行动纲领。

（一）建立平等相待、互商互谅的伙伴关系

平等相待、互商互谅的伙伴关系，是构建人类命运共同体的政治前提。当前，人类共处于第二次世界大战后建立起来的国际政治秩序中。由于受到历史因素以及国家力量对比的影响，这一秩序仍存在诸

多问题，需要世界各国贡献力量将其完善。

平等相待的基本原则，不只是否定的、消极的平等，即不同国家间无差别的平等，不能以大压小、以强凌弱、以富欺贫，亦不可侵犯他国主权、干涉他国内政；更意味着肯定的、积极的平等，也就是对各国具有自身特色的政治实践与道路选择的维护及尊重。这一解释在更高层面对新时代的国际政治秩序提出了新的要求。

互商互谅则指明了各国政治交往的主要方式。"协商是民主的重要形式，也应该成为现代国际治理的重要方法，要倡导以对话解争端、以协商化分歧。"[10] 终结"一切人与一切人的战争"的前现代状态，走向世界秩序下的友好协商，是人类文明发展与时代进步的趋势。当今时代，继续奉行冷战思维、动辄兵戎相见，既不符合各方的长远利益，又与人类文明发展大势相违背。当然，在协商中还要把握好尺度，避免走向排他性进而产生新的矛盾。建立全球伙伴关系，不是形成"小圈子""小集团"，而是对话而不对抗，结伴而不结盟。互谅作为国与国之间相处的基本态度即是为了规避矛盾的进一步激化、上升为冲突与对抗，并遵循交往的基本规范——义利相兼、义重于利，为正确处理国家之间的关系指明了方向。

平等相待、互商互谅，蕴含着从原则到方法再到实践的政治文明逻辑。2014 年 5 月 15 日，习近平在中国国际友好大会暨中国人民对外友好协会成立 60 周年纪念活动上的重要讲话中，引用了《论语》中的"有朋自远方来，不亦乐乎"[11]，恰如其分地说明了中国与他国相处的基本态度。正是中国的崛起为全世界所瞩目，以及中国推动建立平等相待、互商互谅的伙伴关系的决心、真心、诚心，其他国家才会"慕名而来"，共同参与以合作共赢为核心的新型国际关系建设。

（二）营造公道正义、共建共享的安全格局

公道正义、共建共享的安全格局，是构建人类命运共同体的社会保障。安全是任何国家的生存和发展的必要条件。现代化在带来多样性均衡的同时，也导致了安全格局的极大不确定性。这种不确定性表现为传统安全威胁和非传统安全威胁均不断加重，以致成为全人类面临的普遍问题。"没有一个国家能凭一己之力谋求自身绝对安全，也没有一个国家可以从别国的动荡中收获稳定。"[12]公道正义之所以成为维系人类安全格局的普遍原则，是因为它既同经济全球化时代的各国安全彼此相连、相互影响的格局相适应，又超越了不同国家和地区各自的特殊利益。

在这个一般性原则的指导下，人类安全格局的营造要诉诸各个国家的共同参与，唯此方可克服由于一国一地放弃安全保障责任而对人类安全构成的威胁。仅仅关注眼前利益，抱有弱肉强食与穷兵黩武的前现代思维，注定是搬起石头砸自己的脚。只有秉持共建的方式，才能摆脱霸权主义和冷战思维的危害，统筹应对伴随新技术和新问题产生的各种安全威胁，防备冲突和对抗于未然。共建离不开以公道正义原则为基础，也需要以共享作为方法支撑。在国与国的关系问题上，"多拿多占""强者通吃"是滋生冲突与对抗的"温床"。只强调共建而不坚持共享，不仅违背了公道正义的普遍原则，而且导致矛盾的不断积累直至以极端的方式爆发出来，威胁整个人类的生存境遇。坚持共建与共享相统一，有利于各国增进互信互助，在彼此协作中应对共同安全问题，为打造人类命运共同体提供了重要支撑。

公道正义、共建共享向世界展现了中国应对安全问题的文明逻

辑。无论是在建立中华人民共和国过程中面对的外部压力，还是新中国成立后遭遇的各种安全威胁，党和人民都以坚定不移的决心保障了国家安全不受侵害，也使得周边越来越多的国家和地区，共同参与到区域安全格局的建设中来。中国实践与中国经验表明，公道正义、共建共享的安全之路，不只适用于一国一地，未来也会有越来越多的国家和地区加入其中，为构建人类命运共同体提供牢固的安全保障。

（三）谋求开放创新、包容互惠的发展前景

开放创新、包容互惠的发展前景，是构建人类命运共同体的经济基础。周期性爆发的国际经济危机证实了资本主义内在矛盾的必然性。资本逐利的放任性以及现有调控方式的失效充分表明，仅仅依靠市场机制是无法实现共同繁荣的。"缺乏道德的市场，难以撑起世界繁荣发展的大厦。富者愈富、穷者愈穷的局面不仅难以持续，也有违公平正义。"[13] 只有充分发挥道德的约束作用，形成市场和政府有机结合的机制，建构兼顾效率和公平的规范格局，才能使世界经济发展走出暂时的"阴影"。由此，谋求开放创新、包容互惠的发展前景可谓适逢其时。

开放创新原则直击当代经济发展的两大问题，即经济发展的封闭性与潜能不足。坚持开放原则，有益于破除世界经济发展中的不平衡状况，特别是解决数以亿计的极端贫困人口和几千万未接受教育儿童的世界性难题。对此，开展广泛的人道主义救助固然重要，但"输血"永远无法替代"造血"，承诺无法取代行动，"造血"和有效的行动必须以发展成果的共享为前提。只有坚持开放，才能真正实现人人免于匮乏、获得发展、享有尊严的光明前景。创新原则直指全球经

济发展疲软的现状，力求通过第三次科技革命激活发展潜能，实现经济的持续高质量发展。

开放与包容是相辅相成的，以包容的方式来求同存异、凝聚共识，可以有效地化解开放的交往活动中出现的矛盾与挫折。同样，创新与互惠亦相得益彰，创新成果的转化和运用须依靠互惠方式来达到最大化。互惠强调的是双向的过程而非单方的受益，创新成果的共享必须建立在摒弃成见、坦诚相待的基础上。以开放创新为原则、以包容互惠为方法，从根本上说是对合作共赢理念的再次诠释，有利于开辟各国携手共进、共同发展的新时代。

开放创新、包容互惠，凝聚了人类命运共同体在经济层面建构的文明逻辑。只有转变经济发展方式，调整经济结构，加快创新的步伐，才能让世界经济"长河"涌流不息。改革开放40多年来，中国让世界各国看到了经济腾飞的奇迹，使各国人民在世界经济增长整体放缓的大背景下重拾信心，提振了继续推动人类进步与文明发展的勇气。

（四）促进和而不同、兼收并蓄的文明交流

和而不同、兼收并蓄的文明交流，是构建人类命运共同体的文化纽带。如果说，现代性在文化上表现为个体的多样性价值逐渐得到承认的过程，那么，它正遭遇来自对个别性的极度追求和对多样性的完全抹杀的双重挑战。和而不同、兼收并蓄恰为对此做出的建设性回答。

坚持和而不同的原则，就是既要充分认识文明多样性的重要价值及其交流融合的进步作用，避免不同文明之间彼此隔膜、相互排斥；

又要正确理解各种文明之间没有高低优劣之分，做到在"多样中相互尊重、彼此借鉴、和谐共存"[14]，拒斥搞文化上的孤芳自赏、妄自尊大。要做到"和"，首先需要"美人之美"。这里的"美"不一定是高唱赞歌或全盘接受，而是要认识到不同的文化形态并没有高低优劣之分，做到"在多样中相互尊重"[15]。

和而不同的实现须讲求兼收并蓄的方法，后者是进行文明互鉴的正确方式与对待文化传统的科学方法。一方面，在文明互相学习借鉴的过程中，要坚持从自身的国家和民族的实际出发，坚持断长续短、择善而从、取精用宏、去伪存真，杜绝生搬硬套、囫囵吞枣、莫衷一是、无所适从。另一方面，在学习与传播、研究与运用传统文化之时，要结合实践创新和时代发展的新要求，坚持古为今用、以古鉴今、推陈出新、除旧布新，不能搞以古非今、厚古薄今、因循守旧、墨守成规。只有立足平等的文化交流和文化借鉴，人类社会才能通往"天下大同"的理想境界，实现人类命运共同体在文化层面的和谐与繁荣。

和而不同、兼收并蓄是应对当代世界文化发展问题的一剂良方，内含了推动人类命运共同体文化发展的文明逻辑。文化在交流中更加多彩，文明在互鉴中越发丰富。作为四大文明古国之一，中国保有丰富灿烂的优秀传统文化。在世界各种古老文明中，中华文明是唯一没有中断而发展至今的文明。新时代中国特色社会主义又赋予了中华文明全新的创造力，使得我们始终以高度的文化自信与包容开放的文化态度面对世界。无论是孔子学院的遍地开花，还是全球"汉语热"的接续高潮，都说明中国文化的当代影响力，从而让世界人民看到了文化未来发展的可能方向，自愿自主地参与到人类命运共同体的文化建设中。

（五）构筑尊崇自然、绿色发展的生态体系

尊崇自然、绿色发展的生态体系，是构建人类命运共同体的必要条件。工业化与现代化在创造巨大物质财富的同时，也对生态环境造成了严重破坏。气候持续变暖、臭氧层破坏、酸雨不断蔓延、生物多样性减少、土地荒漠化扩大、森林锐减、生态环境污染……凡此种种，无不给人类的生存境遇带来严峻威胁。如何破解工业文明带来的矛盾，使人与自然和谐共生，实现人类社会和自然的可持续发展以及人的全面发展，成为亟待解决的时代课题。

究其实，人类文明进化史是一部不断认识、利用、改造自然的历史。然而，人类归根结底是自然的一部分，必须尊重、顺应、保护自然，绝不能亦无法完全凌驾于自然之上。易言之，尊崇自然是人类进步与文明发展的题中应有之义。以此作为基本原则，重塑符合时代和人类发展要求的自然观与生态观，势必能够促进国际社会携手同行，形成解决全球生态问题的能力，推动全球生态文明建设。

除此之外，还应牢固树立绿色发展的理念，扬弃过去将生态建设与经济发展对立起来的思维方式。推动生态环境保护绝不意味着要放弃发展诉求，过去将环境保护与经济发展对立起来的极端思维已经不适合当代发展。"绿水青山就是金山银山"，习近平的这一重大而深刻的判断，生动形象地阐明了绿色发展的核心要义，以经济发展与生态建设相结合的方式，铺筑了一条"绿色、低碳、循环、可持续发展之路"[16]。

尊崇自然、绿色发展阐明了当代生态问题的解决之道。作为负责任的大国，中国不仅严守自身节能减排的承诺，还努力帮助其他国家

共同建设人类生态共同体。从设立 200 亿元人民币的中国气候变化南南合作基金，到在发展中国家启动低碳示范区，再到提供更多应对气候变化的培训岗位……这一切都是为了让人类命运共同体的天更蓝、水更清，人民生活更幸福。如此感召下，会有越来越多的国家参与到人类命运共同体的生态建设中。

统而言之，在解答时代之问的过程中完成历史出场的人类命运共同体思想，继确立相互依存、命运与共、合作共赢的核心理念之后，通过对人类前途命运和时代发展变化的深刻洞察，从伙伴关系、安全格局、经济发展、文明交流、生态建设等方面做出总体谋划，实现了其内涵的再次丰富。在"五大方面"总体布局的原则和方法的指引下，加之在不同时间、不同场合的进一步建构与阐释，人类命运共同体思想在实践中不断积累新的经验，使其生命力与光明前途持续得到世界性的普遍认同。

三 回应时代之需：建设"五个世界"的总体路径

除却基本原则和主要方法，理论自身在实践化的过程中还需要对具体路径作深入阐释，人类命运共同体思想也不例外。为了不断与时代发展的需要相契合，经由对共商共建共享全球治理理念的弘扬，携手全球减贫以促进共同发展，构建创新、活力、联动、包容的世界经济，共倡开放包容和共促和平发展，为共建人类美好家园而深化合作伙伴关系，建立合作共赢、公平合理的气候变化治理机制，共商世界互联网发展大计，加强国际核安全体系与推进全球核安全治理，开启中非合作共赢、共同发展的新时代，积极发挥亚太引领作用来应对世界经济挑战，以凝聚共识及促进对话来共创亚洲繁荣和平美好未来，推进"一带一路"建设来同时拓展改革发展新空间和推进经济走廊建设，为构建新型大国关系而不懈努力等一系列丰富实践，人类命运共同体思想立足人类近代以来就始终追求的公正合理的国际秩序目标，以国际关系数百年演变所积累的一系列公认原则为基本遵循，将其内涵进一步深化为建设"五个世界"的总体路径，实现了理念与行动的统一、方向与道路的结合。

（一）构建人类命运共同体的基本遵循

构建人类命运共同体绝不是没有目标、毫无依循的空谈。历史向世界历史的转变和发展，各国之间普遍交往的加强，使得建立公正合理的国际秩序成为一种必然趋势。国际秩序的建立与维护离不开体系化的公约和法律作为保障。不论是从威斯特伐利亚体系确立的民族国家主权平等原则，到内蕴于《日内瓦公约》中的国际人道主义精神，还是从《联合国宪章》规定的四大宗旨和七项基本原则，到以和平共处五项原则为基础的万隆精神等，都理应作为构建人类命运共同体的基本遵循。

在这一系列普遍认同的原则中，主权平等是最根本的，其核心要义在于充分尊重各国主权尊严与不容干涉任何国家内政，故此不仅作为最重要的准则而在几百年间一直规范着各国关系，还内化为所有世界组织和国际结构的首要共同遵循。对话协商则为化解国际分歧的有效之策和解决国家冲突的根本之道。这是历史与现实，特别是印度支那和平、冷战期间两大阵营和解、伊朗核危机、叙利亚战争等问题，给人们带来的最大启示。公平正义是国际公约及法律文书的生命力所在。各国既要维护国际法治权威，依法行使自身权利，善意履行国际义务；又要平等统一运用各项国际法，不能搞"双标""潜规则"，真正做到不偏不倚。开放包容是塑造公正合理国际秩序的重要原则，是推进国际关系民主化的直接动力，有助于实现各国共同掌握世界命运、共同制定国际规则、共同治理全球事务、共同分享发展成果。正是有了这些原则为遵循，人类命运共同体思想的内涵，才完成了从打造"五个方面"总体布局，向建设"五个世界"总体路径的转变。

（二）坚持对话协商，建设一个持久和平的世界

以坚持对话协商为路径，建设持久和平的世界，这是构建人类命运共同体在政治方面进行的努力。从古代的伯罗奔尼撒战争到两次世界大战和东西方冷战，战争的规模及破坏力呈现指数级增长。联合国的建立给人类带来数十载的相对和平，但彻底消除战争仍然道阻且长，世界人民尚未获得对于美好生活的确定感。可见，战乱和冲突的消弭，是从伙伴关系出发构建人类命运共同体的必由之路。

"极高明而道中庸"是传统的中国智慧，其致力于走一条执中致和的道路。在国家之间建立对话不对抗、结伴不结盟的伙伴关系，打破了原有的"结盟-对抗"的二元对立，使得国家之间既可保持各自的独立性与特殊性，又能携手为持久和平的国际关系的建立提供共赢选项。这种伙伴关系要求，大国之间要彼此尊重核心利益、管控矛盾分歧，大国对小国要平等相待、不搞唯我独尊。在处理国与国关系的实践中，特别是面对双边冲突，中国始终在申明自身不结盟、不对抗、不针对第三方的立场的同时，建议和敦促使用对话协商的方式化解矛盾，停止对抗，恢复和平稳定的局面。

从冷兵器战争到热兵器战争，再到震惊世界的核爆炸，战争的规模和破坏力呈现指数级的增长，远超人类的想象。为此，任何国家都不能肆意发动战争、践踏国际法治。作为现代战争中最具破坏力的形态，核武器自诞生起就使得人类的神经一刻也不敢放松。当前，个别地区的核威胁仍然存在。从声明不率先使用核武器到加入《不扩散核武器条约》《核安全公约》，再到暂停核试验，中国作为拥有核武器的大国，面对核武器问题的克制和谨慎态度从未改变。人类命运共同体的未来不应该受到核武器的威胁，"应该全面禁止并最终彻底销毁，实现无核世界"[17]。

随着新兴科技的发展，无论是深海、极地、太空等自然领域，还是互联网等虚拟领域，越来越多过去人类无法涉足的领域被发现和探索，对待新领域的态度和方式，已成为摆在世人面前的现实问题。帝国主义以往对传统领域的瓜分是血腥且野蛮的，人类不应该也不能重蹈覆辙。对此，习近平提出了"和平、主权、普惠、共治"的原则，主张将新兴领域"打造成各方合作的新疆域，而不是相互博弈的竞技场"[18]。这一主张直面时代问题，回应了世界的现实关切，开辟了一条在新领域探索与开发中协商对话的全新道路。

推动构建人类命运共同体，将继续依托对话协商的方式，把自身打造为一个没有战争和对抗、各国结伴而不结盟、在各领域合作共赢的持久和平的世界。这不是虚构的"乌托邦"，而是中国以自身实践为基础描绘的理想蓝图。党的十八大以来，随着中国综合国力的不断提高，习近平作为中国特色大国外交的总设计师，着力推动元首外交，出访世界各国，接待了百余位外国元首，将构建人类命运共同体的和平理念传递到全球各地，让世界看到了中国构建人类命运共同体伙伴关系的努力和决心。

（三）坚持共建共享，建设一个普遍安全的世界

以坚持共建共享为路径，建设普遍安全的世界，这是构建人类命运共同体在安全方面进行的努力。当今相对和平的时代，没有绝对安全的"世外桃源"。恐怖主义、难民危机、地缘冲突、卫生健康等，无不威胁着世界人民的普遍安全。人们根本无法将本国安全建立在他国动荡之上，他国的威胁随时可能转化为对本国的挑战。对此，"各方应该树立共同、综合、合作、可持续的安全观"[19]，不能固守事不关己高高挂起、各人自扫门前雪的片面心态。

近年来在一些地区频发的恐怖袭击，再次表明它绝非个别国家的特殊事件，而始终是人类公敌。在和平年代，恐怖主义犹如一颗定时炸弹，时刻威胁着世界人民的生命财产安全。不论是有组织的恐怖袭击，还是独狼式恐怖袭击，都不是一国一地遭遇的特殊事件，而是世界各国必须一致面对的问题。只有世界各国协调起来，建立世界反恐统一战线，使得恐怖分子无处遁形，变成"过街老鼠人人喊打"，才能真正从根源上铲除恐怖主义给世界安全带来的威胁。

安居乐业是美好生活的基本保障。当前，已创下自第二次世界大战结束以来最高历史纪录的难民数量，由于其自身的流动性与不断扩大的规模，难民危机早已超出一国一地的范围，因而需要通过统筹协调动员全球力量进行有效应对。无论是恐怖主义还是难民危机，都与地缘冲突密切相关。只有尊重联合国发挥斡旋主渠道作用，通过对话协商来建立新型的国际伙伴关系，才有可能真正消弭地缘冲突，还世界安宁祥和。

除却恐怖主义和难民危机，还有新冠肺炎疫情全球大流行不断

威胁着世界人民的生命安全。当代医疗科技的发展让我们越来越有能力应对疾病的侵害，然而，如果在疫情面前妄图甩脱责任，甚至栽赃嫁祸，那么这不只是缺乏担当的表现，更是对生命本身的极大不尊重。除了努力发展医疗科技，还需要使医疗技术惠及更多人，特别是加大对非洲等广大发展中国家卫生事业的支持和援助。对此，应当"坚定不移推进抗疫国际合作，共同推动构建人类卫生健康共同体，共同守护人类健康美好未来"[20]。只有坚持人民至上和生命至上，坚持科学施策和统筹系统应对，坚持同舟共济和倡导团结合作，坚持公平合理和弥合"免疫鸿沟"，坚持标本兼治和完善治理体系，才能真正保障国际卫生安全，为普遍安全的世界建设添砖加瓦。

推动构建人类命运共同体，将继续致力于消弭恐怖主义、难民危机等由地缘冲突带来的不安定因素，建立人类卫生健康共同体，将自身打造为一个普遍安全的世界。没有消弭不了的矛盾，也没有化解不了的冲突，近年来，中国居安思危，拿出了政治勇气，为和平创造了空间，不仅有维护自身国家安全的能力与信心，也有推动建立世界安全格局的美好愿望与决心。

（四）坚持合作共赢，建设一个共同繁荣的世界

以坚持合作共赢为路径，建设共同繁荣的世界，这是人类命运共同体在经济发展方面进行的努力。以历史为镜鉴，2008 年爆发的国际金融危机给人们带来如下启示："引导经济全球化健康发展，需要加强协调、完善治理，推动建设一个开放、包容、普惠、平衡、共赢的经济全球化。"[21] 这充分说明，发展是适用于世界各国的第一要

务，需要同时"做大蛋糕"和"分好蛋糕"。

从经济全球化的历史大势来看，"做大蛋糕"过程中遭逢的困难不会改变发展的大方向，能够通过合作加以克服。合作意味着各国尤其是主要经济体同舟共济，强化宏观调控，兼顾眼前利益和长远利益，着力破解深层次问题；抓住历史机遇，以新一轮科技革命和产业变革来带动经济发展方式转变，坚持创新驱动来促进社会生产力跃升与社会创造力释放；加强统筹协调，进一步落实国际贸易规则，维护多边贸易体制，建立世界开放型经济。

经济全球化中客观存在的诸多问题，如发展失衡、数字鸿沟、公平赤字、治理困境等，皆与分配的不公平不公正密切相关，这势必会使世界经济变成个别经济强国的游戏场，而非世界各国都能受益的新世界。长此以往，在分配结构中处于不利一端的国家自然会丧失合作的积极性，甚至走向封闭。因此，需要用共赢来正视和解决问题，切莫因噎废食、踌躇不前。在分配领域解决好公平公正的问题，既是发展本应具有的结果，也是推动更全面更高效发展的关键。

推动构建人类命运共同体，将继续把全球经济这块蛋糕做大，更能将这块蛋糕分好，实现真正的合作共赢，将自身打造为一个共同繁荣的世界。为了实现这一目标，中国一直身体力行，从实施共建"一带一路"倡议，发起创办亚洲基础设施投资银行（AIIB）等中，可见一斑。

从提出共建"丝绸之路经济带"的重大倡议[22]，到把"一带一路"建设定位为"大家携手前进的阳光大道"[23]，再到加快建设"绿色丝绸之路""数字丝绸之路"[24]，发起"一带一路"疫苗合作伙伴关系倡议[25]等，"一带一路"建设实现了"做大蛋糕"与"分好蛋糕"的有机结合，取得了举世瞩目的成就。蒙内铁路、卡拉奇至拉合尔高速公路、巴基斯坦卡洛特水电站、中巴经济走廊、中亚天然气管线项目、印尼雅万高铁、德黑兰至马什哈德高铁、中老铁路、孟加拉国希拉甘杰电站二期……"一带一路"建设以高标准可持续惠民生为目标，实现了高质量发展。

从 2015 年 12 月亚洲基础设施投资银行（简称为"亚投行"）正式成立，到 2021 年底拓展至 104 个成员，遍布五大洲，中国以自身经济发展的质量与速度以及开放的态度，吸引了越来越多的国家参与到亚投行建设中。其官网显示，截止到 2022 年 5 月，亚投行共正式批准 170 多个项目，涉及能源、运输、金融、城市基建等多个领域。[26] 亚投行不负使命、不负时代、不负众托，还将在更大范畴内发挥出更大作用，这表明了中国主导亚投行开展国际合作，推动世界经济向前发展的愿望与能力。

（五）坚持交流互鉴，建设一个开放包容的世界

以坚持交流互鉴为路径，建设开放包容的世界，这是人类命运共同体在文化方面进行的努力。世界上有 200 多个国家和地区、2500 多个民族、多种宗教。多种多样的人类文明形态让世界丰富多彩，为了延续和发展文明的生机与活力，必须在认可文明差异的价值的同时，推动文明之间的交流互鉴。

作为世界的基本特征之一，文明的多样性和差异性，是人类进步的重要动力而非世界冲突的主要根源。正是不同的历史与国情、迥异的民族与风俗，才孕育出多样的文明形态，从而让世界愈加丰富多彩，也使文明自身不断焕发生机。"文明差异不应该成为世界冲突的根源，而应该成为人类文明进步的动力。"[27]

同样，各种文明之间非但没有高下之别、优劣之分，反而具备相互交流、共同发展的潜能。文明差异只是使文明进步成为一种可能，而文明交流则让这种可能转化为现实。中国秉持平等、互鉴、对话、包容的文明观，主张用和谐共存超越文明冲突，用交融共享超越文明隔阂，用繁荣共进超越文明固化。"不同文明要取长补短、共同进步，让文明交流互鉴成为推动人类社会进步的动力、维护世界和平的纽带。"[28]

推动构建人类命运共同体，将继续秉持尊重文明多样性的态度，坚持交流互鉴，把自己打造为一个开放包容的世界。作为世界四大文明古国之一，中国始终高举和平、发展、合作、共赢旗帜，愿意同世界各国人民深化友谊、加强交流，为世界文明发展贡献力量。

（六）坚持绿色低碳，建设一个清洁美丽的世界

坚持绿色低碳，建设清洁美丽的世界，这是人类命运共同体在生态建设方面进行的努力。造成难以弥补的生态创伤，是工业化的一大症结。对此，应当"倡导绿色、低碳、循环、可持续的生产生活方式"，"不断开拓生产发展、生活富裕、生态良好的文明发展道路"[29]。

中国自古以来就有天人合一、道法自然的理念，旨在强调人类与自然的和谐共生、生态与发展的并行不悖。坚持绿色低碳意味着不再用破坏的方式追求发展，不以耗光前人积累和后人资源为代价换取发展，故而有助于真正实现永续发展。绿色低碳的理念背后不仅有敬畏自然的优良传统，也有对自身发展进程的切身反思。

绿色低碳不能止于理念层面，还应落实到人们的生产和生活的全

部过程。从每个人的绿色出行到整个国家的碳达峰碳中和，唯有将绿色生活与绿色生产转变为常态化的生产生活方式，才有可能真正解决各种生态危机。2021 年，中国成功承办联合国《生物多样性公约》第十五次缔约方大会，为推动建设清洁美丽的世界做出了贡献。截至 2022 年，中国已建成全球规模最大的碳市场和清洁发电体系，正在建设全世界最大的国家公园体系。开拓和践行绿色生产生活方式，中国始终在行动。

推动构建人类命运共同体，将继续坚持绿色低碳的理念，奉行绿色生产生活方式，落实和发展《巴黎协定》的成果，将地球家园打造成一个清洁美丽的世界。努力构建人与自然生命共同体，这不仅仅是《巴黎协定》的题中之义，更是中国面对传统工业化模式的弊病而主动实现的发展范式转变。这一转变让世界看到了中国发展转型的决心与信心。

概而言之，以建立公正合理国际秩序为目标、将国际关系中的普遍原则作为基本遵循的人类命运共同体思想，从伙伴关系、安全格局、经济发展、文明交流、生态建设五个方面，勾勒出建设持久和平、普遍安全、共同繁荣、开放包容、清洁美丽的世界的具体路径，向世界人民展示出人类进步和文明发展的美好图景。

四 引领时代之先：构建人类命运共同体的文明逻辑

从三大核心理念到"五大方面"总体布局再到"五个世界"总体路径，在人类命运共同体思想及其实践中始终贯穿着文明逻辑。从"开创了人类文明新形态"的权威英译"creating a new model for human advancement"来看，它主要是从文明的核心要义即人类进步的表征，而非范畴本身来界定人类文明新形态的。构建人类命运共同体的文明逻辑，是"大写的文明"和"小写的文明"的统一。所谓"大写的文明"，就是立足全人类进步与文明新形态创造所做出的深刻而整体的把握；而"小写的文明"则为从物质文明、政治文明、精神文明、社会文明、生态文明的角度进行精准而翔实的探索。

（一）人类文明进步大方向的勾勒

延续在历史出场中确证核心理念的思路，人类命运共同体思想对"时代之问"再次进行了重申，将其转化表述为"世界怎么了、我们怎么办"[30]，并从哲学高度向人类自身追问"从哪里来""在哪里""到哪里去"，以此作为回答"时代之问"的前提。近 100 多年的历史向世人昭示着和平与发展是全人类的共同愿景，是人类进步与文明发展的题中应有之义。20 世纪 50 年代以前，两次世界大战的劫难，使得避免战祸、缔造和平成为人们的最强烈渴望。尔后，随着殖民地人民的普遍觉醒，摆脱压迫、独立自主接续成为时代的最强呼声。冷战和两极对立格局结束后，各方的最殷切诉求就在于扩大合作、共同发展。时至今日，和平与发展仍为整个人类的未竟之事业，顺应世界人民的这一呼声依然任重道远。从总体上审视当今时代，大发展同新挑战并存、大变革和多矛盾共生、大调整与高风险同在。正是出于对地球这个人类目前唯一赖以生存的家园的珍惜与呵护，正是为了让和平的使命薪火相传、使发展的动力源源不竭、令文明的血脉赓续不断，才提出了构建人类命运共同体的中国方案。

回望来路，中国共产党带领中国人民，将人类命运共同体从分析判断建构为整体意识，又在实践中不断阐释，使这种意识铺展为"五大方面"的总体布局，最终落实为"五个世界"的总体路径，勾勒出了人类文明进步的大方向。

在"五个世界"总体路径的指引下，建构人类命运共同体的工作稳步推进。这一过程不是一帆风顺的，挑战与机遇并存，只有经得住考验，抓得住机遇，才能真正把人类命运共同体的美好图景转化为现实。2020 年以来，新冠肺炎疫情的全球大流行，让人类文明遭遇了严峻的挑战，人类命运共同体思想需要对此做出回应。面对世界性的难题，中国在联合国舞台上再次发出呼吁，指出病毒没有国界，人类命运休戚与共。

"世界百年未有之大变局和新冠肺炎疫情全球大流行交织影响。各国人民对和平发展的期盼更加殷切，对公平正义的呼声更加强烈，对合作共赢的追求更加坚定。"[31] 只有战胜疫情、复苏经济、加强团结、完善全球治理，推动构建人类命运共同体，才能在历史的十字路口选对方向。也只有站在历史正确的一边，站在人类进步的一边，为实现世界永续和平发展、为推动构建人类命运共同体而不懈奋斗，才能顺应人类大势，开拓走向人类美好世界的通路。

拨开新冠肺炎疫情的迷雾，透射人类命运共同体的曙光，中国的努力再次让世界惊艳。简约、安全、精彩的北京冬奥会与冬残奥会，印证了时代潮流仍然奔涌向前，和平、发展、公平、正义、民主、自由的全人类共同价值继续焕发生机，共同构建人类命运共同体的道路必将越走越宽。中国的行动激发了疫情之下世界人民团结起来共克时艰的勇气和信心，让世界相信人类命运共同体的美好前景，共同谱写构建人类命运共同体的崭新篇章。

（二）全人类共同价值的准确把握

构建人类命运共同体之所以有助于人类进步和文明新形态的开创，一个重要的原因是它准确把握了全人类共同价值。过去的"文明优越论""文明冲突论""西方中心主义"，都在根本意义上否定了不同国家、不同地域、不同种族之间平等交往的可能性，而源自无知与偏见的"中国威胁论"，则希望通过"妖魔化""污名化"中国的崛起，来维系过去充满隔阂与冲突的陈旧秩序，这些唯我独尊式的傲慢是传统工业时代下的陈腐观念，已经不适应世界发展的潮流。人类命运共同体思想拨开了长期笼罩在人类文明历史长河上的乌云，向世界人民证明具备共同创建"同舟共济，权责共担"的人类命运共同体的基础，拥有共同追求的普遍价值。

经过不同场合的多种阐释，这些共同价值归根到底就是和平与发展、公平与正义、民主与自由，它们分别表征着人类的共同事业、共同理想、共同追求。"大道之行也，天下为公。"[32] 只有从提出、理解、弘扬全人类共同价值出发，构建人类命运共同体才具备了凝聚共识、把握未来前进方向的基础。换句话说，人类命运共同体思想从来不是简单直接的对外说辞、虚无缥缈的空中楼阁，而是对全人类共同价值做出深刻把握的中国智慧。

对全人类共同价值的追求，绝不意味着构建人类命运共同体是对多样化和特殊性的否定。不同的国家、地区、民族的社会政治条件和历史文化传统不同，其追求的发展道路与社会制度也不应该是单一的模式化。相反，西方国家所谓"普世价值"，即自由、民主、人权等，却专门强调实现这些价值追求的特定的发展道路与单一的制度模式，并将这样的"普世模式"强加给其他国家。其结果非但无助于全人类共同价值的弘扬，反而给一些国家和地区的人民造成深重的苦难。"近年来，一些西方国家陷入政党恶斗、政府失信、社会失序、疫情失控的困境，政治极化、贫富分化、族群对立不断加剧，种族主义、民粹主义、排外主义大行其道，人权问题日益凸显。但是，他们还打着所谓'普世人权'、'人权高于主权'等旗号，在世界上强行推广西方民主人权观念和制度，利用人权问题大肆干涉他国内政，结果导致一些国家战乱频发、社会长期动荡、人民流离失所。"[33]

只有避免基于某一抽象模式标准的无端指责，善于充分尊重多样化的发展模式，发现和理解不同模式的比较优势，相互学习、彼此借鉴，才是对全人类共同价值的弘扬，才能真正做到合作共赢。正如习近平所说："推动构建人类命运共同体，不是以一种制度代替另一种制度，不是以一种文明代替另一种文明，而是不同社会制度、不同意识形态、不同历史文化、不同发展水平的国家在国际事务中利益共生、权利共享、责任共担，形成共建美好世界的最大公约数。"[34]

从全人类共同价值追求出发，主张走非模式化的发展道路，最终还要落脚到全人类的互利共赢上来。正是以世界各国人民共赢为目标，构建人类命运共同体才始终站在人类进步的一边。发展道路有千万条，在速度和效率上亦有快有慢。构建人类命运共同体需要全人类携手共进，不能让任何参与者掉队。因此，发展利益由世界人民共享绝非空谈，而是推动构建人类命运共同体对世界人民的承诺，是实现人类美好生活的关键所在。可见，人类命运共同体既不是漠视多样性的同质化追求，更不是利己主义的外衣，而是真正以全人类的福祉为自身发展目的的共赢选项。正是在此意义上，构建人类命运共同体，始终站在历史正确和人类进步的一边。

（三）文明逻辑两个维度的深入理解

理解人类进步与文明发展的逻辑，使人们已经走在了一条正确的道路上。然而，如何更好地迈开步伐，通往人类命运共同体所描绘的人类美好图景，还需要从纵向与横向两个维度上，深入理解构建人类命运共同体的文明逻辑的具体内涵。

从纵向的角度来看，把握人类文明的发展，离不开对在不同发展阶段占据主导地位的生产方式的洞察。农业时代的手推磨被工业时代的蒸汽机取代，奴隶制和封建制下的生产方式被资本主义生产方式取代，这些均表明历史的发展总是呈现为更先进的生产方式超越并取代较为落后的生产方式。在上述连续的过程中，"物"的进步始终主导着"人"的进步，每次转变都无法避免流血与动乱。归根结底而言，这是一种基于"对立"的"取代模式"。走出第二次工业革命的"迷雾"，人类正站在全新的时代，传统的不可持续的工业生产方式正在以可见的速度衰败，新兴的生产方式如互联网技术、生物技术、新能源技术等则以其自身的蓬勃发展宣告了生产方式新变革的到来。在这种情况下，人类命运共同体要走出过去的"取代模式"，实现基于"矛盾"的"超越模式"。这一模式要求共处时代矛盾中的各方积极扬弃自身，共同参与到人类未来的建设中，从而避免生产方式转变过程中的乱象，打破历史循环的神话，超越生产方式更替的逻辑，共同描绘人类命运共同体的美好画卷。

除此之外，把握人类文明的发展，还需要理解人类文明在空间层面的转变。自资本主义诞生以来，整个世界发展的中心就被认为在西方，并且把特殊的发展模式当作衡量世界发展的标尺，将它强加于其他国家之上。这无疑是一种抹杀文明多样性的野蛮方式。随着第三世界国家的崛起，各国发展的均势化趋势大大加强。站在人类进步与文明发展的十字路口，构建人类命运共同体的理念深刻地把握了过去"地域中心论"的弊病，认识到只要世界还存在所谓"中心"，那么发展就不会是平衡的，建立在共赢基础上的共享就不会是彻底的。只有打破"地域中心论"，使所有的国家和民族都从被支配的境遇中解放出来，独立自主地参与到国际事务当中，在保留各自的独特性的同时携手发展，人类文明才能不断地焕发生机与活力。由此可见，构建人类命运共同体超越了地域中心转化的旧逻辑，实现了平等和谐的共存。

理解人类命运共同体纵向发展的逻辑，也就在人类文明的发展趋势中把握了具体的行动方向。然而，只有打开历史的切面，从横向的角度指认人类命运共同体立足全球化时代出现的问题，从政治、安全、经济、文化、生态五个方面把握人类文明共时性发展的逻辑，才能真正做到向未来发展。这五个方面并不是彼此孤立的、毫无关联的，而是各有侧重的、相互联系的。没有共同繁荣的经济作为基础，一切发展都不过是痴人说梦；没有"结伴而不结盟"的伙伴关系作为前提，政治交往就难免夹枪带棒；没有普遍安全的社会保障，各方面的工作都必将停滞；没有开放包容的文明交流，人类文明只会黯然失色；没有清洁美丽的生态环境，发展也只会变成灾难。只有统筹协调五大方面，在总体布局中有序地铺筑总体路径，再依托现实状况开拓各具特色而又不偏离总体方向的具体道路，方可坚实地走好践行人类命运共同体文明逻辑的每一步。这就是说，构建人类命运共同体不仅仅是应当确立的状况或应当实现的理想，更是针对现存问题的、积极践行解决方案的现实运动。

综上所述，在人类进步与文明发展的大方向的指引下，以全人类合作共赢、和谐共生为目标，人类命运共同体思想从历时性的角度超越了生产方式更替与地域中心转化的逻辑，从共时性的角度切中时代弊病，对症下药，从相互联系的五个方面建构总体布局，开拓了"五个世界"的总体路径，在实践中不断验证和丰富自身，与世界人民"携手共命运，一起向未来"[35]。

（执笔：杨洪源、康峻川）

第三章 利益共同体、责任共同体
和命运共同体的内在逻辑

无论是从人类文明演进的复杂历史过程中纵向透视血缘、地缘、信仰、政治、军事等共同体的不同类型，还是从当今世界的众多领域发展上，横向考察网络空间命运共同体、核安全命运共同体、海洋命运共同体、人类卫生健康共同体、人与自然生命共同体、地球生命共同体、全球发展共同体、人类安全共同体、人文共同体等重大倡议，都可以从中提炼出"利益""责任""命运"这三大具有根源性的关键文明要素。就其本质结构而言，人类命运共同体既是利益共同体、责任共同体，又是命运共同体。由此，本章尝试揭示人类命运共同体的本质结构与内在逻辑，总结其在维护利益、承担责任与掌握命运三大维度上所综合实现的人类文明创新。

一 维护人类进步的普遍利益是共同体的内在要求

对共同利益的追求，是个人在交往中结成共同体的首要动力。从本质上说，人类命运共同体首先是一种利益共同体，凝聚与构建它的核心纽带之一在于普遍的共同利益。作为利益共同体的人类命运共同体，内在地要求从人类文明延续和发展的全局高度上，以正当的方式维护全人类的普遍利益。站在人类文明观的高度打造利益共同体，须以对如下问题的准确把握为前提：其一，如何在文明发展史的视野下理解利益现象的本质、特点及其历史作用；其二，何为判断、权衡与追求利益的正确义利观；其三，利益共同体何以可能，其建构路径何在。其中，至少涉及利益在社会历史结构中的角色定位、不同领域类型的利益区分、利益与价值之间的复杂纠葛、"特殊的个别利益"与"普遍的共同利益"的关系等难题，唯有运用唯物辩证法才能够准确把握构建利益共同体的内在逻辑和规律。

（一）深刻领会"利益"这一悠久的现实主题

纵观人类文明的历史进程，早在人作为类存在诞生伊始，无论人类在意识层面是否已形成"利益"（interest）这一概念，利益便已然成为人类社会生活中贯穿始终、影响深远且难以回避的重要现实主题。包括生产实践在内的一切人类行为活动，均在利益不同程度和方式的驱动、导向、激励乃至支配作用下得以不断扩展深化，不同利益主体基于自身需要，在追求和实现多元利益客体的实践中结成一定的利益关系结构，在利益的合作、矛盾甚至冲突中不断构建和调整利益制度、体系与格局，从而推动人类文明的存续演进。由此可见，利益既是关乎人类文明发展方向的重大现实问题，也是体现人类文明自觉程度的哲学理论问题。

在群星璀璨的思想史上，人类中的最聪慧者曾就利益现象及其问题进行过严肃深入的思考，形成了复杂多样的利益观念或利益理论。

关于利益的人类思想史轨迹被学界认为最早可追溯到远古神话与寓言故事中对食、色等基本生命需求的讴歌与崇拜，远古人类在有限历史条件的制约下，出于对谋生繁衍的首要需求，将感受最为直接和强烈的食色情欲尤其是性欲所引起的"爱"的"激情状态"归结为神灵的安排，视情欲为人类社会发展的原动力和归宿。远古各色神灵崇拜的背后曲折反映出人类对实际生活的各种需要，产生了作为利益观雏形的需求观念。

在西方古希腊罗马时期，以普罗泰戈拉、柏拉图、德谟克里特与伊壁鸠鲁等为代表的先哲提出以人为万物的尺度，将满足"需要"和追求"快乐"分别视作社会国家的起源与人生行为的动机，并进一步讨论利益与公道之间的关系，将人的需要、利益或情欲初步理解为社会历史的动力无疑是人类思想史的重大转折。

中国古代先贤亦围绕利益进行了诸多探索，无论是墨子强调利益行为社会效果的"兼相爱、交相利"、后期墨家强调实际功利的"义，利也"、荀子肯定人类正当情性的"人之性，生而好利"、韩非子总结作为人之行为关系基准的"自为心"，还是王充重视基本衣食之利先于更高仁义道德的"仓廪实，知礼节，衣食足，知荣辱"、王安石关于情欲发作即为善的论述、陈亮与叶适对仁义道德不能脱离功利的阐发、李贽对物质生活需求的高度重视等，均在不同程度和面向上强调了利益的人性基础与历史作用。

西欧文艺复兴与启蒙运动，打破了中世纪的神学宗教思想垄断，高扬人性并反对禁欲，以人为尺度评价历史与衡量社会，从而逐步建立了资产阶级的人道主义历史观，承认世俗情欲的正当性与物质利益的重要历史作用。从斯宾诺莎视人的自私需要为社会冲突的根源，到维柯明确指出利益及由经济利益矛盾所引起的各领域阶级斗争是社会历史发展的主要推动力；再到以欧文、圣西门、傅立叶为代表的 19 世纪空想社会主义者，梯叶里、米涅等法国复辟时期的历史学家，勾勒出一条人类的各种情欲需要造成私有制下的利益矛盾从而引发阶级斗争并推动人类社会发展的历史线索；直至黑格尔亦强调自私利益所激发的个别欲望、热情和兴趣是人类一切行为活动和社会历史演进的直接动力[1]。

通过以上梳理可以看出，利益的确是人类文明史上源远流长的重大理论和现实问题，因而也受到马克思主义经典作家的高度重视。正是从一系列具体的社会现实问题中深刻认识到利益问题对于解剖社会历史的重要性，因而由利益问题转向对其背后复杂经济关系的研究，马克思和恩格斯最终发现与创立了唯物史观。利益是唯物史观的基本范畴，他们在《神圣家族》《德意志意识形态》《共产党宣言》《〈政治经济学批判〉导言》《1857—1858 年经济学手稿》《资本论》《反杜林论》《家庭、私有制和国家的起源》等著作中形成了马克思主义利益理论的基本立场和观点。

其一，生产关系是利益的社会本质与基础。"每一既定社会的经济关系首先表现为利益"[2]，利益是由特定的生产关系所决定的，只有从具体的生产关系出发才能科学地说明特定利益的本质和特点。

其二，对利益的追求是人类从事包括生产活动在内的一切社会活动的基本前提和内在动因。"人们为之奋斗的一切，都同他们的利益有关。"[3] 利益需求推动着社会生产活动的不断发展。

其三，任何一个社会必须首先满足人们的物质生活需要与物质利益要求。物质利益决定政治利益，物质利益支配着政治权力及其活动，"政治权力不过是用来实现经济利益的手段"[4]。

其四，利益是思想的基础。利益深刻影响了思想的形成及其实践，"'思想'一旦离开'利益'，就一定会使自己出丑"[5]。

其五，分工是产生利益差别并引起利益矛盾的历史原因。"一个民族内部的分工，首先引起工商业劳动同农业劳动的分离，从而也引起城乡的分离和城乡利益的对立。"[6] "随着分工的发展也产生了单个人的利益或单个家庭的利益与所有互相交往的个人的共同利益之间的矛盾。"[7]

其六，利益纠纷是阶级斗争产生的物质根源。一切阶级斗争的背后都有不同阶级之间在利益上的冲突，阶级斗争是"基于物质利益的"根本冲突。[8]

其七，利益冲突以阶级斗争为中介，推动着生产关系与上层建筑不断适应生产力的社会结构变革和历史发展演进。任何社会变革就其目标旨归而言都在于重新调整不利于生产力解放的利益关系，以促进社会生产的发展。

其八，传统阶级社会中的共同利益实际上是特殊的阶级利益。"因为每一个企图取代旧统治阶级的新阶级，为了达到自己的目的不得不把自己的利益说成是社会全体成员的共同利益。"[9] 资产阶级社会中被标榜为共同利益的利益就是资产阶级自身的特殊利益。总之，马克思主义利益理论运用唯物史观科学地说明了利益的本质、特点及其历史作用，具有奠基性与开拓性的重要思想价值，揭开了蒙在纷繁复杂的利益现象之上的神秘面纱。

（二）在正确价值观引领下的利益追求

在人类文明得到高度发展的社会之中，利益现象往往伴随着价值讨论。价值观是否成熟，换言之能否正确处理好利益与价值之间的复杂关系，是衡量文明程度的重要标志之一。

"价值"（value）作为一种关系性的哲学范畴，意指客体能够满足主体需要的有效程度，表示客体的属性和功能与主体需要间的一种效用、效益或效应关系。可见，评价利益对象是否能够满足利益主体的需要，本身就从属于价值领域的认识，必然潜移默化地受到价值观念的影响。尽管人类的一切活动在根源上是由利益所内在驱动的，但利益之间千差万别，更为基础性的问题恰在于认清利益主体之所以选择、珍视并追求某一特定利益客体的依据、标准和原因。简言之，何者有利、为何有利、逐何种利，这些必然涉及主体自身的价值选择与价值排序，至于如何衡量利益的合理性以及如何处理特殊利益与普遍利益、局部利益与整体利益、短期利益与长远利益等各种利益关系则更是与价值观念紧密联系在一起。

利益本身的道德属性问题是价值判断的首要问题，在价值逻辑下符合社会道德原则的利益及其行为是合理并值得追求的，反之则是不正当也是不应获取的。实际上，"道义"在日常语境中往往是正面的、积极的、崇高的价值原则的代名词，利益与价值之间的关系经常被表述为"义利之辨"。无论是就个别利益主体还是对于利益共同体而言，在关乎利益的行为与实践中都必须始终坚持正确的义利观，在正确义利观的引领下处理好利益与价值二者的关系是构建作为利益共同体的人类命运共同体的必然逻辑。

对利益的理解有着狭义和广义之分。狭义理解上的利益仅仅涉及经济领域的物质利益。然而，对经济领域物质利益的追求往往被简单污名化为一切向钱看的拜金主义，因而常常作为道义的反面而遭到挞伐。广义的利益，意指除经济利益之外还同时包含政治、安全、文化、生态、军事、外交等不同领域中以各种形态呈现的利益，涉及权利的扩展、秩序的稳固、文明的存续、环境的改善、力量的优势与关系的亲善等多元利益诉求。可见，利益的领域广泛、内涵丰富且类型多样，利益并不必然与道义相违背，不过也同样不必然符合道义。因此，仍需要对利益与道义之间的关系进行辨别从而形成正确的义利观。

围绕二者关联，人类文明思想史上具有代表性的义利观念，有唯利主义的义利观、非利主义的义利观、功利主义的义利观等。其中，唯利主义的义利观只注重利益追求而拒斥道义标准，其所理解的利益仅为个别私利而非集体公利，是物质利益而非多元利益，是短期利益而非长远利益。尽管对利益的追求是人类社会生活的基础、动力和前提，但是利益之外还存在凝结着人类文明尊严的道义法则与精神信仰。为了满足个别的、物质的、短期的不合理利益，唯利主义不惜违背道义，牺牲集体的、多元的、长远的利益。利己主义、拜金主义和享乐主义是极端唯利主义的典型代表。

非利主义的义利观或称唯义主义的义利观，代表着唯利主义的义利观的极端反面，是一种重视精神、道德原则却完全否定利益导向、追求及作用的价值尺度和思想方式。非利主义往往表现为禁欲主义的说教并在一定历史时期沦为对民众进行剥削统治的思想舆论工具，由于并不符合社会历史的事实而陷入唯心主义义利观的泥沼。非利主义的义利观在中国古代思想史上曾引起过影响深远的"义利之辨"，反对禁欲主义说教的古代思想家提出了义利并重的思想，批判脱离利益效用而空谈道德仁义的理论，甚至将"义"直接理解为国家和人民之公利，认为即便追求私利也未必无义可言，强调"事功"之学。这与西方近现代以来的资产阶级功利主义的义利观具有一定相似性。

为反对封建教会的神学禁锢与道德束缚，功利主义的义利观基于自私的人性论前提更加注重行为的实际功效和利益。尽管有少部分思想家富有远见地将公共利益和利他主义纳入功利主义的范围之中，但功利主义的义利观在基本趋向上高扬的是个人利益和利己主义，由此可见，功利主义的义利观虽然避免了非利主义的义利观的陷阱，却容易落入唯利主义的义利观的窠臼[10]。对此，毛泽东曾一针见血地指出："唯物主义者并不一般地反对功利主义，但是反对封建阶级的、资产阶级的、小资产阶级的功利主义，反对那种口头上反对功利主义、实际上抱着最自私最短视的功利主义的伪善者。世界上没有什么超功利主义，在阶级社会里，不是这一阶级的功利主义，就是那一阶级的功利主义。我们是无产阶级的革命的功利主义者，我们是以占全人口百分之九十以上的最广大群众的目前利益和将来利益的统一为出发点的，所以我们是以最广和最远为目标的革命的功利主义者，而不是只看到局部和目前的狭隘的功利主义者。"[11]

换言之，以马克思主义为指导的义利观念，既反对肤浅或虚伪地拒斥利益的非利主义说教，又批判只维护少数人自私利益、物质利益、短期利益的极端唯利主义和狭隘功利主义理论，倡导的是重视作为社会生活前提和人民基本需求的物质利益并实现个人利益与集体利益、局部利益与整体利益、短期利益与长远利益、利益需要与道德价值辩证统一的无产阶级功利主义的义利观。不仅如此，它还以实事求是、与时俱进的精神和具体问题具体分析的方法处理协调好各种利益关系。无产阶级功利主义的义利观因其道义情怀、辩证精神、系统思维、战略眼光而逐渐深入人心，闪烁着科学性、真理性和实践性的光辉。

（三）妥善处理普遍利益与特殊利益的关系

利益共同体何以可能，其实际追问的是共同利益是否存在以及如何实现，而共同利益往往与个别利益构成一对难解难分的范畴，对共同利益的研究离不开对个别利益的考察。因此，除科学地认识利益现象的本质、特点、历史作用以及以正确的价值观念引导义利追求之外，利益共同体的建构从逻辑上还必然要求妥善处理好"特殊的个别利益"与"普遍的共同利益"之间的关系。

熟知并非真知，人们以往对于特殊利益与普遍利益的定义、特点与关系的理解较为笼统，并常常和"局部利益"与"整体利益"的关系相互混淆。这就涉及利益的类别划分问题。利益是包含不同性质、特点、功能、领域的利益的庞杂利益体系，根据利益实现的时间先后、利益的实现与否、利益的存在形态等不同的分类标准可以划分出长远利益与眼前利益、既得利益与将来利益、物质利益和精神利益等利益类别。个别利益即特殊利益、共同利益即普遍利益，则是按照利益客体适用于利益主体需求的范围大小进行划分和定义的。

在利益主体范围固定的前提下，"特殊的个别利益"是仅能满足个别或少部分利益主体需求的利益客体，而"普遍的共同利益"则是为全部利益主体所共同追求的利益客体，从范围上说大于"特殊的个别利益"。然而，范围的大小是一个在比较过程中产生的概念，所以这两种利益之间的区分亦是相对的。每一个体的利益相对于所属某一群体的利益而言自然是"特殊的个别利益"，后者却也不必然永远是"普遍的共同利益"，因为某一群体的利益相较于更大范围的群体乃至人类整体的利益而言都是"特殊的个别利益"。由此可见，几乎每一层次的利益本身都具有个别特殊性与普遍共同性的双重特质，下至不可再分的个人的利益上至其大无外的全人类的共同利益构成了环环相扣的人类利益网络。

关于普遍利益与特殊利益的关系，马克思曾指出："'共同利益'在历史上任何时候都是由作为'私人'的个人造成的。"[12] "特殊的个别利益"是"普遍的共同利益"之所以生成的基础，没有个别和特殊的利益也就没有普遍和共同的利益，"普遍的共同利益"总是寓于"特殊的个别利益"之中。但与此同时，"普遍的共同利益"并非"特殊的个别利益"简单机械的加总，而是化约、升华为"特殊的个别利益"中最具一般性和本质性的那部分利益，这种利益是"特殊的个别利益"普遍追求甚至在一定历史语境中是最迫切需要实现的作为个别利益实现前提的共同利益。

从人类文明发展史的角度加以考察，在原始社会，个人利益和氏族的"普遍的共同利益"是难以分离且高度一致的。随着社会分工和私有制的出现，"特殊的个别利益"和"普遍的共同利益"开始分离并产生一系列对立和矛盾，尽管私有制社会中"特殊的个别利益"在一定条件下通过自身的矛盾运动会实现"普遍的共同利益"，但现实中最为常见的情况是部分个人或阶级只顾"特殊的个别利益"而牺牲"普遍的共同利益"[13]。人类文明现代性的另一重要标志之一就是民族国家的兴起，民族国家在国际交往中代替个人或阶级成为个别的利益结算单位，国际领域需要处理的利益关系则具体表现为每一民族国家的特殊利益与全人类文明的普遍利益之间的关系。

（四）构建人类命运共同体的利益之维

利益的思想史及其实践表明，利益作为不可或缺的文明要素与交往纽带是真实可感、普遍有效且影响深远的。追求正当利益合情、合法且符合人类历史发展的规律，利益作为内在动力和目的归宿是共同体在所有行为追求上的应有之义，人类命运共同体必然是追求利益的利益共同体。对利益的维护、权衡与协调是严肃的哲学问题和现实问题，是人类文明必须回应解决的真问题。而那些忽视经典文本的历史语境并片面地理解引用"罕言利""何必曰利"等词句以回避拒斥利益讨论或贬低丑化利益在人类文明历史中作用的观点，不仅缺乏实事求是的精神，亦违背了唯物史观的基本立场，即便初衷美好实为道德绑架，在理解国际关系纠葛和探索人类相处之道时却犯了故作天真的思想幼稚病。在当今世界百年未有之大变局下，唯有严肃面对利益这一人类社会生活的重要现象、深入分析利益实践背后潜藏的逻辑规律并悉心探索利益推动人类文明发展的合理机制，方能为构建作为利益共同体的人类命运共同体奠定必要的思想前提和理论基础。

治国理政尚且需要正确义利观的引导，国际交往同样面临义利关系的权衡。针对构建作为利益共同体的人类命运共同体这一时代课题，习近平多次强调，要在构建人类命运共同体的过程中，坚持正确义利观，避免急功近利和短视思维，做到义利兼顾、弘义融利甚至以义为先，尤其在当今百年未有之大变局下更要讲信义、重情义、扬正义、树道义[14]。历史与实践表明，无论是利益的格局还是道义的要求都具有时代的鲜明特征，每个国家与文明对利益和道义也存在多样化的理解。以坚持正确义利观为前提打造利益共同体，就是必须在新时代的"全人类共同价值"的引导下维护好、实现好、满足好关乎各国之间乃至人类文明前途命运的共同利益。

厚重的价值关怀是作为利益共同体的人类命运共同体的文明创新性所在，任何缺乏正面价值共识和崇高理想追求的利益共同体，都难以行稳致远，终将沦为毫无底线的乌合之众。因此，利益共同体绝非各国仅出于对不合理的、不正当的共同利益的盲目追求而短时结成同流合污的利益联盟或利益团伙。

全人类共同价值虽具有价值内涵上的共同性，却在根本上迥异于部分国家大力鼓吹的"普世价值"。所谓"普世价值"，是一种在文化霸权逻辑掩盖下的超历史、超时空、超文明、超阶级的价值想象，是外在强加给对方的价值束缚，实质上是单方面企图将个别国家资产阶级价值观普世化的主观产物，"以一制多"构成了对文明多样性和特殊性的威胁。而全人类共同价值则是不同文明主体在文明共存的前提下，通过文明之间的相互尊重、交流互鉴、利益融合逐渐形成的广泛价值共识。这一共识并非亘古不变和千篇一律的普适教条，而是随着时代的发展不断更新和充实自身的深刻内涵，根据国情的分化又呈现出不同的价值表现形式与价值实现路径，"求同存异"在承认文明多样性的基础上同时增强了文明之间的凝聚力。

引导共同体利益追求的全人类共同价值并非抽象模糊的单一价值概念，而是蕴含丰富的多元价值观体系。"和平、发展、公平、正义、民主、自由，是全人类的共同价值。"[15] 其中，和平与发展是时代认知层面上的价值共识，公平与正义是制度构建与运行层面上的价值规约，而民主和自由则是目标目的层面的价值基础[16]。以上六大维度的价值理念紧密联系，相互支撑，构成了全人类的共同价值体系。如果利益共同体的每一个成员在追求利益的过程中毫无历史经纬和正当理由地威胁和平、干扰发展、损害公平、妨碍正义、侵蚀民主、褫夺自由，则违背了全人类共同价值的导向，必将在不同程度上遭到国际社会的质疑、批评与反制。

总而言之，构建作为利益共同体的人类命运共同体，必须在共同追求利益的过程中坚持正确的义利观，弘扬全人类共同价值，从而引领人类文明的进步潮流。

诚然，国际社会中不乏民族国家间的特殊利益相互冲突的现象。但是，两极对立、你死我活、赢者通吃的现象，既不符合所有实际也不是永恒状态。利益之间的激烈对抗，不仅损人不利己并且对人类文明的整体发展构成了极大威胁，容易使国际关系陷入文明反面的自然状态。客观而言，国际关系中的特殊国家利益之间并不必然矛盾，矛盾之外亦有一致之处。既然民族国家间的确存在广泛和多样的普遍共同利益，那么，便具有构建以普遍共同利益为纽带的利益共同体在理论和现实意义上的双重可能性。

作为利益共同体的人类命运共同体，旨在实现民族国家间"普遍的共同利益"与"特殊的个别利益"之间的辩证统一，其目标恰在于建立以合作共赢为核心的新型国际关系。对此，习近平强调："人类已经成为你中有我、我中有你的命运共同体，利益高度融合，彼此相互依存。每个国家都有发展权利，同时都应该在更加广阔的层面考虑自身利益，不能以损害其他国家利益为代价。"[17] 中国将坚定不移奉行互利共赢的开放战略，"中国的发展不会牺牲别国利益，只会增进共同利益"[18]，这是中国向国际社会明确做出的庄严承诺。

二 承担文明发展的时代责任是共同体的应有品格

人类文明史在很大程度上是一部人类艰苦奋斗、砥砺前行的恢宏史诗，众多可歌可泣的历史事迹充分展现出人类不同群体对自身所肩负的各种时代责任的勇毅担当。对于维护整个人类文明的存续和发展这一根本且普遍的利益而言，"责任"无疑是难以回避的关键词，能够自觉、主动且灵活地承担责任恰是人类区别于受到必然天职支配的其他物种生灵的文明标志之所在。无论处在何种类型的共同体之中，人类的每一个体总是需要承担共同体根据自身特点所赋予的共同责任，而缺乏共同责任意识与行动的共同体往往是难以行稳致远的。

因此，人类命运共同体从本质上说不仅是利益共同体，而且必须是责任共同体。普遍的共同责任亦是凝聚和构建人类命运共同体的核心纽带。作为责任共同体的人类命运共同体，应当倡导在推动人类文明进步的时代召唤下共同承担起责任，这是构建人类命运共同体的责任之维。基于人类文明观的视野构建责任共同体，需要回答以下重要问题：构建责任共同体的文明理论前提何为；责任共同体对于人类文明发展而言何以必要且何以可能；世界百年未有之大变局下凸显出何种关乎人类文明走向的时代责任。也就是说，唯有深入理解责任共同体彰显的自由民主和公平正义精神、责任共同体蕴含的"共同利益导向""共同责任"展现出的层次结构、中国的负责任大国定位以及"共同责任"内涵的时代表征，才能更好地为构建作为责任共同体的人类命运共同体从而展现人类文明新形态的责任逻辑提供学理基础。

（一）独立自主是共商时代责任的首要前提

顾名思义，"责任"指具有约束性和导向性的规则、职责或任务。从人类文明观的高度审视"责任"，则会发现承担责任不仅是人类文明发展和延续至今的重要原因，而且是人类文明区别于其他物种的鲜明标志之一。人类社会在包括生产交往在内的一切实践活动中，根据各领域实践的需求变化在共同体内部不断生成不同类型和内涵的责任。人类在责任的约束、引导与号召下承担、遵守并履行相应的责任，从而得以顺利推进实践活动的永续发展。

诚然，许多动物也能够从事种族繁衍、生产食物、建造巢穴、保卫领地等活动并看似在各种活动中承担着重要的职责和任务，但它们是按照每一物种内在固定的自然性所规定的必然尺度进行生产生活的。简言之，它们生来如此且必须如此，根本无所谓受到外在职责和任务的规约，因而并不承担真正的"责任"。这与人类能够按照一切物种的尺度灵活开展实践活动的行为，有着本质上的差异。人类的不同群体在不同时代的实践活动中往往面对不同的规则、职责和任务。人类既能够自主选择承担何种责任，也可能在情绪、欲望等因素驱使下放弃承担某种责任。自觉、主动且灵活地承担责任，恰恰体现出人类文明的独特性。

由此可见，"责任"与"自由"往往是相伴而生的，自由是承担责任必要的前提条件。如果人在其所作所为中未发挥任何主观能动的作用，则不必为其行为承担任何责任。人一旦具有自由，就必须为其过去乃至未来全部行为的后果影响承担全责。尤其是近现代以来随着主体意识的觉醒，自由理念逐渐深入人心，"责任"的自由本质和自律精神得到进一步的彰显和强化。

在当今国际交往的实践中，国家代替个人成为责任承担的主体。为构建作为责任共同体的人类命运共同体，必须强调独立自主是每一国家承担时代责任的首要前提。尽管各国共同承担关乎人类文明走向的时代责任，但责任必须落实到每一国家自身的自由意志上，唯此才具有责任共同体内部的合法性。由于受到大国争霸或单极化现象的裹挟，许多国家往往被迫赋予违背自身意愿的国际责任。然而，强迫他国背负责任的行为无法体现责任的担当情怀及其文明意义，唯有独立自主地承担责任方能展现自由的尊严、高尚的品格与文明的程度。

国家的独立自主同时意味着主权的平等与国际关系的民主，对此，习近平多次向国际社会呼吁要坚持国际社会平等化，坚持国际关系民主化并坚持和平共处五项原则。他强调："主权平等，是数百年来国与国规范彼此关系最重要的准则，也是联合国及所有机构、组织共同遵循的首要原则。主权平等，真谛在于国家不分大小、强弱、贫富，主权和尊严必须得到尊重，内政不容干涉，都有权自主选择社会制度和发展道路。……新形势下，我们要坚持主权平等，推动各国权利平等、机会平等、规则平等。"[19] "现在，世界上的事情越来越需要各国共同商量着办，建立国际机制、遵守国际规则、追求国际正义成为多数国家的共识。"[20] 各国都是国际社会的平等成员，故而构建作为责任共同体的人类命运共同体，在普遍国际责任的划界、分配和制度化确立过程中，也必须始终贯彻平等精神和民主理念，切实尊重各国平等共商时代责任的权利；坚持通过对话交流和多边协商的民主机制，共同制定国际责任清单和规则；本着"己所不欲，勿施于人"的原则，避免粗暴的责任推卸和强行的责任指派。

除却自主选择、平等协商、民主决策等体现人类文明形态重大创新的理念，责任共同体的建构还蕴含着公平正义的精神，这体现在中国始终主张遵循责任、权益和能力相匹配的原则，提倡各国承担"共同但有区别""普遍而有差异"的责任。一方面，责任必须与权益相对应。世界各国不仅是责任的承担者、发展的参与者和繁荣的贡献者，还是权益的分享者。若非权利和利益的攸关方，则自然无须承担相应的责任义务，脱离权益空谈责任的承担必然会出丑。一国在国际社会中享受的权益愈盛，理应承担更多的非对称性国际责任。另一方面，责任应当与能力相适应，各国需要立足各自发展阶段，并且根据自身实际条件决定承担国际责任的程度。"各国能力和水平有差异，在同一目标下，应当承担共同但有区别的责任。"[21] 广大发展中国家受自身实力的限制，往往只能量力而行。"随着中国实力上升，我们将逐步承担更多力所能及的责任，努力为促进世界经济增长和完善全球治理贡献中国智慧、中国力量。"[22] 相比之下，发达国家不仅历史上是国际体系的最大受益者，而且其综合国力在当今仍然雄厚，因而更应勉力行之，承担更大的国际责任和义务，帮助发展中国家加快发展，从而增强其自主承担更多国际责任的能力。坚持以上原则，既是在构建责任共同体的过程中彰显公平正义精神的内在要求，更是打造可持续发展的责任共同体的必然遵循。

（二）共同利益是共担时代责任的重要基础

如果说，独立自主是共商时代责任的首要前提，那么，构建责任共同体的关键在于"共"字，共担时代责任恰是逆全球化冲击下的难点。对于人类文明的发展而言，责任共同体何以必要且何以可能？为解答这一问题，需要结合利益共同体与责任共同体的关系来加以澄清，深入认识共同利益是共担时代责任的重要基础这一事实。

随着全球化趋势的不断深入发展，世界各国在普遍交往实践中形成了较为紧密的国际利益关系和相对稳定的国际利益格局。在广泛的共同利益的凝聚下，合作共赢的理念也逐渐成为更多国家的共识。近年来，在贸易保护主义、局部战争冲突不断等种种逆流的干扰和挑战下，共同利益的"百花园"遭到侵蚀，利益对立矛盾的现象层出不穷。由此可见，利益共同体的构建并非一蹴而就，单凭共同利益自身的激励和驱动无法切实维护现有的利益关系和秩序，仅靠一国的实力与担当更是"心有余而力不足"。

为了保障利益共同体中广泛的共同利益，尤其是对于维护整个人类文明的存续和发展这一根本且普遍的利益而言，世界各国作为实实在在的"利益攸关方"，需要携起手来结成责任共同体，在共同责任的感召下正向从事和履行增进共同利益的行为，反向约束和规避损害共同利益的行为，以更加积极主动的姿态参与国际事务，齐心协力承担起共同应对全球性挑战的责任。要言之，责任共同体的建构不仅必要而且十分迫切。

至于构建责任共同体的可能性，一方面，人类良知和国际公理具有普遍性，为所有具有理性的个体所共享。在全人类共同价值的引导下，人们能够共同担当时代责任，这为责任共同体理念的传播和实践提供了逻辑层面上的可能性。另一方面，责任共同体具有共同利益的导向，广泛共同利益的存在为责任共同体提供了切实可行的凝聚纽带和建构动力。换言之，责任共同体在归根结底的意义上，以实现、增进和维护共同利益作为自身的目标和归宿。共同利益不仅为共同责任的履行界定了范围和内容，还决定了共同责任的层次结构。

根据利益主体范围的不同，存在多层次的共同利益。同理，在国际交往中亦展现出双边、多边乃至全球层面的共同责任。当然，各国在履行国际共同责任的同时不应忽视自身的国内责任。以中国的责任实践为例，我们始终胸怀并统筹国内和国际两个大局，认为党和人民事业是人类进步事业的重要组成部分，主张承担好国内责任亦是对共同责任的重要贡献。因此，中国一贯坚持办好自己的事情。

党的十八大以来，以习近平同志为核心的党中央，推动党和国家事业在坚持党的全面领导、全面从严治党、经济建设、全面深化改革开放、政治建设、全面依法治国、文化建设、社会建设、生态文明建设、国防和军队建设、维护国家安全、坚持"一国两制"和推进祖国统一、外交工作等诸多领域取得历史性成就并发生历史性变革，为中国人民谋幸福、为中华民族谋复兴，也为人类谋进步、为世界谋大同，以自强不息的奋斗深刻改变了世界发展的趋势和格局[23]。

（三）百年未有之大变局中凸显的时代责任

"进入新时代，国际力量对比深刻调整，单边主义、保护主义、霸权主义、强权政治对世界和平与发展威胁上升，逆全球化思潮上升，世界进入动荡变革期。"[24] 面对世界百年未有之大变局下的复杂严峻的国际形势和前所未有的外部风险挑战，推动构建作为责任共同体的人类命运共同体显得尤为迫切。对此，世界各国必须基于"共同利益"重新审视"共同责任"的时代内涵，找准新时代责任承担的历史方位。

正是认识到中国人民的梦想同各国人民的梦想息息相通，实现中国梦离不开和平的国际环境和稳定的国际秩序，中国在责任共同体的建构中做出了重要表率。诚然，中国是最大的发展中国家，自身面临着十分艰巨的发展任务。但是，作为世界第二大经济体和联合国安理会常任理事国，中国深知自己肩负的责任和国际社会的期待，坚持积极履行应尽的国际义务和责任。习近平在中国共产党第十九次全国代表大会上向世界庄严宣告，中国始终做"世界和平的建设者""全球发展的贡献者""国际秩序的维护者"。以上三大重要的责任角色，不仅清晰展现出中国自身的负责任大国定位，而且明确揭示出多边、双边乃至全球多层次责任共同体所应携手承担的时代责任。

作为世界和平的建设者，中国始终向世界郑重承诺坚定不移走和平发展的道路，既通过维护世界和平发展自己，也通过自身发展建设世界和平。无论国际形势如何风云变幻，自身处在何种发展境遇之中，中国都将永不称霸、永不扩张且永不谋求势力范围。习近平强调："中国走和平发展道路，不是权宜之计，更不是外交辞令，而是从历史、现实、未来的客观判断中得出的结论，是思想自信和实践自觉的有机统一。"[25]

从文化传统来看，中华民族是爱好和平的民族，和平、和睦、和谐的基因深深内化于中华民族的精神血脉之中，"以和为贵""和而不同""协和万邦""天下大同"等理念在中国薪火相传。从历史遭遇来看，近代中国经历过内部战乱与外敌入侵不断交织的深重苦难。前事不忘，后事之师，中国人像需要空气和阳光一样，格外珍视和平。从现实国情世情和未来发展目标来看，和平与发展仍然是当今世界的主要潮流，殖民主义、霸权主义、阵营对抗已是穷途末路，中国为实现中华民族的伟大复兴，需要和谐稳定的国内环境与和平安宁的国际环境。维护和平不仅是中国的责任，更是人类的共同使命，符合各方的普遍利益，因而需要各方共同争取。唯有人人都珍爱和守护和平并牢记战争的惨痛教训，世界和平才有希望。

发展是与和平同等重要的时代主题，是破解各种时代难题从而实现人民幸福的关键所在。习近平指出："中国发展必将寓于世界发展潮流之中，也将为世界各国共同发展注入更多活力、带来更多机遇。中国是一个负责任大国，在国际金融危机期间我们同国际社会风雨与共，为世界经济复苏发挥了'稳定器'和'发动机'的作用。"[26]面对国际金融危机后世界经济持续低迷影响，国内经济发展不平衡、不协调、不可持续等问题，以习近平同志为核心的党中央，做出了中国经济进入新常态的重要判断，强调贯彻实现创新、协调、绿色、开放和共享的新发展理念，推动经济发展的质量变革、效率变革和动力变革，使国家经济实力、科技实力和综合国力跃上新台阶。

中国经济的持续快速发展为全球经济的增长做出了重大贡献。由于中国奉行互利共赢的开放战略，无论是中国的生产、贸易，还是投资和消费，对世界经济发展而言无疑均是重大利好。中国欢迎各国搭乘中国发展的"顺风车"，以实实在在的行动释放出更多潜力，一起实现共同发展。当前，全球发展进程又遭受严重冲击，国际发展合作动能减弱，南北发展差距进一步扩大，联合国 2030 年可持续发展议程的全球落实受到重创。仅靠一国发展独木难支，唯有世界各国守望相助、同舟共济，以各自方式争做全球发展的贡献者，方能共同促进全球经济的可持续发展。

不止于此，中国还在国际秩序的维护上展现出负责任的大国担当。"当今世界发生的各种对抗和不公，不是因为联合国宪章宗旨和原则过时了，而恰恰是由于这些宗旨和原则未能得到有效履行。"[27]因此，中国始终"积极参与全球治理体系改革和建设，维护以联合国为核心的国际体系、以国际法为基础的国际秩序、以联合国宪章宗旨和原则为基础的国际关系基本准则，维护和践行真正的多边主义，坚决反对单边主义、保护主义、霸权主义、强权政治，积极推动经济全球化朝着更加开放、包容、普惠、平衡、共赢的方向发展"[28]。值得注意的是，国际秩序的维护者这一责任定位，并非意指不加辨别地维护原有国际秩序，而是表明继承与发展并存的既破又立，有选择地变革全球治理体制中不公正不合理的安排，推动建立合理的、可持续的新秩序，实现国际秩序由乱到治的转变。

除建设世界和平、促进全球发展、维护国际秩序这三大基本责任之外，中国紧跟实践发展的步伐，不断承担着与时俱进的时代责任。在中国共产党的领导下，中国"建设性参与国际和地区热点问题政治解决，在气候变化、减贫、反恐、网络安全和维护地区安全等领域发挥积极作用。我国开展抗击新冠肺炎疫情国际合作，发起新中国成立以来最大规模的全球紧急人道主义行动，向众多国家特别是发展中国家提供物资援助、医疗支持、疫苗援助和合作，展现负责任大国形象"[29]。责任共同体的建构因共同责任的时代性注定任重而道远，中国以其负责任大国的角色和品格，期待与世界各国一道勇毅担当起推动人类文明进步发展的时代责任。

三 关注人类文明的整体命运是共同体的高度自觉

"命运"是内涵极为复杂的哲学概念，其长期以来被人类视作神秘莫测的领域，曾引发人类历史上无数先贤的遐思与芸芸众生的慨叹。从字面意思来看，"命运"即包含了宿命与运气、事物发展变化的趋势与规律、生命活动过程中的际遇状态等多样化的理解。无论从何种解释出发，命运总是关涉本质、影响深远且牵动人心。然而，并非所有生灵都具有命运意识，唯有人类作为万物灵长不仅自觉地经验并意识到命运的独特存在，而且在漫长曲折的历史中不断观察、记录、思考、总结并力图掌握和改变自身的命运，书写出恢宏壮阔的命运史诗。

每一生命个体都关注自己的前途，不同类型的共同体亦重视自身的命运。人类对命运的观照和关怀，成为衡量人类文明发展程度和理论思维高度的独特标志。究其实，人类命运共同体不仅是利益共同体和责任共同体，而且是命运共同体。普遍的共同命运是构建人类命运共同体最为重要的核心纽带。人类命运共同体强调从人类文明整体的高度上自觉主动地关怀人类的共同命运，这是构建它的命运之维。

人类文明观视域中的命运共同体建构，需要回答以下几个关键问题：关注人类文明前途发展的人类命运意识如何生成？人类命运共同体在何种意义上能够实现超越资本主义的文明创新？命运共同体何以统摄利益共同体与责任共同体？对此，揭示人类命运共同体的内在逻辑，应当就人类命运共同体所处的世界普遍交往语境、人类命运关怀向构建利益共同体的落脚、命运共同体与利益共同体及责任共同体的相互关联，进行系统的探讨。

（一）世界普遍交往生成的人类命运关怀

正如哲学是时代精神的精华，任何一种理念的酝酿、出场和实现，都离不开其所根植的历史语境与社会背景。面对世界百年未有之大变局下的时代课题，"我们要站在世界历史的高度审视当今世界发展趋势和面临的重大问题"[30]。构建人类命运共同体，是在世界历史的语境和世界普遍交往中提出的重要方案，作为整体的人类共同命运意识也由此应运而生。

人类命运共同体思想继承和发展了马克思的世界历史理论，尤其是创造性发扬了其中的世界普遍交往理论。马克思详细考察了历史向世界历史转变的过程，明确指出交往的扩大和世界普遍交往的形成是历史向世界历史转变的关键原因。可见，"交往"（Verkehr/commerce）是世界历史理论中的核心概念。"交往"概念的含义在马克思自身历史唯物主义思想的形成过程中不断变化，综合不同经典文本之中的表述加以考察，马克思所理解的"交往"在最为宽泛的意义上，不仅指人与人之间在进行生产、交换、消费和分配等实践活动中的各种关系，还包括交通运输、商业贸易、思想交流等活动。在此意义上，世界历史就是人类文明的交往史。

然而，交往的领域、内容、方式和形态往往具有暂时的历史性。由于种种条件的限制，起初人类的交往往往局限在不同群体的狭小封闭范围之内，随着交往的扩大直至世界普遍交往的产生，历史开始突破狭隘孤立的"地域历史"，从而转变为"世界历史"。正如马克思恩格斯所说："各民族的原始封闭状态由于日益完善的生产方式、交往以及因交往而自然形成的不同民族之间的分工消灭得越是彻底，历史也就越是成为世界历史。"[31]

不可否认，资本主义在扩大各民族普遍交往从而促使历史向世界历史转变的过程中曾发挥了主导作用。资本主义在航海技术与军事实力的发展下，开辟了广阔的世界市场。"由于开拓了世界市场，使一切国家的生产和消费都成为世界性的了。"[32] 随着机器大工业及雇佣劳动制度的推广，不同地域、行业、阶级乃至国家之间的生产交往关系得以不断扩展和深化，世界范围内逐渐形成全球性的产业分工体系。"物质的生产是如此，精神的生产也是如此。各民族的精神产品成了公共的财产。民族的片面性和局限性日益成为不可能，于是由许多种民族的和地方的文学形成了一种世界的文学。"[33] 随着物质交往和精神交往都成为世界性的普遍交往，特别是 20 世纪以来科技生产力飞速发展、全球化进程不断加快、社会信息化持续推进，世界各国与各民族之间在各领域的相互联系和依赖都大大增强。

当今世界，人类社会逐渐形成一个地球村，地球村大家庭中的生活呈现出你中有我、我中有你、相互依存、休戚相关、兴衰相伴、命运与共的特点。当前，人类社会正处在一个挑战层出不穷、风险日益增多的时代。"世界经济增长乏力，金融危机阴云不散，发展鸿沟日益突出，兵戎相见时有发生，冷战思维和强权政治阴魂不散，恐怖主义、难民危机、重大传染性疾病、气候变化等非传统安全威胁持续蔓延。"[34] 国际社会的普遍联系不是消除而是放大了风险的传导效应，并且各种风险亦非孤立出现而是相互交织成更为复杂的风险综合体。人类面对种种前所未有的全球性挑战，任何成员都无法独善其身和超然物外，也不可能仅凭自身实力独自应对。因此，人们前所未有地感受到自身的命运与全人类的命运紧密联系在一起，也发自内心地意识到必须携手应对攸关人类生存和发展命运的挑战。

世界普遍交往的持续扩展与世界历史的不断演进，为生成一种人类文明整体命运的意识，从而构建人类命运共同体，提供了世界历史的条件，奠定了共同体理论的前提。然而，这仍然需要充分发挥人类的主观能动性。世界范围内的普遍交往以及由此生成的相互依存的人类命运，均是不以任何个人和国家意志为转移的自在的客观事实。体认、观照、关怀休戚与共的人类命运，并以此作为生存论根基，推动构建人类命运共同体，实现从"自在"向"自为"的飞跃，充分展现出理论和行动上的双重自觉。

（二）将人类命运关怀落脚到利益共同体建构

人类命运关怀不仅可能而且必要，更为重要的是要在实践中探索出切实可行的建构路径，也就是从解决人类文明的普遍利益何处可寻、如何实现、怎样分享三大问题入手勾勒出构建利益共同体的逻辑路线图。

第一，必须不断寻找和扩大共同利益的交汇点，全方位构筑共同利益的网络体系。各国之间乃至人类文明的普遍利益不会自动呈现，故而需要拥有一双善于发掘、精准识别、科学界定与统筹整合共同利益的慧眼。共同利益往往具有丰富的层次，分散在广泛的领域并以各种形式表现出来，必须从不同层次、领域与形式的共同利益入手寻找与扩大利益契合点、合作增长点和共赢新亮点。除了符合全人类共同价值的真正的共同利益外，还存在不同利益主体范围内的多层次共同利益，这既针对单一国别之间的双边关系，也涉及广度不一的区域合作。

以中国构建多层次利益共同体的自身经验为例。中国在与美国等大国的双边交往中认识到，尽管大国之间存在竞争带来的部分利益分歧，却也存在更为广泛的共同利益，故此主张求同存异，更加重视探索、增进与巩固国与国之间在气候变化、反恐安全等诸多方面的共同利益，在"构建新型大国关系"[35] 理念指导下，不断推进与大国之间的利益协调与合作。在区域合作方面，中国秉持"亲诚惠容"理念和与邻为善、以邻为伴的周边外交方针深化同周边国家关系，"本着互惠互利的原则同周边国家开展合作，编织更加紧密的共同利益网络，把双方利益融合提升到更高水平"[36]，切实稳定周边战略依托并打造周边利益共同体。

不仅如此，中国还遵循正确义利观和"真实亲诚"理念，加强同广大发展中国家及政治组织的紧密联系与团结合作，努力凝聚发展中国家的理念共识与利益合力，实现整体合作机制的全覆盖。除涉及双边、多边乃至全球多层次的共同利益主体与理念外，中国对共同利益的追求，还涵盖经济、政治、安全、文化、生态等众多合作领域，囊括在实践中探索出的丰富多样的合作形式，由此构建出全方位、多层次、立体化相互交织的共同利益网络和利益融合体系。

第二，必须努力探索和拓展共同利益的实现路径，建设高水平利益共生的合作机制。各国的共同利益，绝不是仅存于理念蓝图和战略规划之中的利益支票，而是可以共同创造的实实在在的利益蛋糕。实惠远比口惠更深入人心，较之互相宣称存在可供合作的共同利益，不如一齐行动起来探索共同利益的实现路径。既然存在不同层次、领域的共同利益的汇合点，就应该通过各种具体的合作平台、框架、项目与协议以不同形式将其一一落到实处。无论是中非之间的"九项工程""中非民间投资促进平台""中非数字创新伙伴计划"，中阿之间的"1+2+3"合作格局，中国与南亚国家的经济走廊建设，还是与金砖国家、上海合作组织成员国之间在各领域的积极互动，都是以务实的态度和切实的方案来推进共同利益的实现。

共同利益的实现关键在于"共"字，利益共同体的建构不应是单边的付出，需要各国之间的广泛参与和共同努力。世界各国在互利合作中必须一起做大共同利益的蛋糕，共同创造利益的增量，从而增进全人类的整体福祉。当然，利益共生并不意味着合作中的重复作业与简单叠加。以经济领域的利益合作为例，更应注重生产要素禀赋和产业结构方面的优势互补与扬长避短，将经济互补优势转化为务实合作优势和持续增长优势，打造互利共赢的利益共同体。在确保关乎自身国计民生的重大经济领域独立自主的前提下，唯有以战略眼光、全局视野和系统思维利用好比较优势，统筹协调合作各方在贸易、投资、科技、金融、能源、劳动力等方面的资源，方能实现"一加一大于二"的高水平合作效应。

第三，必须合理设计与制定共同利益的分享方案，形成可持续利益共享的分配模式。利益共生是利益共享的前提，利益共享是利益共生的目标。在世界范围内缺乏超越国家的第三方有效仲裁监管力量的背景下，各国做大共同利益的蛋糕之后如何共同分享利益，这是构建利益共同体难以回避的重大问题。如果利益分配的规则模糊、程序混乱、机制失衡，出现赢者通吃甚至你赢我输的局面，利益共同体的长期合作将难以为继。为求实现利益共同体的可持续发展，必须贯彻公平和正义的原则，根据具体情况不断完善并灵活调整共同利益的分配机制、程序和规则，通过多边对话的方式协商制定相对合理的利益分享方案，尽可能满足大多数利益主体的诉求从而充分调动各方构建利益共同体的积极性。

中国在打造普遍共享的利益共同体上做出了重要表率，尤其是在与对中国长期友好且自身发展任务艰巨的广大发展中国家的交往中秉持公道正义，不仅在寻求共同利益的交汇点时换位思考与适当照顾对方的利益关切和需要，而且在通过项目合作落实与分享共同利益的过程中早予迟取、多予少取，真正践行了不损人利己、只自利利他的庄重承诺。习近平指出："我们希望同'一带一路'沿线国家加强合作，实现道路联通、贸易畅通、资金融通、政策沟通、民心相通，共同打造开放合作平台，为地区可持续发展提供新动力。"[37]中国在推动构建人类命运共同体中的重大贡献恰在于，突破了传统利润短期分配的合作模式，提供了各国利益共融、机遇共迎、成果共享的长期合作平台。

中国对"普遍的共同利益"的重视和维护绝不代表放弃自身的核心利益。"任何外国不要指望我们会拿自己的核心利益做交易，不要指望我们会吞下损害我国主权、安全、发展利益的苦果。"[38] 因此，为适应"走出去"日益扩大的新形势和应对一系列海外利益风险挑战，中国也将不断完善海外利益保护体系。[39] 由此可见，构建人类命运共同体，关键在于实现"普遍的共同利益"与"特殊的个别利益"的辩证统一、"民族精神"与"国际主义"的辩证统一、"中国气派"与"世界情怀"的辩证统一。

（三）利益与责任统一的人类命运共同体

如前所述，人类命运共同体在其本质的意义上呈现出利益共同体、责任共同体与命运共同体的层次结构。厘清利益共同体、责任共同体与命运共同体的内在逻辑，不仅需要认识上述三种共同体自身的建构规律，而且应当揭示这三者之间的相互关系。要言之，利益共同体是构建人类命运共同体的重要基础，责任共同体是构建人类命运共同体的必要保障，而人类命运共同体则实现了利益共同体与责任共同体的相互统一。

利益共生共享是构建人类命运共同体的重要基础。利益是人类社会发展的基础性前提。同理，以共同利益为纽带的利益共同体，亦是构建人类命运共同体的现实根基。利益共同体所实现的利益共存、共谋与共享，既为人类命运共同体的建构提供了充足的动力，又为人类命运共同体的打造指明了前进的目标和方向。缺少利益共存的环境、迷失利益共谋的方向、缺乏利益共享的动力，则难以在真正意义上形塑和凝聚人类命运共同体。唯有基于利益共同体之上维护双边、多边乃至全球关系，才能真正为构建人类命运共同体添砖加瓦。

责任共商共担是构建人类命运共同体的必要保障。构建责任共同体必须正视利益与责任之间的辩证关系。"没有无义务的权利，也没有无权利的义务。"[40] 任何行为主体作为权利（利益）和责任的统一体，在相互交往过程中共享利益的同时，理应共同协商确定并承担相应的责任。这是道义层面的理性要求，更是维护共同利益的现实需要。历史与实践表明，仅谈利益不讲责任的共同体是难以为继的。可见，利益共同体的建构离不开责任共同体的保驾护航，责任共同体是利益共同体走向命运共同体的必要中介和桥梁，责任共同体通过共同承担责任的方式维护共同利益从而确保顺利推进人类命运共同体的建构。

人类命运共同体创造了利益共同体与责任共同体统一联动的人类文明新图景。"人类命运共同体，顾名思义，就是每个民族、每个国家的前途命运都紧紧联系在一起，应该风雨同舟，荣辱与共，努力把我们生于斯、长于斯的这个星球建成一个和睦的大家庭，把世界各国人民对美好生活的向往变成现实。"[41] 这就是说，人类命运共同体的定位，既是以美好生活为追求的利益共同体，又是风雨同舟、共同努力的责任共同体，更是紧密相连、荣辱与共的命运共同体。共同的历史遭际、共同的战略利益、共同的发展任务、共同的实践行动、共同的精神追求、共同的价值理念、共同的情感纽带，构成了人类命运共同体之共同"命运"的丰富内涵，而其中共同的利益与责任显得尤为关键。

"命运"作为核心概念，是共同体的"普照之光"，能够整合与统摄共同体中的利益与责任这两大本质性维度，形成利益、责任、命运共同体有机统一的"三位一体"的建构。其中，利益共同体是群体合作的基石，责任共同体是人类发展的担当，命运共同体则是文明进步的理想。人类命运共同体集合、兼容、统摄并超越了利益共同体和责任共同体乃至价值共同体、行动共同体、情感共同体等各种形态的共同体，堪称以上共同体的最高形态。"迈向人类命运共同体，就是将彼此前途命运紧密相连，在守望相助中寻求合作，在互利共赢中实现繁荣，在交流互鉴中延续文明，在同舟共济中开创明天。"[42] 人类命运共同体"应当是超越狭隘本位利益考虑，而基于人类的相互依赖、跨越国界的交流合作、共同应对全球性问题等共同需要，真正站在天下四海一家、人类命运系于一身的高度，主动担当起对人类、对地球、对自然的责任"[43]。

综上所述，从整个人类文明的发展来看，人类命运共同体在本质上既是利益共同体、责任共同体，又是命运共同体，其内在要求维护全人类的普遍正当利益、承担文明召唤的时代责任，进而实现利益与责任在命运高度上的有机统一。整合了利益、责任与命运三大共同体性质的人类命运共同体理念及其实践，开辟出人类文明新形态，为人类的前途提供了一种富有启迪、值得借鉴、影响深远的文明方案，成为引领时代潮流和人类前进方向的鲜明旗帜，必将在世界大变局中开创新局、化危为机。

（执笔：陈　栋）

第四章 相互依存、命运与共、合作共赢的核心理念及其文明话语革命

诚如恩格斯所言："一门科学提出的每一种新见解都包含这门科学的术语的革命。"[1] 作为一种科学的文明观，人类命运共同体思想对于人类文明新形态的开创，具有重要的"术语革命"意义。对于构建人类命运共同体的文明话语表达而言，应当突破只就其基本理念及内在逻辑而"自说自话"的传统框架，破除从"话语输入"向"话语输出"转换的思维模式，在找准思想参照系或批判对象的基础上，诉诸思想论战的方式，在比较中彰显人类命运共同体思想的超越性。

正所谓"真理越辩越明"。当前，"西方中心论""文明冲突论""国强必霸论"等，仍旧影响着文明话语的表达，其主要观点的根深蒂固不容小觑，并且在某种程度上已经成为人类命运共同体思想的直接的对立物和批判对象。对此，应当首先通过追溯人类命运共同体思想的马克思主义理论渊源，特别是马克思世界历史理论中的普遍交往学说，并结合构建人类命运共同体首倡者的理论总结和具体表述，提炼出它的核心理念，即相互依存、命运与共、合作共赢（和平发

展），揭示其各自的基本内涵。其次，梳理人类命运共同体思想的论战对象的产生背景与发展过程，剖析它们的内在逻辑、理论实质、当代表现，找出这些论断取得文明话语权的原因及其后果。再次，聚焦相同的时代课题进行比较分析，揭示人类命运共同体思想的核心理念分别对此做出的不同解决方案。最后，论证这些核心理念对"西方中心论""文明冲突论""国强必霸论"等操控文明话语权之后果的扬弃，阐明它们所秉持的基本立场、主要原则，全面呈现人类命运共同体思想所实现的文明话语革命。

一 相互依存理念与"西方中心论"的结构性超越

"理论只要彻底，就能说服人［ad hominem］。所谓彻底，就是抓住事物的根本。而人的根本就是人本身。"[2] 从作为文明主体的人自身的维度来看，人类命运共同体思想的彻底性的明证，亦即它作为文明观的现实意义的明确性，就在于把相互依存作为首要的核心理念，并用它来界定人的类存在方式，揭示世界历史发展趋势和人类文明进步方向。

（一）世界历史发展中的普遍交往

人类命运共同体思想中的相互依存理念，与马克思所强调的"交往"（Verkehr）是同义语，指现实的个人的生命特性和相互关系。交往同生产、分工紧密相连，它们之于世界历史的形成及发展具有重要的促进作用。

具体说来，现实的个人是社会的"细胞"，他们彼此之间的交往构成了生产的前提，而生产又反过来决定了交往的形式。单个人交往范围的扩大，不同个人的生产之间的联结，推动着社会的结构及运动的形成。易言之，历史演进和社会变迁的动力在于生产和交往的发展程度。自然形成的而非完全自愿的分工是交往的结果。生产方式与交往形式的逐步完善，不同民族之间的自然分工日益加强，致使各民族的原始封闭状态消灭得持续彻底，历史向世界历史转变的趋势不断强化。与此同时，不同的个人之间交往的普遍性也在世界历史进程中得以彰显，即交往的范围超越特定的民族和国家而扩及整个世界。要言之，一部世界史就是现实的个人之间的普遍交往的历史。

世界性普遍交往的建立，同资本逻辑的展开与世界市场的开拓之间密不可分。从资本自身的逻辑运动来讲，流通时间受劳动生产率的制约，必要劳动时间的增加和剩余劳动时间的减少意味着剩余价值的降低，从而使流通时间成为资本价值自行增殖的限制。因此，资本在力求打破交往（交换）的一切地域性限制、将整个世界皆变为其市场的同时，又试图"用时间去消灭空间"[3]，把商品在不同地域间转移所耗费的时间缩短到最小。资本的人格化即资产阶级开辟了世界市场，使一切国家的物质生产以及由这类生产决定的交往形式都成为世界性的。例如，19世纪英国的某项机器的发明和使用，如果导致大量印度手工业者破产，继而引发整个印度社会生存状态的改变，就是对世界性普遍交往的一种真实写照。

精神生产亦是如此。随着世界市场的开辟，各民族国家的片面性和局限性日益趋向不可能，每个民族的精神产品接续成为公共财富，诸多民族性和地域性的文字创作结合为一种世界性"作品"（Literatur）。总而言之，同资本逻辑和世界市场相伴而生的世界性普遍交往，使得不同民族国家彼此之间的各方面依赖不断强化，直至逐步融合为一个整体。

究其实，历史向世界历史的转变，就是资本逻辑借助世界交往而获得普遍性的过程。然而，资本主义的全球扩张，势必引起资本逻辑的内在矛盾即资本同劳动的对抗迅速蔓延，加之贸易掠夺、殖民战争、宗教传播等手段的辅助，最终导致这样一个不平衡、不协调发展的全球性社会结构的形成："中心"统治、剥削与压迫"边缘"。在这个"中心-边缘"结构中，现实的个人的一切状况，不论是作为其发展基础的全部生活条件，还是制约着他们进一步发展的各种不利因素和片面影响，都简化为资本和劳动这两种基本形式。在世界历史的形成和发展中，私有财产从最初的积累劳动的产物转化为资本，内化于劳动积累的必然性中的私有制同劳动是相对的。这就是说，现实的个人之间的普遍交往是在私有制条件下进行的。

对于个人来说，交往本身及其诸形式都成为偶然的东西，他们只是因为屈从于自然分工而结为彼此依赖的关系，处于"以物的依赖性为基础的人的独立性"[4] 的发展阶段。在资本主义私有制的条件下，自然分工的程度和劳动的积累越高，资本与劳动的对立越强。此时，现实的个人的劳动不仅唯有在与资本的对抗中方可存在，而且表现为同个人的自由自主活动本身的分离，进而昭示出个人相互作用而产生的力量与个人本身的分离，最终使个人的现实性完全丧失、彻底沦为由资本逻辑主宰的抽象的个人。

（二）"西方中心论"的内容及实质

正是由于适应了资本逻辑所主导的"中心-边缘"结构，"西方中心论"得以从欧洲中心主义中实现蜕变并"大行其道"。19 世纪以降，作为一种文明话语的"西方中心论"，从民族信仰和种族观念、政治立场和价值理念、思维方式和话语表达这三个递进层面，形成了相互区别又相互联系的不同内涵。

其中，种族主义的"西方中心论"基于这样的认识，即从人类的种族划分观念中能够推导出政治的和社会的结论，将西方诸民族视为人类之精华，强调西方文明与非西方文明之间的好坏之分，甚至鼓吹人种高低与民族压迫的合理性。政治主义的"西方中心论"突破了种族文化优劣的范围，把整个西方界定为现代世界发展和世界文明进步的主创者、引领者，肯定西方发达国家在全球进行经济、政治、文化等方面的扩张及掠夺的正当性。相较之下，经过长期的思维定式与文化偏见的积淀而形成的观念主义的"西方中心论"，超越了种族主义和政治主义的限制，将历史发展中的进步与落后绝对化、永恒化，宣扬"西方独特""东方停滞"等论断，从而更容易渗透到人们的意识中，让人产生等级观念先于人的类存在方式、等级即为人的全部类存在方式的错误观念。

比之显而易见的"中心"对"边缘"的奴役更甚，诸如发达国家靠牺牲落后国家对人类文明进程的强制垄断、文明的冲突与对抗程度在世界范围内的加剧、现代生产力进一步发展严重受阻等，"西方中心论"给人类带来的最大危害在于，通过对资本主义私有制的合理性和永恒性的进一步明确，加剧了这种私有制所导致的世界秩序下，劳动同自由自主活动本身相分离以及生产力同个人本身相分离的后果，使作为人的类本质的劳动失去了任何的内容而只是形式上的存在。

起初，各个人及其力量在交往的作用下，均摆脱了相对分散和彼此对立的状态，并通过有机融合和相互联系而成为一种真正的力量。

但是，表现为个人力量的总和的生产力，一旦以物的形式展现私有制的力量，就不再作为个人自身的力量而存在。此时，个人同生产力和他自身存在之间的唯一联系，只有失去自主活动而空余假象的、仅仅作为手段而非目的而存在的劳动了。在资本主义私有制产生以前，劳动为不同的个人所承担，并由此产生了它的非自主性，也就是个人的自主活动同其物质生活生产的分离。这种分离以个人的物质生活生产从属于其自主活动为前提。

到了资本主义私有制条件下，劳动的非自主性达到了如此严重的程度，以致物质生活同其生产之间只表现为目的与手段的单一联系。因此，消灭资本主义私有制，扬弃为之确证合理性与永恒性的"西方中心论"，超越后者所表征的"中心-边缘"结构，使每个个人重新占有现代生产力以获得真正的现实性，是推动世界历史深入发展和引领人类文明进步潮流的题中应有之义。

（三）相互依存理念的内涵与作用

人类命运共同体思想中的相互依存理念，正确地反映出世界性普遍交往下的人的类存在状态，即"人类已经成为你中有我、我中有你的命运共同体"[5]，摒弃了以"西方中心论"为代表的等级优先的错误观念，实现了对它的结构性超越。

坚持对话协商，"建立平等相待、互商互谅的伙伴关系"[6]，是践行相互依存理念、实现文明话语革命的必然要求，是改变"中心-边缘"结构、"去中心化"的一个有益尝试。当前，世界性普遍交往的形式多样化和内容深入化，特别是经济多样化、政治多极化、文化多样化、社会信息化、生态绿色化等持续推进，不同的民族、地域、国家之间的相互联系、相互依存程度之深史无前例，"中心-边缘"的全球性社会结构瓦解的征兆已然显现。相应之下，人类命运共同体思想对"西方中心论"的结构性超越势在必行。

与此同时，"西方中心论"所依附的"中心-边缘"结构的严峻困境，尤其是资本主义私有制导致的全球治理秩序的严重失衡发展，不论是发达资本主义国家内部的重重危机，诸如日益扩大的贫富分化、积重难返的金融危机、居高不下的财政赤字、持续削减的中产规模、沉渣泛起的保护主义、故障频发的民主程序、效能低下的治理体系等，还是后发展国家在西方发达国家强势压制下陷入的"中等收入陷阱""颜色革命""塔西佗陷阱"等，都充分表明"西方中心论"已经筑起阻碍世界性普遍交往的思想"藩篱"。对此，以相互依存为核心理念之一的人类命运共同体思想，顺理成章地成为打破上述阻碍的一种可行性参考。

二　命运与共理念与"文明冲突论"的系统性批判

"共同利益不是仅仅作为一种'普遍的东西'存在于观念之中，而首先是作为彼此有了分工的个人之间的相互依存关系存在于现实之中。"[7] 将人的类存在方式归结为相互依存，同时意味着要对所有普遍交往的个人的共同利益（"普遍的共同利益"或"真正的共同利益"），做出明确的界定。由此，人类命运共同体思想把命运与共视为与相互依存密切相连的理念，用以反映全人类共同命运已成为所有人的利益关切。

（一）资本主义文明全球扩张的冲突与对抗

当今世界，各国人民之所以命运与共、唇齿相依，就在于时间和空间的领域比过去任何时候都要宽广，各种因素的错综复杂程度前所未有。根据唯物史观的基本观点，利益是包括交往在内的全部人类活动及社会关系的动因。所谓"需要""有用""目的""价值"等，都不过是对利益问题的另一种表达。作为人类活动本身的文化以及作为人类活动结果的文明，自然也无法摆脱利益的影响。

综观世界性普遍交往的既有发展图景，不难发现它就是资本追求价值增殖最大化的过程，是资本主义文明在世界范围内不断扩张的进程。以资本为基础的生产不仅建立起新的生产部门和普遍的产业劳动，而且使生产体系和与之相适应的需要体系均不断扩大与日益丰富，从而形成一个普遍有用性的体系，包括科学、文化等在内的一切物质的及精神的属性皆成为这个体系的表现。正如马克思所说："要从一切方面去探索地球，以便发现新的有用物体和原有物体的新的使用属性……因此，要把自然科学发展到它的最高点；同样要发现、创造和满足由社会本身产生的新的需要。"[8] 相应之下，对人的尽可能丰富的属性的培养，创造其尽可能广泛的需要，使他具有尽可能全面的社会性，是以具有高度文明的人为目标的，"因为要多方面享受，他就必须有享受的能力"[9]。

资本塑造了资本主义社会及其成员对自然物与社会关系的普遍占有，并由此彰显出强大的文明力量。它既要打破人类过去的地域性发展和自然神化现象，使自然界真正成为满足人的需要的对象和有用物；又要克服狭隘的闭关自守和民族偏见，不断推进社会革命，摧毁一切阻碍生产发展和需要扩大的限制，创造比前资本主义的各种文明形态更高级的形态的各种要素。不论是对时间和空间限制的突破给人的生存方式带来的极大改变，还是人的需要的丰富性在更广泛的范围内不断得到满足，抑或多样性的文化交流和不同文明间的交融对人类精神需要及产品的创造，都使人的主体性和价值得以充分彰显。

资本在不可遏制地追求普遍有用性的同时，还带有强烈的排他性，以致在资本主义社会生产和交换范围之外的一切事物，都无法表现出自为的合理性。同样，资本主义文明的全球扩张，也同落后民族国家对其传统文明的维护之间存在冲突和对抗，从物质文明到精神文明再到社会文明等方面皆是如此。

其一，现代大工业对民族国家传统产业的摧毁，"新的工业的建立已经成为一切文明民族的生命攸关的问题"[10]。在迅速改进的工具、价格低廉的商品、极其便利的交通等的共同作用下，落后的民族国家失去了相对独立的自给自足状态，彻底沦为资本主义工业文明的附庸，只是作为原材料加工地和产品倾销地而存在。

其二，传统文化的民族性和地方性逐步被消灭，其独特的价值不断湮没于日趋同质化的资本主义文化和殖民文化中。由于世界市场的开拓，精神产品的生产转变为一种所谓"文化工业"。资产阶级以此作为工具，来控制一切民族甚至是野蛮民族的物质生活和精神生活，使个人成为失去反抗精神和批判意识的"单向度的人"。

其三，原有的民族国家社会结构及其动力机制被破坏殆尽，阶级矛盾和贫富分化不断加剧。随着资本主义生产方式的全球化，资本的价值自行增殖成为生产的唯一动力，落后的民族国家的社会结构变得单一化、扭曲化，人的世界与物的世界的关系被完全颠倒过来，导致人的本质的全面异化和人的自由个性的沦丧。

（二）"文明冲突论"的内在逻辑及其后果

东西方冷战和两极格局结束后，为了解释资本主义文明与其他传统文明之间、西方文明与非西方文明之间对抗的原因和后果，以文化决定论为理论前提和对抗性思维为分析框架的"文明冲突论"应运而生。这一论调的集大成者亨廷顿，首先没有区分文化和文明的关系，将文明归结为历史、语言、文化、宗教等要素合力的结果，并在信仰层面上表现为人们对自我身份的认同，继而指出后冷战时代世界格局中的结合或分裂的根源在于文明认同。在他看来，不是经济的、政治的或意识形态的而是文明的差异，构成了后冷战时代人与人之间最重要的区别，文明的冲突则不可避免地导致战争。

世界性普遍交往的形成，使得人们在文明交流中加深了对不同文明间差异的认识，从而进一步强化了对自身文明的认同。在亨廷顿看来，尽管经济全球化的迅猛发展和人们交往活动的更为普遍，致使民族国家作为人的唯一身份来源的地位更加弱化，但文明认同上的这一"缺口"，同时迅速为超越国界的激进主义所填补。不仅如此，不同的文明共同体之间的合作，还促进了世界经济区域集团化不断发展，加强了人们的文明自我认同意识。相比于经济或政治的差异，文明的差异更具稳定性；人们虽在一定程度上可以改变自己的阶级属性和意识形态立场等，却很难改变相互间的文明差别尤其是宗教差别。西方文明与非西方文明之间的力量不均衡，有助于非西方文明自我认同的双重深化：既促使它在西方文明的"顶峰"优势下，诉诸追根溯源的方式、用历史底蕴彰显独特优势，又推动其在西方文明盛行的潮流中探求自身的特殊发展路径。经由上述根源性的剖析，亨廷顿得出了两个层面上的文明冲突表现，即全球性的不同文明类型民族国家间的冲突、区域性的分属不同文明的相邻国家间的冲突。

撇开混淆文化和文明的区别不谈，单论文明差异与文明冲突之间是否为一种必然的因果关系，就能完成对"文明冲突论"的批判。任何一种文明皆具有特殊的价值和普遍的意义，都是个性与共性、差异与同一的辩证统一。只有一味夸大自身文明的普遍性而凌驾于其他文明之上，抑或片面强调自身文明的特殊性而忽视或否定其他文明的价值，因而拒斥不同文明的交流互鉴，才有可能导致亨廷顿所谓文明冲突。

更为重要的是，问题的关键不在于厘清不同文明间的共殊关系，而在于正确认识利益对文明自身发展与各文明间关系的作用。颠倒了导致文明冲突的物质因素（利益）和精神因素（文明差异）的关系，陷入用现象而非本质来解释现象的同义反复，是"文明冲突论"的最大症结所在；其后果在于抹杀了资本价值自行增殖最大化给世界文明发展带来的消极作用，掩盖了资本主义文明维护霸权地位、持续扩大影响力的真实企图。

"文明冲突论"看似尊重文化的多样性和文明的差异性，实则是文化霸权主义的"变种"，反映了西方发达国家对其文明渐显颓势的不甘与应对。只有维系西方文明在全球的强势地位，发达资本主义国家才能不断稳固在经济、政治、意识形态等方面的压倒性优势，进而连续榨取经济霸权、政治强权、意识形态话语权所带来的巨大利益。有见及此，重新把握"普遍的共同利益"，扬弃资本所追求的最大化价值增殖，是系统性批判"文明冲突论"的前提。

（三）命运与共理念的核心要义与批判旨归

人类命运共同体思想中的命运与共理念，顺应了时代发展的必然要求和历史演进的内在逻辑，实现了对蕴含其中的"普遍的共同利益"的深刻把握。"当今世界，相互联系、相互依存是大潮流。随着商品、资金、信息、人才的高度流动，无论近邻还是远交，无论大国还是小国，无论发达国家还是发展中国家，正日益形成利益交融、安危与共的利益共同体和命运共同体。"[11] 用命运与共来表述"普遍的共同利益"，秉持正确的义利观，反对经济霸权和政治强权，主张基于义利兼顾、义利平衡而实现义利均得、义利共赢，努力维护并着力实现各国人民的共同利益。

坚持平等互利，"促进和而不同、兼收并蓄的文明交流"[12]，是践行命运与共理念、实现文明话语革命的应有之义，昭示着各个文明的特殊性和普遍性的统一。一方面，维护世界文明的多样性、承认各民族国家文明的独特性，是正确对待人类各种文明的基本原则。只有在认识到每个民族国家文明的独特价值的基础上，做到求同存异、断长续短，避免尊己卑人、自我封闭，才能理性处理文明差异、增强自身文明认同。历史和实践反复证明，包括"文明冲突论"在内的霸权方式和强制手段，非但不能成功解决文明差异问题，反而给世界文明的发展带来严重灾难。另一方面，坚持从自身文明的具体实际出发，实现传统文化和现实文化的有机融合，是正确进行文明互学互鉴的重要遵循。任何一种文明的历史发展过程均充分表明，文明的开放性和包容性是文明流传的客观规律之一。唯有坚持择善而从、兼容并包、推陈出新，杜绝生搬硬套、囫囵吞枣、厚古薄今，方为推动人类文明实现创造性转化和创新性发展之良策。人类命运共同体思想批判"文明冲突论"所实现的"术语革命"即在于此。

三 合作共赢理念与"国强必霸论"的总体性解构

"随着分工的发展也产生了单个人的利益或单个家庭的利益与所有互相交往的个人的共同利益之间的矛盾。"[13] 通过命运与共理念反映"普遍的共同利益"，绝不意味着只强调"普遍的共同利益"和"特殊的个别利益"的同一，而完全否定它们的差异乃至对立和矛盾。坚持在竞争中达成合作、在合作中实现共赢，既是命运与共的连带效应，也是相互依存的客观要求。由此，人类命运共同体思想将合作共赢确立为又一核心理念，用以全面而深刻地把握"特殊的个别利益"和"普遍的共同利益"的关系，从根本上解决作为上述关系的中介的国家利益之间的冲突问题，在推动各国的共同发展中谋求世界大同，开创人类文明新形态。

（一）"特殊的个别利益"和"普遍的共同利益"的矛盾

如前所述，"特殊的个别利益"和"普遍的共同利益"的矛盾，是自然分工带来的后果之一。在马克思看来，为了调节这两种利益间的矛盾，就采取了介于两者之间并且完全独立于它们之外的共同体形式——国家。个人出于自身生存及发展的需要而结成的共同体的最初形式并非国家而是阶级。对于个人来说，他们通过阶级实现的利益虽带有一定的共同性，却又和他们自身所追求的特殊利益之间完全不一致。要言之，阶级利益只是"虚幻的共同利益"。处于不同阶级的个人之间为维护各自共同利益而进行斗争，进而形成了统治与被统治的关系。国家即为处于统治阶级的个人借以实现其共同利益的形式。任何谋求统治地位的阶级在初期夺取政权的过程中，都不得不宣称自己的利益具有普遍性。可见，国家对于个人只是"虚幻的'普遍'利益"。个人的生存及发展的需要的永续性，意味着同"普遍的共同利益""虚幻的共同利益"相对抗的"特殊的个别利益"始终进行实际的斗争，从而使对此进行实际约束的"虚幻的'普遍利益'"成为必要。

究其实，国家只是调节"特殊的个别利益"和"普遍的共同利益"的矛盾的一时之策，终非它的根本解决之道。只要这一矛盾仍然存在，国家作为阶级统治工具的本质、服务于统治阶级利益的属性就无法改变，尽管国家在世界性普遍交往中呈现出一定的民族性，从而形成自己的利益，即满足国家以生存发展为基础的各方面需要，并且在整体上具有对国家的有用性。作为自然分工的后果的各种利益矛盾，只能随着自然分工的消灭和自愿分工的产生而得以彻底终结。

更有甚者，分工的非自愿性，也就是"特殊的个别利益"和"普遍的共同利益"之间仍有分裂，还致使人的活动同人本身之间产生异化。一方面，它使得两类个人之间形成既相互联系又彼此对立的关系，即大多数为了生存而从事物质生产的个人、少数组织物质生产和进行精神生产的个人，继而导致个人力量表现为物的力量，个人之间的关系亦随之转变为物的关系。另一方面，自然分工的出现在一定程度上是对人的活动的限定，它使人的活动产物聚合为一种统治和压迫着人的、使人的愿望皆化为泡影的物的力量。受自然分工影响的个人共同活动所产生的力量总和，即成倍增长的社会生产力，也在个人共同活动的非完全自愿的制约下，从个人联合的力量转变为外在于个人的、异己的强制力量。个人由于对这种力量的形成与发展知之甚少而无法驾驭它。相反，社会生产力不仅表现为不以个人的意志和行为而转移，反而决定着个人的意志和行为。有鉴于此，只有重新驾驭并真正占有社会生产力，才能使人的活动向人本身复归，并通过这种主体力量来推动人类文明进步，"而这是以生产力的普遍发展和与此相联系的世界交往为前提的"[14]。

（二）"国强必霸论"的理论实质与当代表现

在分工从自然形成转向完全自愿之前，使国家尽可能弱化纯粹服务于统治阶级利益的程度，从统治阶级自我标榜的阶级利益"普遍性"中逐步解放出来，让国家本身的利益更大限度地趋向"普遍的共同利益"，无疑有助于解决作为自然分工的后果的利益矛盾。混淆国家本身与国家利益之间的区别，将国家利益和统治阶级利益直接等同起来，非但对"特殊的个别利益"和"普遍的共同利益"的矛盾的解决毫无裨益，反而使其伴随着国家利益的冲突和对抗而不断恶化，进一步强化了霸权主义和强权政治。近年来，一种以"国强必霸"为代表的论调在国际上不断泛起，其内在逻辑和形成机制即源于此。

不仅如此，"国强必霸论"还搬出世界历史发展数百年进程中的西方强国称霸来进行自我证实：西班牙和葡萄牙于 16 世纪通过海洋霸权来瓜分世界，其世界霸主地位随后在 17 世纪被荷兰取代；18 世纪和 19 世纪，则是代表现代工业文明的英国和现代政治文明的法国争相称霸世界的时代；到了 19 世纪末 20 世纪初，德国和日本分别于欧洲和亚洲相继崛起，并试图谋取新的世界霸权；20 世纪的绝大多数年代，整个世界都处于美国与苏联两极争霸格局；进入 21 世纪以来，冷战思维和霸权思维仍然主导着西方大国对国际关系的谋划。

显而易见，对西方资本主义国家崛起的历史路径的完全依赖，将殖民扩张作为攫取经济、政治和文化等多方面利益的唯一道路，构成了"国强必霸论"的理论症结所在。这一论调带有强烈的排他性，不仅极力打压遏制其发展道路之外的新兴国家的崛起，而且阻碍了以开放、包容、普惠、平衡、共赢为方向的全球化新进程，故而成为"普遍的共同利益"的最大威胁。

按照唯物史观的观点，历史的发展是必然性与偶然性的有机统一。任何一个历史事件都是诸多因素交互作用的结果，从而使社会发展呈现出各种难以预料的偶然性，必然性则作为贯穿于这些偶然性中表现出来的总趋势。偶然性对于历史发展绝非可有可无，"发展的加速和延缓在很大程度上是取决于这些'偶然性'的"[15]。当然，偶然性只是必然性的表现形式和必要补充，绝不能直接等同于必然性。"因为曾经有，所以还会有"并不完全成立。即使强国争霸的现象在世界历史发展中一再周期性地出现，也绝不意味着现在与将来也如此。进一步来说，"国强必霸"的西方逻辑，只是对世界历史发展的现有历程的片面总结，既没有立足作为文明主体的人自身的维度，也未能站在广泛的、开放的、发展的视角，来科学预判从而正确指引世界历史的未来走向和人类文明的潮流。

（三）合作共赢理念的主要内容及其超越性

人类命运共同体思想中的合作共赢理念，始终紧扣世界百年未有之大变局中的"不变"，即和平和发展仍然是当今时代的主题，坚持走和平发展道路；准确抓住推动世界历史发展和人类文明进步的关键因素，特别是个人对生产力的重新驾驭和真正占有："各国相互协作、优势互补是生产力发展的客观要求，也代表着生产关系演变的前进方向。在这一进程中，各国逐渐形成利益共同体、责任共同体、命运共同体。无论前途是晴是雨，携手合作、互利共赢是唯一正确选择。这既是经济规律使然，也符合人类社会发展的历史逻辑。"[16]

当今时代发展潮流表明，合作共赢与和平发展是对同一个理念的不同表述。践行合作共赢理念、实现文明话语革命的内在要求在于：坚持和平合作，"营造公道正义、共建共享的安全格局"[17]；坚持共赢发展，"谋求开放创新、包容互惠的发展前景"[18]。以合作共赢理念的内在要求为遵循，应当始终不渝地走和平发展道路。归纳而言，这一拒斥"国强必霸"的陈旧逻辑的路径选择内容分为：实现维护世界和平与自身发展的相互促进；坚持自主改革创新发展和对外开放的辩证统一；在经济全球化潮流下顺势而为并力求推动各国共同发展；携手国际社会力量建设持久和平、共同繁荣的和谐世界。

由此，不难看出它所具有的系统而全面的最鲜明特征，即科学发展、自主发展、开放发展、和平发展、合作发展、共同发展。合作共赢理念事关对社会发展道路和人类文明进步的引领，内容涵盖新型国际关系的建立、开放型世界经济的共同构建、全球非传统共同挑战的携手应对、全球治理的全面参与、国际责任义务的积极承担、新型大国关系构建的协同推动、各种文明交流互鉴的有效推动等。正是由于这些丰富的内容，人类命运共同体思想才能够从总体上完成对"国强必霸论"的解构，充分昭示出文明变革的强大力量。

（执笔：杨洪源）

第五章　坚持胸怀天下：构建人类命运
共同体的经验依托

从创造人类文明新形态的维度构建人类命运共同体，推动命运共同体的人类文明进一步发展，离不开以一定的实践活动为支撑尤其是作为人类文明新形态的主要创造者和领导者的中国共产党百年奋斗的历史经验。党的十九届六中全会通过的《中共中央关于党的百年奋斗重大成就和历史经验的决议》，将"坚持胸怀天下"概括为百年党史中积累的宝贵历史经验之一。百年来，中国共产党始终以天下为己任，筚路蓝缕、上下求索，既为中国人民谋幸福、为中华民族谋发展，更为人类谋进步、为世界谋大同，从而为引领世界各国人民认同并秉持"天下一家"的理念，张开怀抱、彼此理解、求同存异，共同构建人类命运共同体，做出了良好的表率，提供了有效的借鉴。

一　始终用世界眼光关注人类前途命运

视野决定出路，从每个人的发展到全人类的进步皆如此。人的发展与人类进步绝非孤立的、抽象的，而是与客观世界处于普遍联系之中。因此，如何正确认识和处理同外部世界的关系，成为决定人类前途命运的重要因素之一，着眼于人类发展和世界前途而构建人类命运共同体也不例外。中国共产党自诞生以来，就强调树立世界眼光来分析和解决自己同现实世界的关系：不仅清醒地认识到历史前进的逻辑和时代发展的潮流，将中国的社会革命视为整个世界变革的一部分；而且积极学习和充分借鉴世界各国的文明成果，使之运用于和中国实际相结合，同时对全部个人的前途命运报以深切的关怀。中国共产党团结带领全国各族人民，在革命、建设与改革的不同时期均取得了伟大历史性成就，同它以世界眼光对人类前途命运的关注密切相连。这一重要的历史经验，同样适用于人类命运共同体的构建。"各国应该有以天下为己任的担当精神，积极做行动派、不做观望者，共同努力把人类前途命运掌握在自己手中。"[1]

（一）顺应人类发展大潮流

以世界眼光关注人类前途命运，不是抽象的观念，而是对人类发展大潮流的科学阐明，从而能够为正确认识和处理同外部世界的关系提供指引。人与外部世界的关系如何，直接关乎人的解放程度。按照马克思主义的基本观点，共产主义是人类社会历史发展的必然趋势，人的真正解放与自由全面发展则为共产主义社会的根本特征。诚如马克思所言，"建立在个人全面发展和他们共同的、社会的生产能力成为从属于他们的社会财富这一基础上的自由个性"[2]。从自由个性与人类进步的并行一致来说，顺应人类发展大潮流是构建人类命运共同体的应有经验。作为马克思主义政党，中国共产党自成立之时起，即以实现共产主义为最高理想和奋斗目标，致力于人的自由全面发展。

它在百年奋斗的过程中逐步推进人的发展，使之呈现为从基本需求向丰富需要的跃升、从局部单向到全面多维的完善等。

以毛泽东同志为主要代表的中国共产党人，实现了马克思列宁主义基本原理同中国革命的具体实践的有机结合，确保了新民主主义革命的胜利，建立了中华人民共和国，从制度上实现了人民当家作主，为人的发展奠定了政治前提。到了社会主义革命和全面建设社会主义时期，中国共产党在解决人的基本温饱需要的同时，还从德才兼备、体力劳动与脑力劳动相结合、德智体有机统一等方面，对人的发展进行了诸多有益探索。伴随改革开放与社会主义现代化建设的展开，中国共产党聚焦人的发展来进行小康社会建设，不仅将共同富裕归结为人的全面发展的价值诉求之一，并基于此提出了现代化建设"三步走"战略蓝图，而且进一步把实现人的全面发展界定为社会主义新社会的本质要求，形成了以人为本的科学发展观，从而在中国特色社会主义实践中将人的全面发展持续推向深入。

党的十八大以来，以习近平同志为核心的党中央，站在新时代中国特色社会主义的历史方位，把关于人的全面发展的探讨与实践探索，提升到一个更为系统而深刻的高度。不论是进一步将人民对美好生活的向往确立为奋斗目标，首次明确提出以人民为中心的发展思想，着力解决发展的不平衡不充分问题，确保广大人民群众更多地共享改革发展成果，还是在新的发展阶段上以人的全面发展和社会全面进步为目标，把全体人民共同富裕置于全面建设社会主义现代化新征程中更加重要的地位，都充分证实了这一点。作为建立在小康基础上的更高追求，对美好生活的向往是人的自由个性与全面发展的重要维度，体现着人民对自身多元发展的更加自觉。"生活在我们伟大祖国和伟大时代的中国人民，共同享有人生出彩的机会，共同享有梦想成真的机会，共同享有同祖国和时代一起成长与进步的机会。"[3]

围绕促进人的全面发展、增进人类福祉，中国共产党毫不动摇地把努力为人类进步做出新的更大贡献作为自身使命。中华人民共和国成立伊始，在百废待兴、一穷二白的困难情况下，中国共产党带领中国人民即着手对外援助，支持发展中国家的民族独立解放和经济社会发展。进入改革开放后，中国的对外援助内容更加丰富，形式更加多样。中国特色社会主义进入新时代以来，在构建人类命运共同体等新思想新倡议的指引下，中国共产党秉持国际主义和人道主义精神，明确提出了共同价值观、普遍利益观、新的发展观、人类文明观等，面对人类减贫、发展中国家自主发展、全球人道主义挑战等关乎人类发展的重大时代问题，切实履行大国大党所担负的引领方向、凝聚共识、促进发展、加强合作、完善治理的责任，充分彰显政党作为推动人类进步的重要力量。

"消除贫困是各国人民的共同愿望，是各国政党努力实现的重要目标。"[4] 在中国共产党的领导下，中国人民取得了脱贫攻坚的全面胜利，使困扰中华民族数千年之久的绝对贫困问题，得到了历史性解决，创造了人类减贫史上的奇迹，为世界各国提供了宝贵经验，为人类减贫和可持续发展贡献了更大的力量。例如，竭力投身于国际减贫合作，不断加大相关投入力度，连续数年推动联合国大会通过农村减贫决议；在南南合作的框架下，实施"100个减贫项目"等系列重大举措，给予广大发展中国家减贫尽可能多的支持；积极参与国际现代农业合作，持续推动全球粮农治理，大力促进世界粮食安全等。

不止于此，中国共产党还大力倡导构建全球发展共同体，积极落实为全球发展提供公共产品、依托"一带一路"平台、制定与完善国际区域合作机制等务实举措，为各国人民发展做出中国贡献。尤其是在支持其他发展中国家增强自主发展能力方面，既通过实施规划援助、分享治理经验、开展双多边合作，来提升其治理能力；又诉诸共享科技成果、加强技术转移、提升职业技能、提高文体水平，以推动其技术进步。与此同时，面对日益严峻的全球人道主义危机，诸如公共卫生、自然灾害、移民和难民问题等，中国共产党基于构建人类卫生健康共同体、人与自然生命共同体等重大倡议，积极响应国际社会呼吁，向公共卫生突发事件所波及的国家或地区提供力所能及的援助和支持，开展自然灾害应急救援和灾后恢复重建，参与缓解移民和难民危机，"为应对重大挑战和完善全球治理体系贡献中国力量"[5]。

（二）把握世界变化大格局

以世界眼光关注人类前途命运，不是空泛的口号，而是对世界变化大格局的深刻把握，从而能够为正确认识和处理同客观世界的关系提供方向。恩格斯指出，"世界不是既成事物的集合体，而是过程的集合体，其中各个似乎稳定的事物……都处在生成和灭亡的不断变化中，在这种变化中，尽管有种种表面的偶然性，尽管有种种暂时的倒退，前进的发展终究会实现"[6]。这就是说，客观世界不是彼此孤立与静止不变的事物的简单堆积，而是普遍联系和不断运动变化的过程的统一体。威斯特伐利亚体系形成以降，整个世界的政治、经济、文化、军事、科技等领域，持续发生着革命性变化。特别是第二次世界大战结束后，发展中国家的整体崛起，新兴市场国家的实力壮大，全球经济版图的深刻变动，引起了世界格局与国际体系前所未有的变化。因此，对世界变化大格局的深刻把握，是事关人类前途命运的关键一步。

曾几何时，在世界大变局的历史进程中，许多国家和地区沦为西方资本主义国家的殖民地。同样，拥有五千年文明史的中国，过去也由于没有抓住世界大变局中的机遇而落后挨打，以致深陷民族生死存亡的危机。开辟了人类历史新纪元的十月革命的胜利，使马克思主义在世界范围内得到了广泛传播，深刻地改变了 20 世纪以后的中国。正是马克思列宁主义与中国工人运动的结合，才产生了中国共产党。中国共产党自诞生之时起就把自己的使命担当，建立于对世界大变局的科学把握之上。经过数十年浴血奋斗，中国共产党领导人民建立了人民当家作主的中华人民共和国，在实现自身民族独立和人民解放的同时，极大地鼓舞了世界上其他被压迫民族的解放斗争。

新中国成立后，中国共产党倡导并坚持和平共处五项原则，发展了同亚非拉许多国家的关系，全方位支持它们捍卫自身民族独立和国家主权的斗争，真诚拥护与努力促进这些国家之间的团结，为打破大国压迫小国、富国剥削穷国的国际政治经济旧秩序而共同奋斗。到了 20 世纪 80 年代，以邓小平同志为主要代表的中国共产党人，明确提出"和平和发展是当代世界的两大问题"[7] 的重要论断，不仅郑重申明以和平共处五项原则为指导发展国际关系，还着重说明中国共产党同世界各政党间建立及发展关系的基本原则，即"独立自主、完全平等、互相尊重、互不干涉内部事务"[8]，为发挥政党在世界大变局中推动人类进步的重要作用提供了重要遵循。

世纪之交，随着东欧剧变、苏联解体、冷战结束，世界格局与国际形势呈现错综复杂的局面。对此，中国共产党顺应为世界谋求和平发展的时代趋势，积极应对国际关系变化及科技迅猛发展的影响和挑战，坚决反对霸权主义和强权政治及其一切变种行为，坚定支持广大发展中国家维护其自身主权、安全、发展利益，联合全部可能联合的力量，共同推动建立公正合理的国际政治经济新秩序，努力实现各国人民"推动建设持久和平、共同繁荣的和谐世界"[9] 的共同愿望。

进入新时代，国际关系分化组合日益复杂，国际力量对比更加趋向均衡，世界格局处于大变革大调整大发展中。以习近平同志为主要代表的中国共产党人，立足中华民族伟大复兴的战略全局，科学把握世界发展大势，做出了百年未有之大变局的重大判断，不仅清晰地勾勒出国际格局演变的基本轮廓，而且深刻揭示出大变局的根本实质、基本特征及突出表现。从根本上说，世界百年未有之大变局的实质在于国际力量之分合，是各国间的国力和制度之争、文化和理念之争。国际力量分合所形成的世界格局，在一定时期内具有稳定性，不会很快发生根本性的调整或改变。也就是说，"变"与"不变"构成了大变局的基本特征，并突出表现为国际格局发展演变的复杂性与世界多极化向前推进的态势不会改变，世界经济调整的曲折性与经济全球化进程不会改变，国际矛盾和斗争的尖锐性与和平与发展的时代主题不会改变，国际秩序之争的长期性与国际体系变革方向不会改变，全球治理滞后的挑战性与国际关系民主化潮流不会改变，等等[10]。

既然国际力量分和是大变局的根本实质，那么，能够从根本上改变国际力量对比的因素，就成为大变局中的变量。综观整个世界百年未有之大变局，以中国为代表的一大批新兴市场和发展中国家，正走在发展的快车道上。它们的整体崛起，已成为世界格局加速演变中的最大变化和不可逆进程。中国共产党领导下的中国崛起，更是大变局中的最大变量。正如习近平所指出的，"中国与世界的关系在发生深刻变化，我国同国际社会的互联互动也已变得空前紧密，我国对世界的依靠、对国际事务的参与在不断加深，世界对我国的依靠、对我国的影响也在不断加深"[11]。党的十八大以来，中国的发展取得了前所未有的历史性成就，发生了史无前例的根本性变革，使之日益走近世界舞台的中央，成为引领世界格局演变方向、影响人类前途命运的重要力量，从而为构建人类命运共同体提供最直接有效的经验借鉴。

（三）立足本国发展大历史

以世界眼光关注人类前途命运，不是僵化的教条，而是立足本国发展大历史的行动指南，从而能够为正确认识和处理同现实世界的关系提供路径。人与现实世界相处，就要去认识与改造现实世界。马克思主义科学地揭示出人类社会发展的客观规律，指明人在认识世界和改造世界的过程中，要充分尊重历史规律。作为以马克思主义为指导思想的无产阶级政党，中国共产党始终坚持合规律性与合目的性的高度统一，自觉把握历史大势、掌握历史主动、抓住历史机遇，勇担实现中华民族伟大复兴的历史使命，正确处理中国和世界的关系，既有力地推动中国革命建设改革复兴不断从胜利走向胜利，又深刻地影响世界历史的进程。就民族复兴与人类进步的相辅相成而言，立足本国发展大历史能够为构建人类命运共同体提供重要经验借鉴。

中国共产党的诞生并成为民族复兴的领导力量绝非偶然，而是立足中国发展大历史的必然产物。1840 年鸦片战争以后，中国逐渐沦为半殖民地半封建社会，陷入前所未有的民族生死存亡危机。为了实现中华民族的复兴，无数仁人志士前赴后继，进行了一系列斗争，推出了各种救国方案。然而，不论是在不同程度上动摇封建统治根基的太平天国起义、洋务运动、戊戌变法、义和团运动，还是推翻君主专制制度的辛亥革命，都没有改变中国的社会性质与人民的悲惨命运，因而最终走向失败。在以新思想引领救亡运动、以新组织凝聚革命力量的迫切需要下，在十月革命的影响和五四运动的大潮中，以马克思主义为指导的中国共产党应运而生。

中国共产党团结带领人民夺取新民主主义革命的伟大胜利，建立中华人民共和国，是立足中国发展大历史的必然结果。基于对近代中国社会主要矛盾的深刻认识，中国共产党将反帝反封建斗争，归结为实现中华民族伟大复兴的必经环节，提出反帝反封建的民主革命纲领，推动第一次国共合作并掀起大革命高潮。大革命失败后，以毛泽东同志为主要代表的中国共产党人，为解决适合国情的革命道路的迫切需要，把马克思列宁主义基本原理同中国革命的具体实际相结合，开辟出"农村包围城市、武装夺取政权"的新道路。面对日本帝国主义侵略所导致的空前严重的民族危机，中国共产党从反法西斯和抗日救亡的历史大势出发，准确把握社会主要矛盾及阶级斗争新变化，实行抗日民族统一战线政策，发挥全民族抗战的中流砥柱作用，取得了民族解放斗争的完全胜利。尔后，在中华民族面临两种前途命运抉择的重大历史关头，中国共产党顺应时代潮流和人民意愿，推翻了国民党反动政府的统治，推翻了帝国主义、封建主义、官僚资本主义三座大山，最终建立了夺取新民主主义革命胜利的历史功勋，深刻地影响着世界历史的进程。

中华人民共和国成立后，为实现从新民主主义向社会主义的过渡，中国共产党着眼于错综复杂的国际环境和国内社会的新矛盾新问题，领导人民取得了抗美援朝战争胜利，进行了土地改革和社会其他各方面民主改革，提出过渡时期的总路线，逐步完成"一化三改造"，建立社会主义基本制度，实现了中国历史上最为广泛而深刻的社会变革，为当代中国的一切进步发展奠定了坚实的基础。

不仅如此，中国共产党还深刻揭示出国内社会主要矛盾的变化，即从阶级矛盾转向落后的农业国与先进的工业国之间、人民日益增长的物质文化需要同落后的社会生产之间的矛盾，积极探索适合本国国情的社会主义建设道路。其间虽历经曲折，却也取得了巨大的历史性成就，尤其是建立了较为完整的独立工业体系及国民经济体系，为在新的历史时期开创中国特色社会主义，提供了物质基础和宝贵经验[12]。由此可见，中国共产党团结带领人民完成社会主义革命，开展社会主义建设，是立足中国发展大历史的必然方向。

以党的十一届三中全会为标志，中国步入改革开放和社会主义现代化建设新时期，这是立足中国大历史的必然抉择。中国共产党团结带领人民，继续探索社会主义建设的正确道路，解放与发展生产力，尽快摆脱贫困、走向富裕，为民族复兴提供富有活力的体制保证和快速发展的物质条件[13]。社会基本矛盾是社会发展的根本动力。在重新明确人民日益增长的物质文化需要同落后的社会生产之间的矛盾之后，中国共产党以解决这个社会主要矛盾为中心任务，先后通过对何为社会主义和怎样建设社会主义、建设怎样的党和如何建设党、实现何种发展和怎样实现发展等一系列问题的解答，不仅成功开创了中国特色社会主义并将其推向 21 世纪，而且在新的形势下实现了对它的坚持与发展。

随着中国特色社会主义进入新时代，中国共产党团结带领人民，实现全面建成小康社会的奋斗目标，开启全面建设社会主义现代化国家新征程，昭示出立足中国发展大历史的必然趋势。以习近平同志为核心的党中央，深入分析新的历史条件下的发展机遇和风险挑战，进一步将社会主要矛盾明确为人民日益增长的美好生活需要和不平衡不充分的发展之间的矛盾，领导全党全国各族人民在新时代党和国家事业的各个领域，均取得了伟大的历史性成就，使中华民族迎来了从站起来、富起来到强起来的伟大飞跃，为民族复兴提供了更为完善的制度保证、更为坚实的物质基础、更为主动的精神力量[14]。

从中国国情和历史出发办好自己的事情，让中国人民过上更加美好的生活，将人类的和平与发展事业推向深入，是中国共产党始终不渝的奋斗目标。正是立足本国发展大历史所取得的伟大成就与重要经验，使得中国共产党自信地提出并积极"推动建设相互尊重、公平正义、合作共赢的新型国际关系"[15]，促进全球治理体系变革，为解决人类面临的共同问题、建设美好世界贡献中国力量。"中国共产党将坚持以人民为中心的发展思想，在宏阔的时空维度中思考民族复兴和人类进步的深刻命题，团结带领中国人民上下求索、锐意进取，创造更加美好的未来。"[16]

二　站在历史正确和人类进步的立场上

立场是决定观点、方法等一切问题的前提。推动构建人类命运共同体，关键在于解决好立场问题。近代以来世界格局的持续演变，使得人类社会屡屡面临着何去何从的时代之问。从《威斯特伐利亚和约》确立的主权平等原则，到《日内瓦公约》表征的人道主义精神，再到《联合国宪章》规定的维持国际和平及安全等根本宗旨与基本原则，万隆会议倡导的和平共处五项原则，直至和平、发展、公平、正义、民主、自由的全人类共同价值的提出，人类孜孜以求建立公正合理的国际秩序并为之不懈奋斗。在这个过程中，一些国家之间的敌视对抗、封闭脱钩、零和博弈、强权霸凌等时有发生，极大地制约着人类命运共同体的构建。作为推动人类进步重要力量的大国大党，中国共产党始终秉持正确的立场，"站在历史正确的一边，站在人类进步的一边"[17]，坚持相互尊重、开放合作、互利共赢、公道正义，为构建人类命运共同体、建设更加美好的世界，提供了宝贵的经验借鉴。

（一）坚持相互尊重、不搞敌视对抗

坚持相互尊重、不搞敌视对抗，是构建人类命运共同体的基本前提。以历史为镜鉴，相互尊重与平等相待是人与人交往、国与国相处的应有之道，彼此敌视和对抗斗争则为逆历史大势之举。概览世界各国发展的历史进程，它们尽管在体量、国力、发展等方面程度不一，呈现出大小、强弱、先后的差别，但这绝不是一些国家不尊重他国的依据；相反，每个国家皆应平等相待，在发展好自身的同时，也支持和帮助他国实现共同发展。因此，尊重每个国家的主权、独立和领土完整，是世界各国之间相互尊重、平等相待的最基本要求。

除此之外，"尊重各国自主选择的政治制度和发展道路"[18]，也是坚持相互尊重的应有之义。每个国家由于历史传统、文化背景、价值观念等的差别，在发展过程中选择的社会制度与具体道路也不尽相同。世界反法西斯战争胜利之后，广大亚非拉地区的民族纷纷摆脱殖民统治，建立起主权独立的民族国家，确立适合本国发展的社会制度，开启独立自主的发展道路。最了解一个国家实际情况、最关心这个国家前途命运的，不外乎它的人民；其发展道路亦由自己的人民决定。现代化的通途从来不是唯一的。历史已经向人们昭示，个别国家罔顾他国国情、无视人民意愿，把自己的制度模式强加其上的做法，非但行不通，反而极易导致国际冲突与矛盾；既有损于他国主权及人民利益，又不利于自己的国家与人民。随着世界历史进程和全球化态势的日益深入，每个国家在自身发展中同其他国家合作的意愿越发强烈、广度持续扩展、深度不断开拓。世界各国应当具有平等的权利和地位，共同积极参与全球治理。

充分尊重其他民族和国家独立自主选择自身制度模式及发展路径，不以任何形式干涉其内部事务，这是中国共产党的一贯主张。中华人民共和国成立后，党中央深刻把握国际局势的不断变化，积极发展同新兴民族独立国家的关系，提出了以相互尊重为前提的和平共处五项基本原则，并倡议将其作为国与国相处的准则，在世界上产生了广泛影响，"为推动建立公正合理的新型国际关系作出了历史性贡献"[19]。到了中国特色社会主义新时代，以习近平同志为核心的党中央，大力提倡不同文明之间的相互尊重、平等相待，"坚定不移在和平共处五项原则基础上发展同各国的友好合作"[20]，持续推动建设以相互尊重为首要原则及特征的新型国际关系。

坚持相互尊重，意味着不搞敌视对抗。追求和平稳定乃至永续和平是世界各国人民的共同愿望，持久和平、普遍安全构成了人类命运共同体的内在要求。世界历史的形成与发展表明，敌视对抗永远无法换来人类社会的和平安全。从欧洲三十年战争到两次世界大战，再到持续数十年的东西方冷战和两大阵营对抗，给世人带来了惨痛而深刻的历史教训。当前，人类社会虽然处于相对和平时期，世界主要大国间发生大规模战争的可能性不断降低，但是威胁世界和平与稳定的因素并未根除。少数国家仍在固守集团对抗思维，个别大国甚至公然站在历史正确和人类进步的对立面，为了维护自身霸权而重拾冷战思维、制造阵营对立，进一步加剧了人类社会的动荡与分裂，让问题缠身和挑战不断的世界和平稳定雪上加霜。对此，各国在多边主义的旗帜下拒斥敌视对抗，携手推动构建人类命运共同体，方为正确的道路。正是在此意义上，中国共产党关于国家间构建对话不对抗、结伴不结盟伙伴关系的倡议及其实践，无疑具有重要的借鉴作用与示范效应。

（二）坚持开放合作、不搞封闭脱钩

坚持开放合作、不搞封闭脱钩，是构建人类命运共同体的重要基础。人类命运共同体绝非相互隔离、彼此孤立的共同体，而是在开放合作中实现共同发展从而推动人类进步的共同体。开放合作引领进步，封闭脱钩导致落后，这是对人类社会发展史的真实写照。大国地位更替、新兴国家崛起，无不得益于各国的开放合作政策。"对一个国家而言，开放如同破茧成蝶，虽会经历一时阵痛，但将换来新生。"[21]

一个国家的长期发展，有赖于坚实的经济基础，即由一定的社会生产力所决定的生产关系的总和。社会生产力的提高，同科技进步、资本积累、人口流动、贸易扩大等密切相关。作为世界历史发展的产物，经济全球化极大地促成了科技与文明进步、商品和资本流动、各国人民交往、民生福祉提升，推动人类社会呈现出前所未有的繁荣景象。换言之，经济全球化从根本上促进了生产力大发展，推动了世界一体化的形成，使各国之间的相互依存和彼此联系比以往任何时期都更为紧密频繁。唯有坚持开放合作、不搞封闭脱钩，方可适应经济全球化与各国高度相依的客观事实。

自经济全球化态势出现以来，逆全球化就总是如影随形。近400多年来的世界经济发展史表明，经济全球化深入推进之时，即为世界

经济繁荣发展之日；逆全球化大行其道之时，正是世界经济低迷不振之日。在经济全球化的过程中，不可避免地会积累一些较为突出的矛盾和问题，如发展失衡、治理困境、数字鸿沟、公平赤字等。这些前进中的问题绝非从根本上否定经济全球化大势的借口，而是需要正视并通过开放合作加以解决的问题。当前，作为逆全球化的主要表现，贸易保护主义仍时有抬头。一些国家甚至还错误地将国内矛盾归咎到经济全球化头上，把责任推卸给他国，制造贸易封闭、加紧经济脱钩，最终损人而不利己。

在中国共产党的领导下，经过了几十年的改革开放，中国深度参与到经济全球化与国际分工中，推动科技创新持续取得新突破，不断深化经济体制机制改革，实现了经济社会的长期稳定和迅速发展，取得了全面脱贫等前所未有的历史性成就与发展奇迹。中国共产党坚持开放合作、不搞封闭脱钩的实践与经验，既为广大发展中国家实现繁荣发展提供了有益借鉴，也为世界各国共同繁荣指明了正确方向。不止于此，以习近平同志为主要代表的中国共产党人，还领导中国积极倡导共建"一带一路"，努力促进亚太自由贸易区（FTAAP）高水平建设，正式提出加入《全面与进步跨太平洋伙伴关系协定》（CPTPP）等，将这些推动区域一体化与双多边合作的努力，作为构建人类命运共同体的重要实践平台，不断释放经济全球化的更多正面效应，为经济全球化进程注入新的生机和动力。

除却适应经济全球化大势的现实要求，坚持开放合作、不搞封闭脱钩，还是人类进步与文明发展的必然选择。作为人类社会的基本特征，文明多样性是人类进步的不竭动力。"文明因多样而交流，因交流而互鉴，因互鉴而发展。"[22] 文明的传播与发展，从本质上要求交流互鉴；如若不然，势必走向衰落。世界文明史揭示了一条重要规律，这就是任何一种文明都具有开放性和流动性，皆要不断吸收时代精华而与时俱进。中华文明的发展壮大，正是在同世界其他文明的持续交流互鉴中进行的。

作为中国式现代化与人类文明新形态的主要开创者，中国共产党大力提倡世界各文明相互尊重、平等相待、开放包容、互学互鉴。从博鳌亚洲论坛到中阿国际合作论坛、中非国际合作论坛，从二十国集团领导人峰会到金砖国家领导人会晤、上海合作组织成员国元首理事会，从中法全球治理论坛到"一带一路"国际合作高峰论坛、亚洲文明对话大会等，以习近平同志为核心的党中央，带领中国始终坚持弘扬平等、互鉴、对话、包容的文明观，以中国文明观引领国际思潮前行，向着构建人类命运共同体不断迈进。

（三）坚持互利共赢、不搞零和博弈

坚持互利共赢、不搞零和博弈，是构建人类命运共同体的根本保障。诚然，每个国家都有自己发展的权利与目标。但是，当今世界各国的高度相互依存，人类共同利益的深度彼此融合，使得每个国家在各自的发展中皆应兼顾各方利益并寻求最大公约数，不能以损害他国利益的方式来实现自身利益，最终达到互利共赢。所谓互利共赢，是指不同种族和信仰、不同文化背景与社会制度的国家及地区，以开放合作的方式，共同应对区域性乃至全球性威胁和挑战，共同谋划利益与增进福祉，进而实现互惠互利的共赢发展。简言之，就是追求共同发展，"既要让自己过得好，也要让别人过得好"[23]。与此相反，零和博弈则强调参与博弈的各方不存在合作的可能，处于国际竞争下的各国的收益与损失相加总和永远为零。

按照唯物史观的基本观点，利益是人类一切实践活动的动因。纵观迄今为止的世界历史发展，不断凸显的国际社会不平等不公正的诸象、层出不穷的全球性威胁及挑战、此起彼伏的地区冲突与局部战争、持续不绝的难民危机和移民问题等，归根结底都与不同国家之间利益分配不均密切相关。以史为鉴，拒绝零和博弈，才能避免重蹈覆辙。当前，人类正处于一个快速变化发展的世界。经济全球化、政治多极化、社会信息化、文化多样化、生态绿色化深入推进，同时"各种挑战层出不穷，各国利益紧密相连"[24]。这充分说明，唯有同舟共济、互利共赢，方为时代要求；零和博弈、冲突对抗非但不合时宜，反而逆潮负隅，终将被历史淘汰。

时至今日，个别大国仍然逆历史潮流而动，继续推行弱肉强食的丛林法则，在国际社会上大搞你输我赢的零和游戏，极大地动摇了世界各国开放合作的基础。更有甚者，在全球经济复苏仍脆弱乏力并叠加发展鸿沟加剧的矛盾下，少数国家还固守零和博弈旧观念，大搞你输我赢的贸易战、科技战，严重破坏了互利共赢的开放合作环境，使保护主义、内顾倾向不断抬头，给经济全球化带来了前所未有的挑战。对此，只有坚持互利共赢，回到构建人类命运共同体的出发点和落脚点，"要和平不要战争，要合作不要对抗，在追求本国利益时兼顾别国合理关切"[25]，才能为开放合作奠定坚实的基础、营造良好的环境、提供持久的动力。

改革开放以来，在中国共产党的领导下，中国将对内深化改革与对外扩大开放紧密结合起来，逐步确立并坚持互利共赢的开放战略，"推动建设持久和平、共同繁荣的和谐世界"[26]。随着中国特色社会主义进入新时代，以习近平同志为核心的党中央，大力倡导国际合作，领导中国积极参与国际多边主义，坚定不移地奉行互利共赢的对外开放战略，将"积极主动参与全球治理，构建互利合作格局，承担国际责任义务，扩大同各国利益汇合，打造人类命运共同体"[27]作为重要着力点。

特别是"一带一路"建设，其作为中国在新的历史条件下实行全方位对外开放的重大举措、推行互利共赢的重要平台，奏响了合作共赢、共同发展的时代强音。正如党的十九届六中全会通过的《中共中央关于党的百年奋斗重大成就和历史经验的决议》指出："我国积极参与全球治理体系改革和建设，维护以联合国为核心的国际体系、以国际法为基础的国际秩序、以联合国宪章宗旨和原则为基础的国际关系基本准则，维护和践行真正的多边主义，坚决反对单边主义、保护主义、霸权主义、强权政治，积极推动经济全球化朝着更加开放、包容、普惠、平衡、共赢的方向发展。"[28]

（四）坚持公道正义、不搞强权霸凌

坚持公道正义、不搞强权霸凌，是构建人类命运共同体的必要条件。公道正义既是人类追求的远大目标，也是当代世界人民的共同理想。此处的公道正义，意指坚持互相尊重、互利共赢的原则，践行真正的多边主义，即"国际上的事由大家共同商量着办，世界前途命运由各国共同掌握"[29]，推动全球治理体系与新型国际关系朝着更加合理公正的方向发展。相形之下，霸权主义、强权政治与单边主义紧密相连。它表现为举足轻重的特定大国根本不尊重其他国家，不仅动辄对他国颐指气使、对他国内政进行粗暴干涉，还毫不顾及大多数国家及其人民的意愿，单方退出或直接挑战作为国际秩序基础的国际法则，或者将一个或几个国家制定的规则强加于人，甚至不惜发动战

争，给世界的和平与发展带来破坏性的影响和后果。

"一时之强弱在力，千古之胜负在理。"[30] 历史与经验表明，一个公道正义的世界符合各国人民的共同利益，代表着历史正确和人类进步的方向，霸权主义、强权政治、阵营对抗只会导致战争与冲突。从近年来持续已久的乌克兰危机中可见一斑。它向世人发出警示，迷信于所谓"实力地位"和集团对抗的过时思维，一味进行军事扩张，靠牺牲他国安全来换取自身安全，非但达不到任何目的，反而注定陷入更严重的困境。尤其是在世界百年变局与世纪疫情相交织的繁杂历史方位下，面对各种层出不穷的安全挑战、复苏举步维艰的世界经济、招致严重挫折的全球发展，世界各国更需要公道而不要霸道，"维护以联合国为核心的国际体系和以国际法为基础的国际秩序"[31]，实现对"世界向何处去"的"时代之问"的正确解答。

世界要公道而不要霸道，尤为离不开大国的率先垂范，展现更多的责任担当。然而，一些大国却以综合国力强大自居，在国际上大搞"小圈子""新冷战"，动辄以脱钩断供、极限制裁等方式，排斥、威胁、恐吓他国，甚至利用新冠肺炎疫情搞"去全球化"，鼓吹所谓"平行体系"来以大欺小。这既违背了平等相待、互尊互信的现代国际交往法则，又与开放合作、互利共赢的历史潮流相悖，最终损人而不利己。有鉴于此，大国之间在处理国际关系时，应当弘扬和平、发展、公平、正义、民主、自由的全人类共同价值，坚守公道正义，用交流互鉴取代唯我独尊，开创互尊互鉴的美好未来。

在中国共产党的领导下，中国在处理国际事务的过程中，始终主持公道、伸张正义，坚决反对霸权主义、强权政治，坚持大小国家一律平等，坚定支持广大发展中国家维护自身主权、安全、发展利益的正义斗争。特别是新中国恢复在联合国合法席位半个多世纪以来，其一直发挥着负责任大国作用，坚定维护以联合国为核心的国际体系和以国际法为基础的国际秩序，不仅加入了几乎所有的政府间合作组织及 500 多项国际公约，而且成为联合国维和行动的第二大出资国和主要出兵国。

以由中国倡导和引领的亚洲博鳌论坛为例，其 20 多年的发展历程及其成就，充分诠释了亚洲和世界各国协力谋求建立公道世界的典范。一方面，亚洲国家深入推进区域经济一体化，合力促进经济社会共同发展，积极推动自身成为全球经济中最具活力与发展潜力的地区。另一方面，各国携手应对各种重大的传统与非传统安全威胁，如恐怖主义、印度洋海啸、国际金融危机、全球难民危机、全球粮食危机、新冠肺炎疫情等，努力维护地区的稳定、安全与繁荣。作为亚洲大家庭中的重要成员，"中国不断深化改革开放，积极推动地区合作"，不谋求扩张和势力范围，"为促进亚洲和世界发展发挥了重要影响力、推动力"，"为人类文明和进步事业作出了卓越贡献"。[32]

三　走和平发展道路为人类文明作贡献

道路决定命运，道路引领未来。携手构建人类命运共同体、实现人类进步与文明发展，最终落脚到具体的路径上。除却宏大视野与正确立场，中国共产党在其百年奋斗历程中的天下胸怀，还表现为始终不渝走和平发展道路，坚定不移做世界和平的建设者、全球发展的贡献者、国际秩序的维护者。正如习近平所说："中国共产党是世界上最大的政党。……我们要把自己的事情做好，这本身就是对构建人类命运共同体的贡献。"[33] 就这个角度而言，坚持走和平发展道路，这一中国共产党根据时代发展潮流和本国根本利益所做出的战略选择及其具体实践，能够为构建人类命运共同体从而推动人类文明进步，提供重要借鉴、贡献强大力量。

（一）实现维护世界和平与自身发展的统一

在中国共产党的领导下，中国人民始终坚持走和平发展道路，这既是实现自身发展的必然要求，也是维护世界和平的内在需要。任何国家的发展都离不开安全稳定的国际环境，各国只有通过不断维护世界和平才有可能实现永续发展。"没有和平，中国和世界都不可能顺利发展；没有发展，中国和世界也不可能有持久和平。"[34] 正是在实现自身发展与维护世界和平的良性互动中，中国走和平发展道路才逐步形成并坚持下来，为其实现科学的、自主的、开放的、和平的、合作的、共赢的发展，提供了有利前提、奠定了坚实基础。

中华人民共和国成立伊始，如何在错综复杂的国际环境中站稳脚跟，给国内建设创造有利的条件，成为摆在中国共产党和中国人民面前的首要问题。以毛泽东同志为主要代表的中国共产党人，深刻地认识到能否"把经济恢复到战前水平和稳定国内局势"，"取决于是否有和平的前途"[35]。在当时，以美国为首的西方国家，不仅从政治、经济、外交等方面对中国进行封锁和遏制，还公然将战火烧到中朝边境，派遣军队侵入台湾，公然干涉中国内政，给中国的国家安全带来直接威胁。

对此，中国共产党一方面全面评估国内外形势，做出了抗美援朝、保家卫国的重大历史性决策，在全国各族人民举国同心支持下，取得了抗美援朝战争的伟大胜利，充分展示了中国人民不畏强权霸道、维护世界和平的坚定决心，再次证明了和平与发展的历史潮流之不可阻挡。另一方面，中国共产党确立了独立自主的和平外交政策，积极发展同新兴民族独立国家尤其是邻近民族独立国家的关系。中华人民共和国中央人民政府自成立之时起，即发出愿同世界各国和平共处的宣言："凡愿遵守平等、互利及互相尊重领土主权等项原则的任何外国政府，本政府均愿与之建立外交关系。"[36]

在此基础上，中国于20世纪50年代初期，先后同印度在关于西藏问题的谈判中首次提出和平共处五项原则，以五大国之一身份参加日内瓦会议并推动印度支那和平协议的达成，在日内瓦会议上建议与促成和平共处、友好合作的十项原则等。这些卓有成效的工作与斗争，既促进了国际紧张局势的缓和，又保障了中国社会主义建设的顺利进行。从50年代中期到70年代中期，在美苏主导的冷战格局的动荡局势下，面对来自多方面公开或潜在的威胁、挑战和压力，中国共产党始终坚持独立自主，以维护国家主权、民族尊严与发展利益。不论是"中间地带"的重新提出、"三个世界"的划分，还是抗美援越、抵制苏联，抑或缓和与恢复同西方发达国家的关系、与亚非拉国家的广泛建交，都充分表明了中国共产党维护世界和平的大无畏精神，为改革开放创造了有力保障。

到了改革开放和社会主义现代化建设新时期，以邓小平同志为主要代表的中国共产党人，准确地把握到世界局势日益缓和的趋向，改变了战争不可避免且迫在眉睫的看法，逐步形成了"和平与发展是当今时代的主题"的重大战略判断，在让中国得以集中精力进行经济建设、发展自身的同时，也使其在国际关系中掌握更多的主动权，为维护世界和平贡献更大力量。尔后，以江泽民同志为主要代表的中国共产党人，基于对冷战后国际局势演变的科学判断，进一步提出了"树立互信、互利、平等和协作的新安全观"[37]，积极应对新殖民主义、新干涉主义、新炮舰政策等的威胁，继续推动世界和平与发展的进程。进入 21 世纪，以胡锦涛同志为主要代表的中国共产党人，针对世界和平与发展所面临的诸多变化和机遇、风险和挑战，不断探索实现中国发展与维护世界和平相统一的有效途径，正式提出了坚持走和平发展道路[38]，并对其开辟历程、总体目标、对外方略、历史必然、世界意义等，做了全面而深刻的总结[39]。

随着中国特色社会主义进入新时代，以习近平同志为核心的党中央，团结带领全党全国各族人民，顺应世界百年未有之大变局的客观要求，适应中华民族伟大复兴特别是全面建设社会主义现代化强国的必然要求，"继续沿着中国特色社会主义道路大步向前，坚持全面深化改革，坚持高质量发展，坚持扩大对外开放，坚持走和平发展道路，推动构建人类命运共同体"[40]。

首先，不断夯实走和平发展道路的物质基础和社会基础。雄厚的物质基础与广泛的社会基础，是坚持和平发展道路的重要依靠力量。一方面，必须持续提高自身综合国力，集中精力做好自己的事情，推动中国式现代化向前发展，使人民充分享受国家富强与和平发展带来的利益。另一方面，要大力弘扬中华民族崇尚和平的优秀传统文化，始终牢记近代以后经历的苦难遭遇和战争灾难，传承中国人民对和平的孜孜以求，进一步坚定走和平发展道路的历史自觉与文化自信。

其次，准确把握世界百年未有之大变局中的发展机遇。"当今世界的变局百年未有，变革会催生新的机遇。"[41] 世界的繁荣发展与中国的和平发展，对于中国和世界是互为机遇的。和平发展道路走得通与否，很大程度上取决于我们能否将世界大变局中的机遇转化为中国的发展机遇，同时把中国的机遇转化为世界的发展机遇。也就是说，要牢固树立世界眼光，使每个国家皆可从走和平发展道路中得到益处，促使世界各国在良性互动、互利共赢中不断开拓前行。

最后，积极引导国际社会正确认识与对待中国的发展。坚持走和平发展道路，不是权宜之计、外交辞令，而是从中国的历史、现实与未来的客观判断中得出的科学结论，是中国的战略选择和郑重承诺[42]；它不是中国自己的事情，而是推动世界各国共同发展的有效途径。"只有各国都走和平发展道路，各国才能共同发展，国与国才能和平相处。"[43] 因此，要在增强中国人民走和平发展道路的决心与信心的基础上，广泛深入宣传中国走和平发展道路的战略思想，引导世界人民准确看待中国的和平发展及其作用，促进国际社会认识到走和平发展道路的必要性和重要性，凝聚起推动世界和平与发展的最大力量。

（二）同世界上一切进步力量携手前行

作为推动人类进步与文明发展的重要方式，走和平发展道路有赖于世界上的一切进步力量携起手来、共同前行。在中国共产党的领导下，中国坚持走和平发展道路的过程中，始终注重团结世界上一切进步力量。同世界上一切进步力量携手前行，绝不意味着传统的政治结盟，而是"在坚持不结盟原则的前提下广交朋友，形成遍布全球的伙伴关系网络"[44]。不同于冷战时期形成的军事政治同盟关系，即针对第三方的、聚焦军事与政治合作的对抗、封闭、排他的国家交往模式，中国坚持走和平发展道路、奉行结伴而不结盟的国际交往原则，既是对中华民族数千年来爱好和平的优秀文化传统的继承与发扬，也是对新中国成立以来的历史经验及外交实践的总结与升华。

面对第二次世界大战后美苏对峙给世界和平带来的威胁与挑战，

以毛泽东同志为主要代表的中国共产党人，突破了意识形态与社会制度的固有框架，以反对霸权及维护世界和平为价值取向，于 20 世纪60 年代和 70 年代，先后形成了"中间地带"和"三个世界"的划分，并从中找寻可以团结的进步力量，为中国走和平发展道路提供重要保障。在毛泽东看来，与第一世界的美苏霸权不同，处于"中间地带"的第二世界和第三世界，可以跨越社会制度及意识形态的差异，为反对超级大国的霸权主义与战争威胁而联合起来，成为维护世界和平的进步力量。在这一方针的指引下，中国努力建立并发展同广大第三世界国家和其他类型国家的友好合作关系，包括与美国实现邦交正常化，共同推动世界局势朝着和平稳定的方向发展。

进入 20 世纪 80 年代，以邓小平同志为主要代表的中国共产党人，立足和平与发展的两大时代主题，进一步深化了对霸权主义和强权政治破坏和平、阻碍发展的认识，领导中国不断稳固与积极发展同周边国家的睦邻友好关系，持续加强同广大发展中国家的团结与合作，同时逐步恢复和稳定同西方发达国家的关系，不遗余力地推进和平稳定的国际秩序的实现。世纪之交，以江泽民同志为主要代表的中国共产党人，提出了多样性是世界和平发展的动力和活力所在，力促中国同世界各国在经济领域、政治层面、文化维度上的合作与借鉴，团结各种进步力量营造和平安全的国际环境。此后，以胡锦涛同志为主要代表的中国共产党人，在充分阐述中国和平崛起、以和平方式实现发展的基础上，进一步团结一切国际进步力量，努力通过中国的和平发展建设持久和平共同繁荣的和谐世界。

到了中国特色社会主义新时代，以习近平同志为核心的党中央，立足加速演变的世界大变局，深刻认识到"和平发展进步力量不断增长"的事实，携手世界上一切进步力量，坚定走和平发展道路，

"坚决反对一切形式的霸权主义和强权政治"[45]，为构建人类命运共同体建立最广泛的基础。在区域合作层面，中国提出打造周边、亚太、中非、中欧、中拉、中阿命运共同体等理念，推动"一带一路"建设等倡议，积极参与二十国集团、亚太经合组织、上海合作组织、金砖国家、博鳌亚洲论坛、亚洲基础设施投资银行等。在全球治理层面，中国围绕携手构建人类命运共同体，致力于打造网络空间命运共同体、核安全命运共同体、海洋命运共同体、人类卫生健康共同体、人与自然生命共同体、地球生命共同体、全球发展共同体、人类安全共同体、人文共同体等。在上述过程中，中国在阐明自身对此的贡献和作用时，始终强调坚持走和平发展道路，在世界范围内团结一切进步力量共同迈向美好未来。

在中国共产党的领导下，中国与世界上一切进步力量携手前行，持续为世界和平发展作贡献，从中华人民共和国恢复联合国合法席位50多年来的实践中可见一斑。作为世界反法西斯战争胜利的重大成果之一，作为当今最具代表性和权威性的政府间国际组织，联合国承载着世界各国人民对和平与发展的殷切期望。无论世界局势如何风云变幻，联合国始终在维护世界和平稳定、促进共同繁荣、深化国际合作、推进全球治理的过程中，发挥着中坚力量及核心作用。"新中国恢复在联合国合法席位，是世界上的一个大事件，也是联合国的一个大事件。这是世界上一切爱好和平和主持正义的国家共同努力的结果。"[46] 其不仅显著增强了联合国的普遍性、代表性、权威性，是联合国宗旨和原则的重大胜利；而且空前壮大了世界和平发展的进步力量，是国际社会追求和平发展的一次伟大胜利。

从成为联合国维和行动第二大出资国与重要出兵国，积极探索符合《联合国宪章》精神的国际安全热点问题的解决之道，到积极支持联合国 2030 年可持续发展议程，提前 10 年完成联合国减贫目标；从坚决维护多边贸易体制的权威性和有效性，推动建设开放型世界经济，到科学应对全球新冠肺炎疫情，发起新中国历史上最大规模的全球紧急人道行动……中国始终为联合国的和平发展事业贡献着重要力量。

正如习近平所强调的，"推动构建人类命运共同体，需要一个强有力的联合国，需要改革和建设全球治理体系"[47]。面对百年变局和世纪疫情相交织的纷繁世界，特别是其中此起彼伏的新挑战所凸显的联合国与多边体系困境，中国将继续积极参与联合国和平发展事务，坚持走和平发展之路和改革开放之路，始终做世界和平与全球发展的建设者、贡献者；全力维护联合国权威和地位，坚决抵制"联合国无用论""联合国过时论"等错误思潮，为践行联合国框架下的多边主义之路筑牢坚实基础；充分落实《联合国宪章》和宗旨，携手世界上一切进步力量，"形成共建美好世界的最大公约数"[48]。

（三）不依附或掠夺他国且永不称霸

以争取和平稳定的国际环境来保障自身发展，以自身发展来维护世界和平与促进全球发展，是中国走和平发展道路的内在逻辑。这同时意味着，不依附或掠夺他国且永不称霸，是中国坚持走和平发展之路、推动构建人类命运共同体的题中应有之义。一方面，中华民族历来是爱好与维护和平的坚定力量，在其五千多年的文明发展中，始终提倡并践行和平、和睦、和谐的理念，不存在称王称霸、穷兵黩武的文化基因。另一方面，中国人民在经历了近代以来的百年多屈辱之后，并未将弱肉强食的强盗逻辑加之于身，而是汲取了必须毫不动摇走和平发展之路的宝贵启示。在中国共产党的领导下，新中国成立至今也没有主动挑起过一场战争，从未侵占过其他国家的一寸领土。"无论发展到哪一步，中国都永远不称霸、永远不搞扩张，永远不会把自身曾经经历过的悲惨遭遇强加给其他民族。"[49]

从中华人民共和国成立到 20 世纪 70 年代，以毛泽东同志为主要代表的中国共产党人，基于霸权主义是国际局势动乱主要根源、世界和平与安全最大威胁的认识，向国际社会做出了中国不需称霸、不能称霸、不会称霸的庄严承诺。从根本上说，霸权主义和强权政治不得人心，永远无法持久。即使再强大的国家，一旦为霸权所累，也终将为霸权所累而走向衰落：要么在同别国争霸的国力消耗中难以恢复元气，要么由于压制他国崛起以维护霸权而耗损殆尽。

从"一穷二白"到建立起独立的比较完整的工业体系和国民经济体系，中国在社会主义革命和建设时期，始终是相对落后的发展中国家，其所需要的就是国际合作与帮助，而不是也没有能力在国际社会称王称霸。正如毛泽东所说，"中国国家大，事情多，连管自己都管不过来，怎么还会想到去侵略别人呢？我们人口虽多，但是可以依靠自己满足人民的吃、穿"[50]。更为重要的是，永不称霸是中国坚持社会主义道路的必然选择。"我们是马克思列宁主义者，我们的国家是社会主义国家，不是资本主义国家，因此，一百年，一万年，我们也不会侵略别人。"[51]

改革开放和社会主义现代化建设新时期以降，以邓小平同志为主要代表的中国共产党人，高举反对霸权主义、维护世界和平的旗帜，不仅在以"韬光养晦"作为根本国策的同时，将自己的综合国力搞上去，坚定地站在第三世界的一边；而且在坚持永不称霸的基本立场上，提出了"有所作为"的方针，积极推动建立公正合理的国际政治经济新秩序[52]。在此基础上，以江泽民同志为主要代表的中国共产党人、以胡锦涛同志为主要代表的中国共产党人，继续坚持中国永不称霸、永不扩张的基本立场，并将其正式写入党的全国代表大会报告中[53]，先后坚决驳斥了围绕"中国威胁论"形成的国际反华逆流，将和平崛起战略提升为中国的基本国策等。

进入中国特色社会主义新时代以来，以习近平同志为核心的党中央，领导中国人民在坚持走和平发展道路的过程中，反复强调"无论国际形势如何变化，无论自身如何发展，中国永不称霸、永不扩张、永不谋求势力范围"[54]，使之切实转化为政策规定、制度设计、实践方式，绝不认同、坚决拒斥"国强必霸"的旧逻辑。中国坚持走和平发展道路，不依附或掠夺他国且永不称霸，绝不意味着放弃自身正当权益、牺牲国家核心利益、拿它在国际交往中做交易。"中国将坚定不移维护自己的主权、安全、发展利益，任何国家都不要指望我们会吞下损害中国主权、安全、发展利益的苦果。"[55]

究其实，永不称霸、永不扩张、永不谋求势力范围，是坚持做世界和平发展的维护者的必然要求。判定一个国家是不是世界和平维护者的关键标准，在于它执行怎样的国防政策。在中国共产党的领导下，中国始终不渝奉行防御性国防政策。换言之，永不称霸、永不扩张、永不谋求势力范围，同时是新时代中国国防的鲜明特征；坚决捍卫国家主权、安全、发展利益，则为中国国防的根本目标。中国的军事实力直接关乎和平力量，其越强就越有利于维护世界和平。"历史已经并将继续证明，中国决不走追逐霸权、'国强必霸'的老路。无论将来发展到哪一步，中国都不会威胁谁，都不会谋求建立势力范围。"[56]

大时代需要大格局，大格局呼唤大胸怀。坚持胸怀天下与构建人类命运共同体之间具有高度的一致性。不论始终用世界眼光关注人类前途命运，顺应人类发展大潮流、把握世界变化大格局、立足本国发展大历史，正确认识和处理同外部世界的关系，还是站在历史正确和人类进步的立场上，坚持互相尊重、不搞敌视对抗，坚持开放合作、不搞封闭脱钩，坚持互利共赢、不搞零和博弈，坚持公道正义、不搞强权霸凌，抑或奉行和平发展道路，实现维护世界和平与自身发展的统一，同世界上一切进步力量携手前行，不依附或掠夺他国且永不称霸，为人类文明进步贡献智慧和力量，都足以成为构建人类命运共同体的重要经验依托。

（执笔：杨洪源）

第六章　中国式现代化：构建人类命运共同体的道路参照

　　作为人类文明形态的一次重大飞跃，现代化是推动世界历史发展与人类进步的重要力量。世界各国的特殊性与具体实际，决定了现代化的通途不是唯一的。每个国家只有探索出符合自身情况的现代化道路，才能够在保持其独立性的同时实现长远发展。党的十九届六中全会通过的《中共中央关于党的百年奋斗重大成就和历史经验的决议》指出："党领导人民成功走出中国式现代化道路，创造了人类文明新形态，拓展了发展中国家走向现代化的途径，给世界上那些既希望加快发展又希望保持自身独立性的国家和民族提供了全新选择。"[1] 随着中国特色社会主义进入新时代，以习近平同志为核心的党中央，不仅立足于现代化的全球视野，推动构建人类命运共同体，以中国式现代化成就人类文明新形态，而且积极参与全球治理，与世界各国共享中国式现代化的重要经验与发展成果，为世界共同发展提供新的机遇。

一 人类文明视野下的中国式现代化

综观人类文明的现代化形态，其发展呈现出一源多流特征。每个国家的现代化道路，都或多或少是人类文明普遍性与民族文化特殊性的统一。构建人类命运共同体，需要世界各国为解决现代化过程中的诸多难题与挑战，提供具体方案与道路参照。正如习近平所说，"我们所处的是一个风云变幻的时代，面对的是一个日新月异的世界。……这个世界，一大批新兴市场国家和发展中国家走上发展的快车道，十几亿、几十亿人口正在加速走向现代化……这个世界，人类依然面临诸多难题和挑战……维护世界和平、促进共同发展依然任重道远"[2]。中国式现代化，充分运用现代化普遍规则，尊重世界各国生存发展权益，成为人类文明的一种具体的现代化形态；它保持中华文化"美美与共、天下大同"的发展理念，形成了全球发展共赢、共享、共治的新模式。

（一）工业文明与现代化的起源

现代化历程起源于地中海和大西洋沿岸，但现代化不能同西方化直接画等号。从地理角度看，全球化呈现为世界多区域相继迈向现代化的阶段性发展特点。统一的世界市场把每个国家均纳入国际贸易的共同体系中。欧洲、美洲、亚洲等都不同程度上走向了共同的世界历史道路。现代化的过程是历史的过程，更是人类文明与社会经济形态的发展及更替。

西方早期现代化过程充满着竞争和对抗。在工业革命前，人类的现代化进程已经开启。15～17 世纪，欧洲殖民者开展的殖民掠夺和海上贸易，为物质文明发展积累了大量财富。特别是地理大发现和新航路开辟之后，以葡萄牙、西班牙等为代表的欧洲王室逐渐建立起全球贸易的海上霸权。尔后，随着荷兰、英国的崛起及其对西班牙、葡萄牙霸主地位的取代，以工业化为主要特征的经济模式，在绝对王权控制的欧洲成为主导的生产方式。为了占有现代化的物质财富成果，各国封建势力在税收、财产、特权和司法等方面展开了激烈对抗，使得欧洲早期现代化充斥着战争，给世界人民带来了苦难。

工业革命对于现代化的发展具有标志性意义，其奠定的现代化贸易体系极大地推动了现代化进程。18 世纪 60 年代后，英国率先完成工业革命，资本主义世界贸易快速发展，凭借廉价的商品摧毁了一切落后的生产方式，但也给落后地区和民族带去了先进的工业生产模式。在全球范围，形成了以英国为主导的世界市场体系；欧洲大陆则以法国为代表逐渐从农业文明占主导的生产方式转变为工业化文明形态。工业文明凭借其巨大的生产力，迅速席卷整个欧洲，促进了欧洲生产方式转型，全球化的现代贸易体系正式形成。

正是经由两次工业革命，欧洲工业文明才终结了封建主义对欧洲的全部统治。传统的生产方式被先进的生产方式所取代，欧洲主导的国际贸易把亚洲、美洲当成原料产地、商品市场，从而彻底改变了国际政治经济格局。第一次工业革命后，人类文明从地中海沿岸转向大西洋沿岸；第二次工业革命后，太平洋沿岸成为影响东西方政治经济格局的重要力量。在现代化的变迁中，人类共同的命运日益被工业生产能力所主导，工业化强化了传统的权力-控制关系，在结果上彻底终结了绝对王权的时代，代之以资产阶级的民主。在政治上，议会民主制的发展和尊重自然权利的传统逐渐成长起来，协商代替了暴力。

（二）两次世界大战后的现代化进程

在人类文明的发展进程中，两次世界大战对世界格局的重塑起着重要的作用。如果说，第一次世界大战从根本上动摇了欧洲的优势地位，那么，第二次世界大战则彻底打破了数世纪以来形成的以欧洲为中心的世界政治格局，促使世界历史逐步过渡到一个两极格局的时代。由美国和苏联主导的现代化在社会制度上存在重大差异，极大地影响了第二次世界大战后的世界格局。

东欧剧变和苏联解体以后，"华盛顿共识"被奉为全球美式政治经济改革的"成功秘诀"，一时成为现代化的"标杆"。在西方发达国家所主导的全球贸易体系下，发展中国家日益处在边缘地位。一方面，现代化带有政治民主化、社会福利化、知识经济化与后工业化的特征。另一方面，现代西方文明形成了意识形态霸权，资本主义不仅在生产关系方面支配世界，更在人们的精神意识领域支配着人们的日常生活。在发展中国家向发达国家进行赶超的过程中，如果创新国际规则使用方式，走出了成功的民族发展模式，这种现代化就带有转型的特征，就意味着人类文明新形态的开创。

在现代化的全球发展中，西方发达国家居于现代化的中心地位，广大发展中国家处在现代化的边缘地位。一旦处在边缘地位国家的现代化发展触碰到了处在中心地位国家的核心利益，边缘国家的现代化进程就会遭受到重重阻碍。人类拥有共同的命运，但现代化却面临着"中心-边缘"的制约。如何破除这种制约，使世界各国共享人类文明发展成果，是现代化发展的题中应有之义。

"现代化道路并没有固定模式，适合自己的才是最好的，不能削足适履。每个国家自主探索符合本国国情的现代化道路的努力都应该受到尊重。"[3]中国近代以来的境遇，决定了它选择社会主义道路及其现代化模式，不断进行改革、探索、实践，推进中华民族的伟大复兴。不仅如此，中国式现代化还在新时代立足百年未有之大变局，顺应和平、发展、合作、共赢的时代潮流，推动构建人类命运共同体，极大丰富了走向现代化的路径，更好为本国人民和世界各国人民谋幸福。

（三）中国式现代化的百年探索历程

中国共产党领导中国人民开创中国式现代化，是一个有机性、阶段性、连续性的历史过程。概览党的百年奋斗史，不难发现其始终坚持为人民谋幸福、为民族谋复兴、为世界谋大同，开创了中国式现代化和人类文明新形态，实现了构建人类命运共同体与推进中国式现代化的有机统一。

以毛泽东同志为主要代表的中国共产党人，领导中国人民经过长期浴血奋战，完成了新民主主义革命，建立了中华人民共和国，实现了中国从数千年封建专制统治向人民民主专政的伟大飞跃，为中国式现代化的产生提供了基本的政治前提。尔后，中国共产党继续团结带领全国各族人民，相继完成社会主义革命、建立社会主义基本制度、推进社会主义建设，提出了"四个现代化"[4]的初步构想并为之进行了曲折的探索，为中国式现代化的进一步形成，奠定了根本的政治前提、制度保障、物质基础。

党的十一届三中全会后，以邓小平同志为主要代表的中国共产党人，团结带领全党全国各族人民，做出了实行改革开放的历史性决策，确立了社会主义初级阶段基本路线，提出并走出了一条"中国式的现代化"[5] 道路。党的十三届四中全会后，以江泽民同志为主要代表的中国共产党人，确立社会主义的基本经济制度和分配制度，成功把中国特色社会主义现代化道路推向了 21 世纪。党的十六大以后，以胡锦涛同志为主要代表的中国共产党人，在新的起点上坚持和发展了中国特色社会主义现代化道路。

"从全面建成小康社会到基本实现现代化，再到全面建成社会主义现代化强国，是新时代中国特色社会主义发展的战略安排。"[6] 党的十八大以来，以习近平同志为主要代表的中国共产党人，站在人类文明进步和世界历史发展的高度，不仅明确提出了中国式现代化的概念，指明了其时代内涵及显著特点，而且为之做出了许多战略安排与重大部署，特别是将推进中国式现代化同构建人类命运共同体紧密地结合起来，取得了举世瞩目的历史性成就。

究其实，中国式现代化是立足世界文明发展和中国具体实际的现代化模式。其一，中国共产党的坚强领导。正如习近平强调的，"我们推进的现代化，是中国共产党领导的社会主义现代化，必须以中国式现代化推进中华民族伟大复兴，既不走封闭僵化的老路，也不走改旗易帜的邪路，坚持把国家和民族发展放在自己力量的基点上、把中国发展进步的命运牢牢掌握在自己手中"[7]。其二，人民的强大力量。中国式现代化的成功归根结底是人民的胜利。正是中国人民的勤劳、勇敢和牺牲，才促进了中国特色社会主义现代化的高质量发展。其三，坚实的工业基础。随着社会主义革命和建设的完成，中国形成了较为完备的独立工业体系，因而能够在国际舞台上实现发展的独立自主，进而成为"世界工厂"，通过发挥"比较优势"获得"竞争优势"，为中国式现代化完成积累。其四，稳定的国际环境。冷战结束后，世界政治格局朝着多极化趋势发展。对此，中国在现代化进程中一方面通过对内改革调整，另一方面设法融入世界体系来实现物质积累。其五，显著的自身优势。中国具有庞大的人口规模和高素质的劳动力，为中国式现代化提供重组的产业大军与技术人才。完备的公共基础设施和坚实履行国家战略也显现出中国特色社会主义制度的优越性。

　　总而言之，现代化是人类文明的产物。人类文明走向不同，现代化在全球的扩展和模式不尽相同。中国式现代化在民族独立基础上取得了巨大成功，拓展了社会主义现代化的形态，展现了人类文明的新形态，向世界各国提供了一种新型现代化道路，为推动构建人类命运共同体提供了一种可参考借鉴的模式。强调中国式现代化对人类探索现代化道路的新贡献、对构建人类命运共同体的重要参照性，绝不意味着对其他国家现代化道路的完全否定，而是在尊重每个国家的前提下，共同解决现代化进程中的难题和挑战，携手推进构建人类命运共同体。

二　人口规模巨大的现代化

　　人口规模巨大是中国式现代化的首要特征。众所周知，当前中国人口规模超过了现有发达国家的人口总和。一旦其整体迈入现代化社会，势必将彻底改写现代化的世界版图，成为一件具有深远影响的人类历史大事。从根本上讲，现代工业化的本质在于如何组织人、配置人，从而最大限度地发挥人这个最重要的生产力因素。构建人类命运共同体，离不开世界各国人民的共建、共享、共治，为处理好全球化时代的劳动与资本关系，提供了新思路、新观点、新方法。中国式现代化从世界文明发展出发，走出了一条独立自主的创新发展之路。

（一）全球化时代的资本与劳动力

进入全球化时代以来，从资本家用先进的生产工具来组织劳动者进行生产开始，工人便成为价值的创造者。在马克思看来，现代生产的本质在于雇佣劳动关系。资本家的一切积累皆源于剩余价值，而剩余价值的源泉是雇佣工人的剩余劳动。没有庞大的产业工人，就没有现代化的工业体系。自由资本主义时期，产业工人是现代化的实际贡献者。庞大的工人大军出于生存和发展的需要，由现代工厂组织起来，创造出销往世界各地的产品。以英国为例，1829~1839年，英国原棉消费量从99000吨增加至173000吨。伴随着棉纺织业规模的扩大，对劳动力的需求也进一步增加，1831~1840年引发的劳动力数量就高达1.843亿人[8]。正是庞大的劳动力创造了巨大的资本价值，并且把英国的工业推向鼎盛。

到了垄断资本主义时期，资本主义生产关系得到一定的调整。科学技术的进步、组织方式的升级，促使资本能够更有效地组织劳动者。以"泰罗制""福特制"为典型的组织化资本模式，极大地促进了生产过程发生变革，显著地提高了生产效率。现代化流水线也对工人的劳动技能与知识水平，提出了较高要求。与此同时，现代大学体制也于19世纪末20世纪初在主要现代化国家中被确立起来，促进了人口素质的提高。

从布雷顿森林体系确立到20世纪70年代，现代化的市场体系普遍形成，特别是现代市场规则成为以美元为主导的资本分配模式。此后，主要资本主义国家进入后工业化时代，发达国家经济高速发展。此时，缘于庞大的人口、先进的教育与市场创新能力的巨大需求，资本主义再次迎来新一轮的增长，也形成了完备的全球资本机制。

现代化凭借组织、使用、支配劳动的进步，逐渐形成资本价值的积累和转移。因此，推动构建人类命运共同体，必须充分调动世界各国"风雨同舟""合力共谋"，不断为全球庞大的劳动力找到市场，实现各国人民共赢的生存、发展之道。当今世界，劳动所创造的价值从落后地区流向发达地区、从发展中国家流向发达国家，几乎已成必然趋势。发展中国家规模巨大的劳动人口，日益成为后工业时代金融资本的附庸。构建人类命运共同体的中国方案，在充分考虑人口问题基础上，引导资本为国家服务、为人民服务，坚持以人民为中心的中国式现代化，成为构建人类命运共同体的根本价值取向。

（二）改革开放以来的人口红利

中国式现代化通过依靠人民、发展为了人民，走出了一条现代产业化之路。为了通过现代化来推动中华民族的伟大复兴，以邓小平同志为主要代表的中国共产党人，做出了实行改革开放的伟大决策。在20世纪80年代，中国式现代化所面临的困境是要正确处理国内发展与全球现代化的关系。国内外关系也是广大发展中国家进行现代化、携手构建人类命运共同体绕不开的问题。

就中国而言，一方面在于如何同国际资本市场接轨，这不仅意味着不得不承受国际资本力量的压力，还意味着国内庞大的劳动力市场必然接受西方现代化的经济价值规则。另一方面是如何确立与社会主义国情相一致的市场经济模式。对此，只有走社会主义市场经济道路，才能有效调整国内的资本与劳动结构；唯有把中国纳入普遍的现代化模式中，中国的现代化改革方可取得成功。在这个过程中，必须把现代化的一般规则同中国特定的社会生产结构相匹配。

基于这样的战略，中国式现代化，经历了从劳动密集型向资本密集型的产业模式变迁。改革开放时期的点状经济特区，已逐渐发展为京津冀协同发展、长三角一体化、粤港澳大湾区建设等改革发展先行示范区。

充分利用人口规模巨大的优势，是中国式现代化取得成功的重要历史经验。首先，充裕的劳动力和较低的工资水平，让中国的商品在国际市场上获得巨大的竞争力。这种"比较优势"为中国赢得了"世界工厂"的称号。其次，中国农民阶层为现代化做出了巨大贡献。在改革开放40多年中，中国出现了最庞大的农民工大军，他们以自身的勤劳和勇敢为现代化做出了巨大的贡献。最后，中国规模庞大的储蓄，为中国式现代化积累了巨额的资本。人民群众的节衣缩食形成了庞大的储蓄。为了拉动内需，国家通过"教育改革"和"医疗改革"的方式，将庞大的社会保障资金用于平衡市场发展。总之，立足当前的历史方位，回溯改革开放的历史，人口红利承载着几代中国人的奉献。

然而，在全球市场体系中，落后的发展中国家却只能遵循国际规则而无法挑战规则，这就导致后发国家为了自身发展而不得不内生一系列"特殊"的积累政策。在全人类命运与共的今天，在不公正的国际竞争和秩序下，对于如何根据发展中国家人口规模巨大的事实，走出一条与国际现代化接轨的道路，中国式现代化为构建人类命运共同体提供了一种新的参照。

（三）产业结构和技术创新的新要求

中国式现代化的快速发展的标志性事件就在于，中国正式成为世界贸易组织的成员，与国际市场接轨。充分运用国际规则，改革国内不合理的体制机制，是中国式现代化的重要特点。通过进一步扩大开放，以市场换技术，中国产业结构开始迅速升级，进入与世界进行融合性发展的阶段。这也是任何发展中国家进行现代化的必然性过程。

发展中国家现代化的升级问题往往来自国际竞争和国内发展的双重压力。从 2011 年开始，一些发达国家对中国持续施压，企图以经济自由化和民主化的标准阻碍中国的现代化进程。2017 年以来，个别发达国家更企图以"脱钩"等手段打压中国的发展。究其实，第二次世界大战以来，以发达国家为标准建立的资本价值流动机制，受到了以中国为代表的新兴经济体的挑战，当今世界不合理的国际政治经济秩序亟须变革。

不仅如此，中国国内人口逐渐老龄化、就业养老压力增大、青壮年劳动力不足、社会保障负担加重，国内经济模式只有完成技术创新转型，才可以推进更高质量的发展和更高水平的现代化。在中国面对巨大转型压力之时，作为全球经济受益者的美国，却以经济霸权的形式，来限制中国向高质量阶段迈进。从奥巴马政府提出"重返亚太战略"、特朗普政府确立"美国优先战略"直至拜登政府推行"美好世界战略"，中国式现代化开始面临前所未有的挑战，而这一对抗性挑战甚至可能改变第二次世界大战以来的国际政治经济格局。

这一局面，使中国式现代化面对着技术创新与绿色转型的压力。唯有进行技术创新和绿色转型，中国式现代化方可步入更好的发展阶段。在改革开放 40 多年的历程中，中国在创新国际规则使用的基础上，成为全球最大的贸易出口国，成为外资争相投资的国家。但是，中国规模巨大的劳动力也有可能被提前透支，西方国家有可能成为中国人民创造的物质财富的最大受益者。以互联网技术、信息技术、大数据为代表的数字经济，在转移传统产业价值方面拥有巨大的竞争优势。当下，把中国庞大的劳动人口优势转化为技术人口优势，是中国式现代化提供给发展中国家的重要历史经验。

推动构建人类命运共同体，必须实现人口战略的升级。在国际竞争与国内改革双重压力的叠加下，中国始终保持高水平的对外开放战略，不断深化国内市场体制改革，向技术创新的时代迈进。这同时意味着庞大的人口规模红利，正在向科研、创新、技术升级的发展模式发生转变，要把劳动力优势转化为科技创新的人才优势。

在"十四五"规划期间，中国既坚持独立自主的国内大循环，有效调整和治理资本病症，深化国内治理体系改革，又坚持更高水平扩大开放的国内国际双循环。中国在根治资本市场顽疾的同时，迅速开始产业升级与技术升级，努力成为凭借技术创新谋求效益的国家，最终实现改革成果的全民共享。

概而言之，构建人类命运共同体的中国式现代化道路，是人口规模巨大的现代化，是全体人民共同参与和创造、共享、共治的现代化模式。中国式现代化是人的现代化。在现有资本劳动关系竞争的条件下发挥人口的规模优势比较优势，提升自身的国际竞争力，是广大发展中国家进行转型的前提。如何充分利用劳动力优势实现发展，在全球产业结构规则下实现国家富强，是发展中经济体转型过程中的难题。历史表明，中国式现代化的成功，为构建人类命运共同体的中国方案提供了道路参照。

三 共同富裕的现代化

"共同富裕是社会主义的本质要求，是中国式现代化的重要特征。我们说的共同富裕是全体人民共同富裕，是人民群众物质生活和精神生活都富裕，不是少数人的富裕，也不是整齐划一的平均主义。"[9] 作为中国式现代化的重要特征，必须让人民群众在物质和精神方面，分享中国改革的更多成果，拥有更多获得感。这不仅源于保障中国人均收入水平的持续增加，更要提升人民群众精神文化生活的丰富性。共同富裕绝不可能是一种价值的追求与目标，而要成为一种实体性的真实存在，是人们能够切身感受到的生存方式。必须坚持以人民为中心，不断创新中国式现代化的发展模式，扬弃资本现代化的弊端，为构建人类命运共同体、创造人类文明新形态，提供一种切实可行的方案。

（一）扬弃以资本为中心的现代化弊端

在市场经济条件下，资本逻辑是重要的现代化逻辑。社会的一切生产和再生产，都是以资本增殖为中心的生产与再生产过程。同资本相比，劳动者拿到的工资报酬，只是劳动者创造的价值的一部分。大部分剩余价值再次投入资本再生产中。在上述过程中，财富的不断创造与价值不断分割相伴而生。这个过程在分配上是不平等的，其核心在于自身劳动在资本回报上承担的功能。不同的区域、行业、阶层由于功能不同而产生巨大的收入差距问题。资本和劳动在两端造成的两极分化，是最简易的分配模式。由此，贫富分化问题构成市场经济体制最严峻的挑战之一。

以资本为中心的现代化弊端，在美国呈现得最明显。"加州大学伯克利分校经济学家伊曼纽尔·赛斯分析的数据显示，美国人中最富有的10%拥有的平均收入是其余90%人口的9倍多；最富有的1%人口的平均收入则是这 90% 人口的 39 倍以上；最富有的 0.1% 人口的平均收入可达这 90% 人口的 196 倍以上。"[10] 为应对两极分化的弊端，发达国家的普遍做法是提高社会保障水平。与美国不同，西欧和北欧国家大多以高福利的方式来弥补贫富差距。

以资本为中心的现代化模式，是市场经济无序化发展的结果。只有更好地发挥国家的作用，大力解决分配问题，才能够让现代化的成果实现人民共享。在资本逻辑的前提下，有效市场同有为政府的结合，既意味着缩短贫富差距的问题，也意味着中国式现代化要克服以资本为中心的发展模式，实现以人民为中心的发展道路。

（二）坚持以人民为中心的现代化理念

与资本主义市场经济实行以资本为中心的现代化不同，社会主义市场经济条件下的中国式现代化，始终要与中国社会的发展阶段、发展目标、发展程度保持一致。广大新兴市场国家的现代化发展，如果脱离本国实际，必将给现代化改革带来巨大的损失。

党的十八大之前，共同富裕作为社会主义的本质要求的提出，主要是基于当时社会主要矛盾，即人民日益增长的物质文化需要同落后的社会生产之间的矛盾，因此，正确引导资本发展成为要务。随着中国特色社会主义进入新时代，中国社会的主要矛盾发生了变化，转化为人民日益增长的美好生活需要和不平衡不充分的发展之间的矛盾。

事实上，党的十八届五中全会审议的《中共中央关于制定国民经济和社会发展第十三个五年规划的建议》中就已经把"坚持人民主体地位"作为第一原则，提出"必须坚持以人民为中心的发展思想，把增进人民福祉、促进人的全面发展作为发展的出发点和落脚点"[11]。习近平进一步指出："坚持以人民为中心的发展思想，在高质量发展中促进共同富裕，正确处理效率和公平的关系，构建初次分配、再分配、三次分配协调配套的基础性制度安排。"[12] 这是促进共同富裕的总体思路。

中国式现代化坚持以人民为中心的发展理念就是要坚持创新、协调、绿色、开放、共享的五大发展理念。

第一，要实施创新驱动发展战略。当前，中国在关键核心技术领域一定程度上仍然受制于人，一些产业链依然处于全球的中低端，高技术领域与发达国家相比依然有较大差距。中国社会已迎来依靠技术创新驱动利润的新增长点的时代。

第二，要增强发展的整体协调性。由于不同区域之间在发展上的不平衡不充分，必须在协同发展的基础上实现整体协调，才能够发挥好比较优势，走向共同富裕的现代化。

第三，要推进人与自然和谐共生的绿色发展。改革开放40多年来，高能耗、高污染，已经给中国人民的生存环境带来了伤害，粗放型的发展模式又进一步制约了新的发展模式。因此，"绿水青山才是金山银山"不仅意味着发展模式的转换，还昭示着中国式现代化已经进入了绿色发展模式的阶段。

第四，要形成全面对外开放新体制。目前，中国是世界第二大经济体、货物进口国和直接对外投资国，是世界上最大的货物出口国、外汇储备国和旅游市场，成为影响世界政治经济版图变化的重要力量。因此，需要以更加开放的姿态进一步汲取世界优秀发展成果，做好自己的事，为人类文明贡献中国智慧。

第五，要践行以人民为中心的共享发展思想。只有全民共享、全面共享、共建共享、渐进共享改革成果和发展，才能在不断把蛋糕做大的同时分好蛋糕，才能充分调动好人民群众的积极性，全面落实以人民为中心的新发展理念。

中国式现代化是采取同社会发展阶段和规律相一致的发展模式。共同富裕的现代化绝不意味着放弃对资本的使用，而是要规范和引导资本健康发展，让资本为人民、为劳动者、为社会主义服务，而不是为资本家、为少数既得利益者、为资本主义的市场服务。正如习近平所强调的，"资本是社会主义市场经济的重要生产要素，在社会主义市场经济条件下规范和引导资本发展，既是一个重大经济问题、也是一个重大政治问题，既是一个重大实践问题、也是一个重大理论问题，关系坚持社会主义基本经济制度，关系改革开放基本国策，关系高质量发展和共同富裕，关系国家安全和社会稳定。必须深化对新的时代条件下我国各类资本及其作用的认识，规范和引导资本健康发展，发挥其作为重要生产要素的积极作用"[13]。这是中国式现代化与以资本为中心的现代化的本质区别，也是构建人类命运共同体的价值指向。

（三）不断创新现代化模式的道路探索

在发展模式上，"在发展的不同阶段，中国有不同的发展任务，由不同的发展观指导；随着实践的发展，发展观也不断演变、与时俱进，不断以更加科学的理念指导实践，推动中国不断迈步前进"[14]，这是实现共同富裕的现代化的中国道路和中国方案。

当前，国际局势动荡对抗加剧，以资本为中心的发展模式同全球资本价值分配结构亟待再平衡。特别是由美国主导的现代化资本体系，已经与当今国际政治经济格局不相匹配。以金融霸权来掠夺发展中国家的模式亟待改变，全球的贸易体系需要被重塑。对此，中国要首先处理好自身的发展问题，保持社会主义市场经济的稳步增长，在实现中华民族伟大复兴的同时，和世界各国人民携手开创命运共同体的人类文明。

对于中国来说，重视社会自身的再生产，保持宏观经济政策稳定，提高科技创新和教育水平，畅通国民经济循环，才能不断在开放的市场中引进外资及其优秀管理模式，稳步壮大自身。在完善国内分配格局的基础上，在统筹高质量发展与构建新发展格局中，扎实推进共同富裕。没有分配体制的完善，就会影响内循环的通畅，中国庞大的国内市场的活力就不能被激活。要实现人民的消费能力就必须提高收入，扩大中等收入群体，形成以居民消费为主体的内需格局。

推动实现共同富裕的现代化，在探索中不断创新发展模式，形成以国内大循环为主体的国内国际双循环道路，对内通过不断深化改革的方式推动经济高质量发展和人民共同富裕；对外以更高水平的开放融入世界，不断增强国家话语权和规则制定的参与权，为世界经济发展做出重要贡献。

四　物质文明和精神文明相协调的现代化

推动构建人类命运共同体，需要为人类共同的精神家园寻找一种依托的方式。正如习近平所说，"没有社会主义文化繁荣发展，就没有社会主义现代化"[15]。在市场经济条件下，运用一种合乎善性的规范来引导物质生活与精神生活的平衡，弥合现代化给人与人关系造成的损害。因此，不断满足人民群众对美好生活的向往，促进物质文明和精神文明的协调发展，才能创造出更美好的未来。

（一）消费社会中人的单向化与空虚化

随着现代化的发展，商业文化逐渐盛行，人的精神生活却日益单向化、空虚化。在日常生活中，人与人的社会交往日益被局限在工作日之外的短暂时间内。人与他人之间的交往变得陌生化、单子化。人们的精神被消费所支配，进而导致精神生活与外部世界之间的张力。消费社会凭借金钱的力量，在塑造着个体生活的同时，剥夺了自由个性的可能。

从生产角度看，商业化的意识形态充斥着人们的日常生活。楼宇、地铁、街区等到处充斥着广告，电视、手机、互联网到处是肤浅而单调的商业宣传。人们不再有能力去选择接受或者不接受，而是被强行绑架去消费，并且以商业的标准给人们的生活划分等级。大众的思想和行为都被商业塑造成一种意识形态。人与人在精神上的同质化越来越高，理性被物性和炒作裹挟。

从消费的角度看，日益丰富的产品提供给人多层次享受的需要。欲望的多层次性和生活的多样性被打开，但这种多样性与人们的收入水平高度相关。一个人的收入越高，就可以越多拥有现代化带来的物质享受和精神享受。但那些远离城市生活的人，那些远在农村、落后地区的大众，却越来越脱离社会。

科学、技术、商业等现代化力量塑造着人们的生活方式。物欲主义、利己主义和拜金主义等消极的价值观，正凭借商业传媒渗入人的精神生活的方方面面。为了满足人民群众对美好生活的向往，中国式现代化致力于提高物质生活富裕的同时不断提高人民群众精神生活层次的丰富性。"当高楼大厦在我国大地上遍地林立时，中华民族精神的大厦也应该巍然耸立。"[16]

（二）满足人民群众对美好生活的向往

在中国特色社会主义新时代，人民日益增长的美好生活需要和不平衡不充分的发展之间的矛盾，成为社会主要矛盾。其中，不充分和不平衡集中表现于区域差距、行业差距和阶层差距造成的差别，特别是房贷、教育、医疗、养老等关乎民生的领域。倘若这种不平衡继续扩大，则会导致这样一类现象，即普通百姓收入持续增加却不会去消费，有需要能力却无消费能力，进而制约国内经济循环和社会经济的可持续发展。

为了破解这一难题，首先需要不断提高物质文明和精神文明的总供给水平。实现社会总供给与总需求之间的平衡，满足人民群众对美好生活的向往，就必须不断增加物质产品和精神产品的供给。丰富的物质产品和精神产品，离不开生产力的发展和产业结构转型升级。要通过产品创新，提供更高质量、更有安全保障的商品。其次，还要着重解决城乡二元结构中的发展不均衡问题。城乡二元结构在一定程度上制约了教育、医疗等重要资源的配置与合理流动。因此，应当致力于不断满足人民群众在知识服务、健康保障以及养老需求等诸多方面需求的同时解决好结构不平衡问题。

在精神文明建设方面，"钱袋子"虽鼓起来了，"头脑"却并未富裕起来，物质文明与精神文明的不协调现象在一定范围内仍然存在。因此，满足人民对美好生活的向往，也必须丰富人民群众的精神境界。"没有先进文化的积极引领，没有人民精神世界的极大丰富，没有民族精神力量的不断增强，一个国家、一个民族不可能屹立于世界民族之林。"[17]

（三）塑造文明性和自律性的社会规范

"精神缺钙"是社会转型中比较典型的一种现象，其根本原因在于人们赖以生存的旧的伦理关系被现代市场瓦解，新的伦理价值观还无法成为人的生活方式。在这种情况下，一边倒的投入"物欲世界"成为理性人的一种主动选择。当把金钱这种最抽象的存在视作可以交换到一切物质乃至精神产品时，道德、良知、生命都被无形地明码标价。为了更好解决这些问题，必须诉诸对社会伦理的有效塑造。

其一，将法治的权威性视作塑造现代社会伦理的手段。法治是规范现代市场的文化产物。这不仅表现在规范权力本身，更体现在规范社会整体的行为。全体社会成员做事有界限，行为有分寸。遵循法规而建构出一套恰当处理利害关系的绝对准则。既尊重权威，也尊重个体，真正让整个社会充满道义。

其二，把道德的规范性视作自律性社会培育的抓手。所谓自律性，就在于人自觉运用理性来支配自己的行为，形成"君子慎独"。"慎独"不是出于外在的强制性规范，而是基于内在的道德律令。例如，德国人的"理性严谨"、日本人的"工匠精神"也并非先天就有，都是在现代化的精神文明中被逐渐塑造的。

可以说，自律性的社会准则的塑造是解决精神缺钙的根本。解决精神缺钙，必须积极践行社会主义核心价值观。如此，人才能够从片面性的物欲中解放出来，回归全面性，上至国家治理，下到百姓生活，全社会的"慎独"程度考验着精神文明建设的发展层次。以人为基础的自由个性的塑造，离不开物质文明和精神文明的协调。这关乎伟大复兴的中国梦，更代表了一个民族的文明程度，决定着一个民族屹立于世界文明长河的巍然正气。物质文明和精神文明协调的中国式现代化，正是构建人类命运共同体精神家园的积极实践。

五　人与自然和谐共生的现代化

推动构建人类命运共同体，离不开对人与自然关系的正确处理。"我们要解决好工业文明带来的矛盾，以人与自然和谐相处为目标，实现世界的可持续发展和人的全面发展。"[18] 中国式现代化旨在破解经济发展和生态保护之间的难题，在更高层次上建设生态经济增长点，致力于把发展视作长期发展、持续发展和绿色发展相统一。

（一）现代化的生产方式转型

生态环境问题是现代化道路的一个症结。从某种程度上说，现代化是建立在人对自然的掠夺基础上的。在经济发展模式上，以粗放型、资源型为代表的工业化道路成为西方现代化的一种模式。以牺牲环境为代价的发展造成了现代化的环境问题。环境污染和生态破坏是摆在人类面前最严峻的两个问题。从现代到后现代，在生产方式的转型上则表现为从"资源开发型"向"环境友好型"发展方式的变迁。

不可否认，中国式现代化也曾经历上述过程。环境问题是发展中国家进行工业化不可避免的创痛，问题只在于污染多些还是污染少些、破坏多些还是破坏少些以及如何进行再治理的问题。在市场经济条件下，一些企业为了赚取利润、分割价值，一般不会在环境保护方面投入过高成本。只有当经济的发展程度和发展模式开始升级，迈向高端制造业、高新技术行业以后，环境问题才可能获得彻底的解决。

就产品附加值来说，技术密集型的生产方式所获得的利润高于资源密集型生产方式数倍，因此具有更低的生态成本和更充足的治理经费。此外，生态问题也会制约经济模式的转型升级，这意味着走生态经济道路，建设生态文明，将开启更高水平的现代化和绿色发展之路，"绿水蓝天"成为技术密集型、资本密集型产业的首选。

现代文明向生态文明转变是必然的过程。从 18 世纪开始至 20 世纪五六十年代，西方发达国家的生态环境状况尤为恶劣。为了改变这种状况，"欧、美、日等发达国家纷纷制定和推进一系列以循环经济、低碳经济为核心的'绿色新政'，旨在将高能耗、高消耗、高排放的传统经济发展模式，转变为低能耗、低消耗和低排放的'绿色'可持续发展模式"[19]。西方主要发达国家在经济持续增长的同时，保持生态环境日益宜居，并且形成了有自身特色的生态经济模式。要言之，现代生产方式转型至绿色生态，已成为文明发展不可逆转的方向。

现代化生产方式转型是应对全球性挑战的需要。当前，新冠肺炎疫情全球大流行与世界百年未有之大变局相互影响，使世界各国人民对携手应对全球性挑战的期待更加强烈。这场疫情启示着人们，"人类需要一场自我革命，加快形成绿色发展方式和生活方式，建设生态文明和美丽地球。人类不能再忽视大自然一次又一次的警告，沿着只讲索取不讲投入、只讲发展不讲保护、只讲利用不讲修复的老路走下去"[20]。

（二）经济发展与生态保护相协调

在中国传统文化中，"天人合一"是一种重要的处理人与自然关系的理念，人与自然在和谐中实现共存、共生和共荣，人与自身实现物质和精神平衡协调，摒弃西方中心主义历来把自然当作科学改造对象的世界观，"天人合一"意味着在尊重自然的同时也尊重人本身。人与自然和谐共生的现代化道路强调把生态环境建设放在更显著的位置上。坚持人与自然和谐共生，就意味着生产发展要与生态文明协调并生，绝不能断"后代路"、吃"子孙粮"。

当前，中国的生态文明建设已进入"快车道"。以习近平同志为核心的党中央，坚持"绿水青山就是金山银山"的理念，把生态问题提升到经济发展的战略高度。"环境就是民生，青山就是美丽，蓝天也是幸福，绿水青山就是金山银山；保护环境就是保护生产力，改善环境就是发展生产力。"[21] 把环境保护放在更突出的位置，实行中国经济的生态转型，开启了中国式现代化的新征程。

中国式现代化的绿色转型，给广大发展中国家的发展树立了榜样。"蓝天保卫战""碧水保卫战""净土保卫战"等生态修复工程持续展开。在产业方面，中国政府以减污降碳为目标，严控高能耗产业比重，发展绿色金融、制定并全面落实 2030 年碳达峰方案，深化生态文明制度改革；统筹水环境治理、水生态保护和水资源利用，保护生态红线，健全补偿机制；提倡绿色生活方式，保护生物多样性，满足人民群众对生态环境的需要。这些表征着中国式现代化的重要举措，是中华优秀传统文化中"天人合一"理念与现代化进程的融合，为中国未来经济注入了生机活力。

人与自然和谐共生是人类文明发展的内在要求。西方的绿色转型直到 20 世纪中期后才开始。基于发达资本主义自身的经济体制，资本只有寻找到更廉价的原料产地和消费市场，才会进行产业转移。在物质利益与生态环境面前，资本的逐利本性驱使其选择牺牲环境。西方的生态文明开始于发达国家把高能耗产业转移至低成本的发展中国家后，依靠牺牲发展中国家的生态权益，才得以完成生态转型。

相比之下，中国提出的"人与自然和谐共生的现代化"，探索出了一条独立自主实现绿色转型的现代化道路。减少现代工业文明对人类环境的破坏，绝不能依靠牺牲别国生态环境为代价来实现。中国用几十年时间，走过了西方工业化数百年道路，以最小的代价开启了生产方式的生态转型，"绿水青山是金山银山"的绿色发展道路，为发展中国家的现代化提供了有益的参考。

（三）碳达峰与碳中和的全球责任

人与自然和谐共生的现代化不仅意味着中国自身实现生态经济的转型发展，还体现着构建人类命运共同体的大国使命担当。正如习近平所说，"保护生态环境、应对气候变化，是全人类面临的共同挑战。我们要秉持人类命运共同体理念，积极参与全球环境治理，加强应对气候变化、海洋污染治理、生物多样性保护等领域国际合作，认真履行国际公约，主动承担同国情、发展阶段和能力相适应的环境治理义务，为全球提供更多公共产品"[22]。

人与自然和谐共生意味着工具理性、工业化要让位于价值理性和人的发展。工具理性和价值理性的失衡，一定程度上影响了 20 世纪后半叶以来的全球发展。为了人自身的生存和发展，人必须从工具化的效用中解放出来，这是建立在人类文明的自我反思基础上的自我批判。这意味着，必须不断反思工业化和技术理性问题。人与自然和谐共生不仅是中华优秀传统文化中彰显的辩证法精神的延续，更是在中国式现代化道路中对马克思主义的创新与发展。

在全球的可持续发展中，碳排放的数量通常是履行全球生态责任的核心指标之一。碳排放数量与工业化的发展程度直接相关。因此，碳排放问题从来不是纯粹的全球生态问题，而是关涉国家生存命运的发展权问题。西方国家在数百年的工业化历程中，所排放的碳的数量远超过发展中国家。然而，在发达国家步入后工业化阶段后，对发展中国家的工业化提出了道德限制，即碳的排放量问题。拥有较少的碳排放数量就意味着发展必须限制工业化速度，这就为发展中国家的经济转型升级带来了一定的压力。

中国作为负责任的大国，提高国家自主贡献力度，努力完成碳达峰和尽快实现碳中和，是其为推动构建人类命运共同体和全球可持续发展的庄严承诺。2020 年 9 月 22 日，习近平主席在第七十五届联合国大会一般性辩论上的讲话中向世界宣布，中国"二氧化碳排放力争于二〇三〇年前达到峰值，努力争取二〇六〇年前实现碳中和"[23]。目前，碳达峰和碳中和已被纳入国家"十四五"规划，成为引领中国未来经济发展的重要遵循。从实际行动出发，统筹国内国际两个大局，履行全球责任，提出人与自然和谐共生的现代化，是推动构建人类命运共同体的重要实践。

总而言之，人与自然和谐共生的现代化，是中国为破解经济发展和环境保护世界性难题而做出的富有成效的行动举措，有助于引领人类携手迎接全球性挑战，为推动世界经济的"绿色复苏"，"汇聚起可持续发展的强大合力"[24]。

六　走和平发展道路的现代化

人类的现代化历程从来不是一帆风顺的，而是充满着曲折与困境。从殖民掠夺到两次世界大战，伴随世界的多极化发展与深入，和平与发展的时代主题最终得以确立。与西方现代化的"国强必霸"逻辑不同，中国式现代化高举和平、发展、合作、共赢的旗帜，始终不渝走和平发展道路，为构建互利共赢、责任共担、命运与共的人类命运共同体，做出了自主的贡献。

（一）现代化进程从来不是玫瑰色

在现代化的过程中，人类曾面临着巨大的战争灾难，战争深刻地影响了人类的社会形态变迁。其中，第一次世界大战和第二次世界大战可以看作现代化给人类命运带来的两次最大危机。

在第一次世界大战中，德意志帝国、奥匈帝国和意大利等封建帝国战败，资本主义于 20 世纪在全球取得了统治。第一次世界大战后，十月革命在沙俄帝国爆发，诞生了社会主义苏联。第一次世界大战的爆发，客观上是由资本主义全球化竞争导致的，传统的旧的全球殖民体系崩溃，新兴资本主义战胜了欧洲古老帝国封建传统殖民体系，"凡尔赛–华盛顿体系"形成。此后伴随后发国家（主要是德意志帝国、意大利王国以及日本帝国）的工业化及其现代化改革的巨大成就，各民族国家对资本主义世界市场提出要求，并导致第二次世界大战爆发。第二次世界大战结束后，由雅尔塔体系确立的两极格局形成。

在两次世界大战中，美国均取得了巨大利益。第二次世界大战后确立的布雷顿森林体系，标志着美国在全球贸易中的霸权领先地位。布雷顿森林体系解体后，美元与石油挂钩，美国通过不断干预中东地区的事务，不惜耗费巨大的代价甚至参与战争，来维持主导现代化的霸权。

在现代化发展过程中，第三次科技革命的出现以及技术创新，不断为资本主义提供新的利润空间，这成为全球体系均衡最重要的原因。发达国家在和平与稳定的环境下获得巨大收益，而相对落后的发展中国家也在技术转移中获得技术支撑。中国在改革开放后特别是加入世界贸易组织之后，经过几十年的积累，逐渐形成了独特的市场优势，中国逐渐参与到全球贸易规则的重新塑造中。因此，中国走什么样的道路，成为影响全球现代化发展的重要因素。

（二）和平发展道路的建设者和维护者

"中国人民要建设社会主义现代化强国，但我们坚持走和平发展道路，不会走扩张主义和殖民主义道路，更不会给世界造成混乱"[25]，这是以习近平同志为主要代表的中国共产党人，对时代大势的精准把握和现代化发展的郑重选择。早在 1974 年，邓小平在联合国大会上就曾指出："中国现在不是，将来也不做超级大国……如果中国有朝一日变了颜色，变成一个超级大国，也在世界上称王称霸，到处欺负人家，侵略人家，剥削人家，那么，世界人民就应当给中国戴上一顶社会帝国主义的帽子，就应当揭露它，反对它，并且同中国人民一道，打倒它。"[26] 无论历史未来的进程如何，中国人民始终践行对全世界的庄严承诺，做世界和平发展的坚定的建设者、贡献者和维护者。

这是由中国作为世界最大发展中国家所处的历史方位决定的。从世界局势看，美国仍旧是全球唯一的超级大国，不仅体现在对全球科技创新的贡献上，更体现为对全球经济体系的控制上。以美元体系为中心的全球性贸易规则让美国可以凭借货币政策转移全球利润，这成为美国在全球经济中居霸主地位的最核心原因。在制度化的金融霸权背后，美国遍布全球的军事基地则提供了强有力的保障。

作为全球第二大经济体的中国，在不断融入世界的同时也尝试提供新的方案，为世界经济发展积极贡献力量。从"一带一路"建设到发起成立亚洲基础设施投资银行，中国在全球多极化的大潮中，尝试为塑造更加公平合理的国际新秩序贡献力量。作为全球最大的发展中国家，中国对世界经济发展的贡献巨大，也就必然要为全球规则提出合理的诉求。中国一贯坚持建立公正合理的国际新秩序，"坚持对话协商，建设一个持久和平的世界"，"坚持共建共享，建设一个普遍安全的世界"，"坚持合作共赢，建设一个共同繁荣的世界"，"坚持交流互鉴，建设一个开放包容的世界"，"坚持绿色低碳，建设一个清洁美丽的世界"[27]。

走和平发展的现代化道路，推动构建人类命运共同体，是中国式现代化提供给国际社会的一种可行方案。在现有国际体系下，资本垄断与利润空间一旦不可持续，新的国家争端随时可能爆发。维护世界和平发展是世界历史性的事业。特别对广大发展中国家而言，如何在全球化的体系下实现"双赢""互惠""平等"，走出一条共建、共享人类发展成果的道路，是历史给人类的难题，必须时刻警惕两次世界大战的惨痛教训。

（三）关切人类命运和参与全球治理

和平与发展的现代化不仅仅是针对中国发展而言，更是针对全球的发展而论。为此，中国作为负责任的大国，就必须不断发展自身经济、政治和文化，并且积极为全球文明做出自己的贡献。与此同时，作为社会主义国家，中国人民始终把人类命运作为己任，奉行独立自主的和平外交政策，恰当处理资本主义和社会主义的关系，为积极推进全球治理展现出了和平发展的诚意，而较少考虑意识形态上的分歧。

值得注意的是当今世界依然是资本文明主宰的世界。在这个世界中，发达国家和发展中国家的"中心-边缘"结构奠定了不公正的国际政治经济格局。对发展中国家来说，当今社会的资本竞争充满了手段上温和的残酷性。与传统国际竞争不同，资本攫取物质利益暂时放弃了规模代价更大的战争殖民方式。以经济贸易为核心的全球化体制成为全球财富创造及其分配的主要手段。剥削手段的温和性、民主的谈判性以及文明的多样性成为资本文明的主要特征。

在国际规则中，无论发达国家还是发展中国家，都在发展机会上享有自由和平等的权利。但问题在于，在资本面前，机会平等背后蕴含着力量的不平等、规则制定和话语权的不平等，这直接导致了国家利益在结果上的不平等，看似公正的国际秩序实则包含着极大的不公正。

当前，个别国家把中国视为重要的战略竞争对手，在经济贸易、科技和意识形态等诸多方面主动破坏世界规则，打压中国的和平崛起。面对这一不利外部环境，中国更要以积极姿态参与到全球规则的塑造中，以增进对人类命运和全球治理的话语权。一方面，中国要为全球现代化模式提供一条切实可行的和平发展道路。另一方面，中国要充分发挥社会主义的优越性，为国内资本循环和国际资本循环创造良好环境，不仅在经济模式上还要在良好的人文环境、创新环境和生存环境等方面，更好地为全球现代化发展贡献力量。

走和平发展道路的中国式现代化与构建人类命运共同体的结合，

彰显出中国对世界的责任，体现了构建人类命运共同体的使命担当。人类文明是全球国家参与的结果。中国通过和平发展的方式对待不同种族、地域和文化，尊重各国人民的利益，推动人类走向和平发展的未来。尽管在当今世界中，利益仍旧是国家间竞争的根本所在，但在面对人类共同生存问题和影响全球发展的重大挑战时，中华民族始终坚持和平发展道路，永不称霸、永不扩张、永不谋求势力范围，为建设更美好的人类文明、推动更美好的世界贡献全球治理的智慧。

综上所述，不论是人口规模巨大、共同富裕，还是物质文明和精神文明相协调、人与自然和谐共生，抑或走和平发展的道路，中国共产党领导中国人民开创的中国式现代化，都为处在发展中的国家特别是落后地区积极融入全球文明，贡献了可借鉴的、具体的历史经验，为携手迈向人类命运共同体的美好未来，提供了重要的、可行的道路参照。正如习近平所说，"中国共产党将团结带领中国人民深入推进中国式现代化……"，"愿同各国政党交流互鉴现代化建设经验，共同丰富走向现代化的路径，更好为本国人民和世界各国人民谋幸福"[28]。

（执笔：刁超群）

第七章 为世界谋大同：构建人类命运共同体的文明使命

文明存续与文明发展是人类社会亘古不变的主题。在世界文明发展面临挑战越发频繁的今天，"为世界谋大同"作为构建人类命运共同体必然的文明使命，是对人类文明新形态的一道"必答题"，彰显了中国特色社会主义的世界精神底色与时代引领特质。正如党的十九届六中全会通过的《中共中央关于党的百年奋斗重大成就和历史经验的决议》在总结百年党史深刻影响世界历史进程的意义时指出的，"党既为中国人民谋幸福、为中华民族谋复兴，也为人类谋进步、为世界谋大同，以自强不息的奋斗深刻改变了世界发展的趋势和格局"[1]。

一 世界文明危机变局及其破解之道

随着两次世界大战的结束，和平与发展逐渐成为时代主题，构建新的共同体是世界各国谋求和平、合作与发展的历史潮流。近70多年来，从欧共体到欧盟、从《美加自由贸易协定》到北美自由贸易区、从非洲联盟到太平洋联盟、从亚太经合组织到亚投行等，所有这些合作、联盟与组织，均在共同体意义上为全人类的命运与共做出重要的贡献，为推进和平进程的历史发展奠定了坚实的基础。可以说，人类命运共同体是当代世界发展的大势所趋，是任何文明形态都拥有的客观机遇。

不同文明为了生存发展而顺应历史潮流是一回事，能否且敢于"执牛耳"则为另一回事。在 20 世纪下半叶，从人类进步与文明发展的角度构建共同体的道路，仍然笼罩在冷战思维、西方中心主义、新殖民主义等的阴影下，人类社会尚未完全实现命运与共。进入 21 世纪，现代性危机、新自由主义困境、霸权主义、"修昔底德陷阱"等难题，使得构建人类命运共同体的道路面临重重阻碍。

21 世纪的第二个十年正值西方文明走下坡路，是其主导的世界格局陷入前所未有的危机的十年。2008 年是世界经济剧变的一年，也是文明变局的起点，次贷危机爆发至今，欧债危机、贸易战、新冠肺炎疫情大流行、俄乌冲突等国际性困局频频发生，极大动摇了西方资本主义对于世界格局的主导地位。对西方主导的模式与价值的质疑此起彼伏，这是在两次世界大战期间也从未出现过的局面，以致人们不得不怀疑历史的进程已经悄然改变。"百年未有之大变局"的实质是文明的变局，是人类社会发展既有世界格局下的深层次"地壳运动"：从西方资本主义主导的世界文明秩序，走向构建命运共同体的人类文明新形态。由此，如何解决既有的发展难题，破解当下的文明危机，推动人类文明发展进程，成为构建人类命运共同体前提性的、必然性的、直接历史使命。

（一）当今世界文明危机的本质

回溯近代以来的人类文明进程，不难发现其主线仍为西方文明主导的历史。从这个意义来说，当今世界文明危机在本质上是西方文明衰落。不同于斯宾格勒从比较文化形态学中得出的西方文化没落，当代视野下的西方文明衰退，在很大程度上是新自由主义的历史产物和必然结果。曾作为全球化之精神"引擎"的新自由主义，如今却成为世界文明危机的根源所在。

新自由主义勃兴于第二次世界大战之后，旨在回到私有化与自由市场的资本主义模式。从哲学层面来说，它是对古典自由主义理念的复归。与自由主义的自由竞争原则不同，新自由主义的前提在于发达资本主义主导的统一世界市场，即经济政治的全球化格局。同大多数新生事物相似，新自由主义的发展过程也是曲折的。在它产生之时，凯恩斯主义仍然大行其道。

到了 20 世纪 70 年代，随着布雷顿森林体系主导地位的瓦解，美元金融体系导致的增长停滞、通货膨胀、高失业率等一系列问题，凯恩斯主义模式下的福利国家模式在西方难以为继，大规模的工人运动、学生运动和反战运动此起彼伏，新自由主义模式开始在西方全面确立。在芝加哥学派、供给学派等右翼学者的大力鼓吹下，新自由主义取得了对凯恩斯主义的压倒性胜利。尤其在政治上，他们借助理论界资源渗透英美等国政府决策层，从而迅速在英美经济改革中取得一席之地，直接推动了以撒切尔主义、里根经济学、欧元制度等为代表的新自由主义模式的形成。这一点从里根经济学政策中可见一斑。不论是推动西方政府降低通货膨胀、降低财政赤字与降低失业率，还是对企业减税降费、管制财政与量化货币供应等政策的公然推崇，都充斥着供给学派及其涓滴理论的路数。

新自由主义模式在 20 世纪 80 年代初并未取得预期效果，直至东欧剧变和苏联解体后才迎来扩张的良好时机。20 世纪 90 年代，随着"华盛顿共识"达成[2]、欧盟与欧元体系的确立以及"休克疗法"的推行，新自由主义模式得以在全球范围内扩张。为了给新自由主义全球化模式"开道""保驾护航"，新自由主义被上升为政治模式、意识形态乃至"普世价值"。加之"文明冲突论""历史终结论"等间接助推，新自由主义发展的繁荣局面，一直延续到 21 世纪初期。

进入 21 世纪，次贷危机的爆发，不仅连锁触发了欧洲债务危机，延缓了世界经济的增长步伐，而且暴露出国际经贸合作背后的诸多龃龉，破坏了新自由主义模式的国际合作框架。在世界经济发展始终未能摆脱疲软困局之际，新冠肺炎疫情大流行又使全球治理陷入新的困境。世界各国在抗击疫情方面，非但没有形成全面的共同合作机制，反而出现了个别国家的转嫁责任等穷途末路之举。经济发展和全球治理的双重困境，反映出新自由主义模式中的霸权主义、零和博弈思维，其对世界文明危机与国际秩序崩坏负有不可推卸的责任。

（二）当今世界文明变局的症结

新自由主义导致的世界文明危机，在表征着既有环境剧变的同时，也意味着文明进程的新需要、新任务。

新自由主义的本质决定了世界贫富分化的加剧；这一问题在经济危机时期被不断放大，进而导致了新自由主义陷入增长困境。新自由主义模式，实现了剩余价值分配在全球化进程中的展开；它依托美元、欧元等金融资本霸权，使剩余价值进入流通全过程，而跨国公司则为国际金融资本增殖、扩张的实体。但是，金融资本并不直接参与价值生产过程。与生产过程中的价值增殖不同，金融资本增殖完全来自流通领域；其扩张程度越广泛，对产业资本的剥削和破坏越严重。在此意义上，新自由主义是金融资本的全球扩张模式，不可避免地加剧资本的过度积累，进而导致"富者愈富，贫者愈贫"。更有甚者，新自由主义在加剧贫富分化的同时，还将很多国家和地区都卷入剥削链条中。国际范围内的贫富分化，加剧了世界局势的动荡，使得移民与难民问题成为全球性挑战。正是在移民与难民问题上，世界人民深切感受到新自由主义模式的弊端，进一步暴露出资本主义生产方式内在矛盾在其自身制度内的无法消除。

由此，进一步审视当今世界文明变局的症结所在。一方面，新自由主义模式的推行，意味着生命政治学成为一时的"显学"，在一定程度上加剧了世界局势的不稳定状态。这里的生命政治学，意指当代资本主义国家对全社会人口的管理与调节，并体现为人口、安全等政策。由于这些政策的存在，发达资本主义国家的移民与难民激增，给国家司法体系和社会管理系统，造成了巨大的压力与负担。不仅如此，移民与难民还破坏了既有民族的生态与利益链条，在发达资本主义国家内部埋下了深层次的人口矛盾。

另一方面，经济危机使得新自由主义的内在矛盾和隐患暴露出来，使之从增量逻辑转向存量逻辑，进一步恶化了世界经济的复苏困境。在其繁荣时期，新自由主义模式下的社会福利、充分就业与开放环境，尚且可以靠经济增量来维持，从而在一定程度上容纳移民和难民造成的人口压力。然而，在新自由主义遭遇危机后，经济增量下降使其无法维持既有的福利、就业水平。在这种情况下，新自由主义政策就会从增量逻辑即诉诸自由化资本的扩张，转向存量逻辑即通过既有剩余价值分配，来维持经济社会的运行。正是在存量逻辑中，新自由主义模式才对应产生了个体层面的"内卷"现象、社会层面的旨在结成利益团体的民粹主义以及国家层面的保守主义。由此可见，新自由主义造成了发达国家"各人自扫门前雪"的局面，将世界从全球化轨道上拖入零和博弈的困境。

（三）对文明危机与变局的破解

西方文明发展的历史教训与危机变局表明，谁能落实世界人民的诉求，谁才能为人类文明担负起未来之路。对此，以习近平同志为主要代表的中国共产党人，站在人类文明进程的高度，对世界发展大势做出了"百年未有之大变局"这一历史性、时代性、战略性的重大判断，倡导并推动构建人类命运共同体。在此基础上，中国共产党领导下的中国，积极发挥在世界文明变局中的中流砥柱作用，在追求人类社会的和平、繁荣与发展的维度，引领人类文明走上世界大同的历史新路。

作为当今世界文明变局的一大显著特征，零和博弈的不断趋向表现在两个层面上。在经济上，国际金融危机动摇了新自由主义模式的繁荣态势，使剩余价值的国际分配陷入了极度不均衡的状况。相应之下，维系整个世界格局的代价与成本越来越高，维护本国利益的需要和收益越来越显著。在政治上，新自由主义体系中居于主导地位的国家，率先破坏既有的国际合作格局，追求"一家独大"而导致全球受损的囚徒困境。个别国家推行极端民粹主义、贸易战与经济制裁的策略，产生了以邻为壑、狭隘的保护本国市场的连锁行为，使得其他国家遭受对等反制，继而导致整个国际市场进一步萎缩，世界各个经济体普遍受损。

正是基于对当前国际关系的洞察，构建人类命运共同体应运而生。在新时代的历史节点上，构建人类命运共同体的提出，适时地摆正立场、提出方案、明确方向，确立了超越零和博弈的现实道路。以中国为代表的新兴经济体和发展中国家，在迅速崛起的过程中，坚持开放合作、互利共赢，继续走经济全球化之路，从而维持国际市场的稳定，推动世界经济的复苏和不断发展。在中国和亚太经合组织其他成员的共同努力下，亚太地区成为"全球最具增长活力和发展潜力的经济板块，也是举世公认的世界经济增长的一个重要引擎"[3]。

构建人类命运共同体自提出以来，就强调顺应人类历史发展的全球化趋势，重建国际合作与共同发展的新基础。正如习近平在第七十五届联合国大会一般性辩论上的讲话中指出的，"经济全球化是客观现实和历史潮流。面对经济全球化大势，像鸵鸟一样把头埋在沙里假装视而不见，或像堂吉诃德一样挥舞长矛加以抵制，都违背了历史规律"[4]。新自由主义虽曾主导过经济全球化的过程，却在面对新市场、新兴经济体与新产品新技术等浪潮之时，选择了拒绝乃至破坏国际合作的做法，无异于夜郎自大。相比之下，构建人类命运共同体，始终致力于推进合作共赢、合作担当、合作共治的共同开放，对破解当今世界文明危机变局发挥着重要作用。

二 构建人类命运共同体的和平使命

构建人类命运共同体的首个文明使命就在于维护世界和平。和平与发展是当今时代的主题，和平又是第一位的。然而，世界发展的不平衡、各国国情错综复杂，导致了不安定因素、冲突摩擦和极端思想等的蔓延，以致威胁世界和平的力量不断积聚，国家间冲突的诱因暗流涌动。进入 21 世纪，霸权主义、恐怖主义、地区争端等，使得人类社会发展处于不确定性中。在"新冷战"论调、"颜色革命"渗透与极端主义传播的威胁之下，世界和平面临巨大威胁。由此，尊重与维护每个国家的主权、捍卫人们的生命财产安全，成为当今世界人民的共同期待。弘扬以和平为首个要素的全人类共同价值，进一步凝聚各国人民的共识，有助于推动世界和平的携手共建。

（一）霸权主义对人类进步与安全的挑战

当今世界大环境中，霸权主义、恐怖主义是威胁世界和平的两大"毒瘤"。两者相辅相成，互为因果，使人类社会充斥着各种不确定因素。作为曾主导世界文明和世界秩序的重要力量，新自由主义的资本全球化绝非温情脉脉的模式，而是在西方的暴力干预、威慑和煽动的"保驾护航"下展开的。从科索沃战争到伊拉克战争，从阿富汗战争到叙利亚战争，从"颜色革命"到"阿拉伯之春"，资本全球化的扩张与西方文明对世界的征服始终相伴而行。新自由主义实质上是靠"拳头"扶植起来了西方对世界的支配，是西方中心主义、西方话语的渗透过程；这一过程捍卫的是西方资本主义的利益，留下的则是其他国家、民族与地区的贫困和混乱。

作为当今世界发展的主要不稳定因素，霸权主义是迄今为止资本主义扩张的政治形态。近代以来，西班牙、葡萄牙、荷兰、英国、法国、德国、美国等先后加入对世界市场的争夺中，以便更多地倾销工业产品、扩大货币主权、建构金融霸权，进而确立支配世界的角色和地位。在此过程中，政治和军事等只是形式和手段，扩大资本积累、建立剩余价值生产的剥削链条，方为最终目的。

早在《资本论》中，马克思就指明了霸权主义的暴力手段服务于经济目的之实质："原始积累的不同因素，多少是按时间顺序特别分配在西班牙、葡萄牙、荷兰、法国和英国。在英国，这些因素在17世纪末系统地综合为殖民制度、国债制度、现代税收制度和保护关税制度。这些方法一部分是以最残酷的暴力为基础，例如殖民制度就是这样。但所有这些方法都利用国家权力，也就是利用集中的、有组织的社会暴力，来大力促进从封建生产方式向资本主义生产方式的转化过程，缩短过渡时间。暴力是每一个孕育着新社会的旧社会的助产婆。暴力本身就是一种经济力。"[5] 霸权主义尽管表现为不同国家的特殊模式，但是在资本主义生产方式扩张的历史逻辑中，达到了在总体性高度上的普遍一致。不仅如此，霸权主义还内蕴着推动资本主义历史逻辑的经济力，其在不同时代表现为不同的形式，包括近代以来的殖民主义、当代以来的"颜色革命"等。

但是，霸权主义保护下的资本主义国家的扩张不是无限的，而是受到空间上的限制。从哥伦布发现美洲新大陆到美国独立战争，从英、法、德对于欧洲霸主的角逐到拉美的依附主义，不同国家的霸权扩张一旦相遇，就会展开政治上和军事上的尖锐斗争，进而转变为帝国主义。从经济上来说，帝国主义的角逐是福特制资本主义转型的结果，是垄断资本主义的极端形式。因此，帝国主义争霸在生产上的实质在于工业、金融与科技的角逐，其根本驱动力仍为对剩余价值的追逐。正如马克思所说，"工业上的霸权带来商业上的霸权。在真正的工场手工业时期，却是商业上的霸权造成了工业上的优势。所以殖民制度在当时起着决定性作用。和欧洲各个旧神并列于祭坛上的'一位外来的神'，有一天一下子把所有的旧神都打倒了。殖民制度宣布，赚钱是人类最终的和唯一的目的"[6]。

由此可见，霸权主义不仅是资本主义生产扩张的结果，而且将资本诉诸增殖的逻辑推向更高的历史阶段。如果说，殖民主义更多地只是在生产领域的资本扩张，那么，帝国主义则意味着霸权主义国家的斗争，上升到流通、分配领域的金融资本角逐的层面。如此一来，资本主义体系同时也被推向巨大的危机、冲突与战争的边缘。两次世界大战恰恰就是帝国主义发展的必然恶果，是霸权主义的历史产物。

（二）恐怖主义对人类文明发展的威胁

恐怖主义是人类文明的公敌，也是国际社会共同的敌人。对于它的形成与发展，霸权主义"难辞其咎"。当今世界，尽管告别冷战久矣，但个别国家主导下的单边主义仍旧推行霸权主义；"文明冲突论"也因此应时而生，成为霸权主义扩张的新口号。所谓"文明冲突论"是指由不同文明的内在差异而必然导致的冲突。尽管冷战已经结束，但是西方自由民主制度在全球范围内仍然面临挑战。一方面，全球化为不同的文明形态提供了重要的发展机遇。在"文明冲突论"者看来，西方文明并非唯一的、最高的文明形态，还有包括中国、印度、拉美等在内的其他文明形态；后者的文化价值和制度模式，与西方文明有着实质的不同。随着各种文明形态在全球化过程中的发展，这些差异就越来越多地暴露出来，并衍生出各种复杂的矛盾。另一方面，"文明冲突论"者认为，西方的衰落为其他文明崛起提供了空间；而后者的扩张必然走向类似西方的帝国主义扩张道路，并同西方文明发生经济、政治与军事等方面的冲突。在这个意义上，"强国必霸"是文明冲突论的潜台词，其更深层的顾虑更是直接指向中国。因此，"文明冲突论"反映了西方文明的"衰落焦虑"，是"西方中心论"的另一种形式和变体。同时，西方对中国的防范只会随着中国崛起而愈演愈烈。

值得注意的是，"文明冲突论"者忧心于其理论的根源在于对西方衰落的判断。他们认为，自第一次世界大战之后，西方对于世界的掌控力度即在下降。事实上，第一次世界大战尽管是帝国主义之间的战争，但其深刻地改变了帝国主义国家对殖民地的控制力。各个殖民地国家在第二次世界大战后，更是迎来了独立运动的浪潮，殖民地民族也缩小了同西方文明的差距。到了冷战时期，核威胁、美苏争霸与第三世界的独立运动等也为他国的发展提供了诸多支持。在这个意义上，"文明冲突论"固然充满缺陷，但是对西方衰落的判断不可谓不中肯。

与此同时，"文明冲突论"思维导致恐怖主义的扩大，并进一步激化恐怖主义，使得恐怖主义蔓延到西方文明内部。"文明冲突论"强调其他文明对于西方文明的潜在威胁会导致不可避免的冲突，这其中就包括阿拉伯文明。在这种思维指导下，以美国为首的西方国家在"9·11"事件后，对阿富汗、伊拉克、叙利亚等发动所谓反恐战争。然而，这些战争背后却掩盖着帝国主义扩张的意图：假借反恐名义，鲸吞中东国家利益并将其扶植为自己的傀儡国。然而，反恐战争却造成了更大范围、更多人口的难民，这使恐怖主义进一步获得可以裹挟的"兵源"。在"文明冲突论"的意识形态主导下，反恐战争中出现了越"反恐"越"恐怖"的死局。不仅如此，由于难民向西方世界的迁徙和转移，这些问题又在西方文明内部继续滋生恐怖主义。如此恶性循环，使得恐怖主义成为人类文明在当代的"癌症"。

（三）构建人类命运共同体对维护世界和平的贡献

当今世界的"不确定"是霸权主义的后果，其构成了对人类文明的和平维度的严峻挑战。面对这一问题，中国推动构建人类命运共同体，侧重于在和平的框架内处理国际争端。

按照唯物史观的一般原理，人类历史的发展是矛盾运动的结果。矛盾是发展中的动力与常态。应当辩证地看待矛盾，从矛盾中找寻进步的契机。在国际关系中，国与国的发展不可能没有矛盾，又不能激化和制造矛盾。当矛盾出现，需要磋商与交流的机制，寻求解决矛盾而不是转移矛盾。中国特色社会主义进入新时代以来，中国主张"国际上的事大家商量着办"[7]，倡导国家之间在竞争中应守住道德底线和国际规范，携手应对安全挑战。"国际上的事大家商量着办"，中国对国际交往的重要倡议，是对越发频繁的国际摩擦与对峙的正面回应，是面向世界襟怀宽广、着眼全局与长远的表现。

构建人类命运共同体的中国方案，突出了化解国际政治中零和博弈的重要性。在国际关系中，冲突与矛盾是不可避免的。对此，中国一直重在担当责任、倡议协商以及守住底线。其中，担当责任是指在大国博弈中首要强调大国担当与义务，反对利令智昏。2020 年 9 月 22 日，习近平在第七十五届联合国大会一般性辩论上的讲话中强调："大国更应该有大的样子，要提供更多全球公共产品，承担大国责任，展现大国担当。"[8] 在当前世界格局中，大国外交与大国博弈仍然是主导性的力量。大国发挥力量与作用，更多地贡献世界和平与发展，必然一荣俱荣。大国如果只图自身利益、只求自保，就只会更多地挤占他国的生存与发展空间，必然一损俱损。针对当前国际形势不稳定性不确定性的明显上升，特别是零和博弈的国际政治风气，习近平在出席第三届巴黎和平论坛时提出三点倡议：一是"团结互助，共抗疫情"；二是"开放合作，共促复苏"；三是"秉持正义，维护和平"[9]。由此可见，构建人类命运共同体，并非为某一国、某一些群体谋取利益工具的虚假共同体，而是以全人类的命运相连作为联系的真正的共同体。

三　构建人类命运共同体的繁荣使命

引领世界发展走向繁荣是构建人类命运共同体的核心文明使命。金融危机以来，经济危机的冲击、经济增长的疲软与两极分化压力，深刻改变了国际关系的格局。零和博弈、逆全球化（或反全球化）等困境成为世界格局中的重大挑战，严重破坏了当前全球合作格局。"中国的发展离不开世界，世界的繁荣也需要中国。"[10]中国在坚持改革开放的前提下，扩大开放水平，创造性地提出将中国的经济腾飞与人类文明繁荣相结合的新方案。

（一）世界经济发展的零和博弈困局

当前，世界经济发展正面临零和博弈的困局。所谓零和博弈，是指这样的状况，即博弈中参与者的得失完全取决于其他参与者的得失[11]。打个比方来说，零和博弈就像分蛋糕，有人分的多，则必然有人分的少[12]。由此可见，零和博弈实为一种困局，是与合作共赢相反的状况，是21世纪以来国际经贸合作中应力图回避的状况。

历史地看，当下世界经济发展中的零和博弈思维，是当代西方政治博弈论传统的延续。自 20 世纪初冯·诺伊曼、约翰·纳什创立博弈论以来，它就成为分析人们的经济行为的重要理论。第二次世界大战结束后，博弈论逐渐进入国际关系研究的范围[13]。起初，博弈论在国家关系研究中的应用，直接面对两极格局和冷战中的大国博弈问题。在托马斯·谢林（Thomas C. Scheling）、史蒂文·布拉姆斯（Steven J. Brams）、乔治·唐斯（George W. Downs）等人的努力下，"斗鸡博弈""囚徒困境""真相博弈"等经典模型，相继被引入国际关系研究的范式中[14]。博弈论在这一阶段的典型特征，是以冲突为核心视角来研究国际关系，在此基础上努力避免风险，从而避免导向彻底的零和博弈。博弈论者在总体态度上是较为悲观的，对于国际合作并不抱希望。

冷战结束以后，博弈论者开始广泛探讨国际合作的可能。此时，分析国家关系的博弈论模型开始从静态分析走向动态论证；其模型的展开不局限于国家主体，而是结合国家的内外部要素，如政府、党派、地区与国际组织等。这些变量的增加，使博弈论模型得到了动态展开。博弈论的深化，创造性地适应了全球化的世界经济发展趋势。由此，零和博弈思维让位于"纳什均衡"等方案，乔治·斯蒂格利茨对于信息不对称的讨论亦应运而生。然而，随着 2008 年国际金融危机爆发，博弈论研究的多元性态势受挫。博弈论者又重新回归博弈论模型中的"非均衡"问题，并重新趋近零和博弈思维。在这种历史背景下，"修昔底德陷阱"理论被再次提出来了。

当前，对"修昔底德陷阱"问题的一个经典阐发莫过于格雷厄姆·阿利森（Graham Allison）。概言之，"修昔底德陷阱"是指后发国家的崛起必然导致同先发国家的霸权争夺。这一古典政治学的隐喻，被阿利森放入对当代世界经济格局的分析中。阿利森站在全球化的视角中，强调大国利益之间发生冲突而产生摩擦的历史性。在他看来，近现代以来有几十组"修昔底德陷阱"的经典案例，包括西班牙与葡萄牙争霸、英国与西班牙争霸、英国与荷兰争霸、英国与法国争霸、英国与德国争霸、英国与美国争霸、美国与苏联争霸等。这些争霸无不是因对世界市场的争夺而展开的，其背后的根本逻辑仍为诉求经济意义上的霸权。

在这种意义上，阿利森认为当前与美国处于"修昔底德陷阱"中的是中国，尽管中美之间对此不会展开极端的战争形式。在他看来，全球化进程实际上将中美之间的经济依赖深度地捆绑起来，"修昔底德陷阱"虽然客观存在，却不会彻底阻止两国的经贸往来。对此，他提出了中美将会在合作的模式上发生转变，即从在经贸合作的基础上展开竞争，走向在竞争的基础上展开合作[15]。尽管阿利森提出了缓解"修昔底德陷阱"的方案，但是其理论实际上反映了西方一大批右翼分子的立场，他们甚至提出了更为激进的"新冷战"口号，这使得零和博弈思维再次大行其道。

（二）逆全球化对世界经济繁荣的挑战

除却零和博弈困局，当今世界经济发展进程还遭到了逆全球化的严重挑战。以2008年国际金融危机为起点，世界格局发生扭转，从和平发展、全面深化合作与互利共赢走向冲突、对立的逆全球化。以个别国家为代表的西方大国，使用货币、贸易与信用等手段，将危机转嫁给世界其他经济体。2017年以来发动的贸易战，其意图与手段都是从中国、欧盟与日本等国家掠取利润。其结果是逼迫其他国家采取同等手段，导致在经济层面的零和博弈困局。

在政治上，鼓吹"新冷战"，打压和阻碍中国、俄罗斯等新兴国家崛起[16]。2018年以来，随着美中贸易战的扩大，美国对中国的打压全面扩展到科技、外交、教育与民间交流等领域。这些举措的最显著特征，均是以美国政府为主导。这使得零和博弈在纵向和深度上扩展。更有甚者，逆全球化不只针对发展中国家、东方国家与社会主义，而是无差别地打击世界主要经济体。这是因为，全球进程实质上是新自由主义主导下进行的，其重要手段正是依靠美元、欧元等国际货币体系实现对全球经济的渗透与控制。因此，西方资本主义国家发起逆全球化的同时，也意味着其他国家在全球化中的利益受损，其结果也必然重创全球经济利益。

作为逆历史大势的潮流，逆全球化早在新自由主义全球化的进程中即已埋下伏笔。新自由主义的全球扩张与统治，同对第三世界剩余价值的剥削与转移直接相关。在全球化进程中新自由主义的扩张，实质上是进行全球剩余价值转移的模式，这一过程是通过美元、欧元等国际货币实现的。在新自由主义模式的扩张过程中，可以清晰看到以美元与欧元所确立的多元货币金融体系的作用。

驱动美元与欧元资本向发展中国家进行资本输出的直接实体是跨国公司。跨国投资公司在发展中国家的商业资本扩展，并不同于"马歇尔计划"式的流动货币资本的投资，而是采取以借贷为驱动的商业模式，其中商业资本市场价值的更大部分还是来自其本土的经济。易言之，外资与本土资本共同支撑起来跨国公司的全球扩张。跨国公司的扩张带来的是品牌和外币，带走的是利润。跨国投资公司在发展中国家蔓延，意味着金融资本形式的跨国资本在全球扩张，这使得跨国公司在20世纪90年代以后，一直在第三世界国家经济中举足轻重[17]。

伴随着跨国公司的全面拓展，美元与欧元资本在发展中国家扩张开来。事实上，布雷顿森林体系解体之后，美元不断超发并且不断贬值。跨国公司的扩张，使得不断贬值的美元流通到全世界。在美元的多元金融体系的支撑下，跨国公司的经济总量也支撑起美元的总价值。美元不断贬值，相反，总价值却不断上升。因此看上去具有很强货币价值的美元在超发的情况下，实际上要远远大于其实际的贬值速度，超发的美元货币与美国债务都因而被稀释。美元资本看似付出较多价值的投资，实则无异于空手套利。多元的美元金融体系的实质，是与跨国公司一起建立起全球的剩余价值转移的资本循环系统，这个系统是以货币资本的信用资本的体系支撑起来的。同样的模式发生在欧元区，剩余价值也是通过建立起来的欧元体系，源源不断地输送到跨国公司背后的大资本。在此基础上，一系列国际组织相继建立，其基础无不是对应的美元、欧元等多元化的国际金融体系。全球性的新自由主义治理因此建立，并成为资本主义实际上的"权力机关"。

新自由主义全球化非但没有克服资本主义的内在矛盾，反而将自身的危机与困境扩散出去。一方面，西方发达国家在其内部，通过转移作为社会福利的那一部分剩余价值，投入资本再生产。另一方面，西方资本主义国家又通过转移全世界的剩余价值，来积累和维持其价值与财富。新自由主义模式在扩张的同时，也加剧了第三世界国家的贫困与动荡。强调效率至上，也必然会导致贫富分化，这是新自由主义模式不得不面对的直接结果。新自由主义模式实质上是依靠资本信贷支撑起经济基础，但也最终导致了其衰退与危机。

新自由主义的效率原则与竞争机制，导致资本周转过程中的过度剥削。在 20 世纪 70~80 年代，新自由主义的效率原则与减税降费举措成为资本的导向，即资本从低回报率产业流出，向着高利润的产业流入。这种以信贷支撑起来的经济模式，虽然对于债务与通胀问题起到了缓解作用，但是其造成的转移效应在全球化过程中被扩大了。20、21世纪之交，新自由主义全球化将发展中国家的大量剩余价值转移到发达国家，这客观造成了世界经济的繁荣景象，进而刺激了更高水平的信贷增长。信贷资本在新自由主义模式中取得了成功，客观上造成了一种"接力棒"效应：随着经济的增长与扩展，获得成功的信贷资本也不断扩张。在这一关键环节上，新自由主义模式的扩张，与资本信贷的扩张相伴而行。长此以往，这种资本信贷的扩张导致了全球范围内的社会总资本处于过度剥削的状态。起初，由于全球化将利润向发达国家的转移和输送，过度剥削并未很快在发达资本主义国家中出现。然而，随着资本进入全球资本市场的规模趋于饱和，资本市场回报率也趋于明显下降，信贷资本的超额剥削问题就凸显出来，并直接威胁到全球资本的周转。

资本信贷既是新自由主义全球化的推手，也是逆全球化的始作俑者。全球资本信贷的扩张，所依托的正是美元资本建构的货币化金融体系，其实质上是以美元为载体的货币化信用输出（以美元债务与美元信贷）为主导的经济增长模式。在这种情况下，全球经济的主要推手，恰恰来自信贷与服务资本的运作模式。这是西方资本主义在信用资本阶段的典型模式，其围绕经济增长的"预期"进行资本炒作，以此来维持资本主义世界的经济繁荣。在一段时间内，美元资本所建立的货币资本与信用资本输出的体系，不断地在全世界范围内转移剩余价值，从而维持了西方发达国家的持续繁荣。

然而，随着在金融领域投机资本越来越多地攫取资本周转中的剩余价值，社会总资本的实际价值与由信用支撑起来的名义价格之间的鸿沟越来越大。于是就造成一种怪象：一方面是华尔街各种金融交易市场中屡创新高的金融衍生品与房地产资产价格；另一方面却是毫无起色、日薄西山的实体经济，匹兹堡、底特律与芝加哥等传统工业重镇的衰落正是这一问题的典型产物。在这种情况下，发达资本主义国家经济结构越发"脱实向虚"，西方经济的泡沫化也愈演愈烈[18]。2008 年国际金融危机的爆发，新自由主义模式走向衰退，既有的多元化的美元金融体系在动荡的金融市场中千疮百孔。2017 年，随着美国对中国发动的贸易战的爆发，新自由主义所奉行的自由市场、效率与公平竞争的原则被打破，新自由主义体系于是走向崩溃，而这正是逆全球化的后果。

不仅如此，美国发动贸易战进一步起到了很坏的"示范"作用，使得逆全球化成为一种潮流。在这种情况下，广泛的合作共赢基础被破坏，并逐渐形成零和博弈的国家大环境，使得零和博弈的思维成为悬在国家关系之上的"达摩克利斯之剑"。英国"脱欧"、美国从多个国际组织的"退群"等，使得很多争取远期博弈巨大收益被破坏，而有限即期收益争相角逐。由此可见，当前世界经济面临的逆全球化阻力是非常巨大的，而这与人们对世界经济繁荣的期待全然背道而驰。

（三）实现人类文明繁荣的合作新框架

零和博弈和逆全球化本身就是西方理论传统下的产物。博弈论在处理国际经济事务中的应用，在很大程度上受到历史条件的制约。从历史辩证法的角度来看，在全球化水平较低的历史时期，博弈论倾向于根据零和博弈思维解决问题。在全球化水平已经非常发达的当代，博弈论倾向于实现纳什均衡的解决方案。这充分表明，博弈论长于有限主体与即期博弈，而短于全局战略与远期博弈。

不可否认，博弈论无法给出更有效的解决方案，却在客观上把握到了问题，为新的解决方案的出场提供问题式支撑，即调整国家之间关系问题的视野。根据博弈论的观点，当代国际关系范式大致有四种：大国博弈、南北博弈、区域博弈、东西博弈。也正是基于对当前国际关系的洞察，构建人类命运共同体的中国方案应运而生。在新时代的历史节点上，构建人类命运共同体的提出，适时地摆正立场、提出方案、明确方向，确立了超越零和博弈的现实道路。构建人类命运共同体的提出，有着明确的针对性，它主张世界和平、互利共赢、友好合作与多边主义的道路与原则。从这些内容上，不难看出中国对新时代国际关系的基本判断：大国博弈、东西博弈，尽管在国际关系中占据显要位置，但必将为新型国际关系模式逐渐取代，南南合作、区域共赢将成为新趋势。

从世界经济发展的角度来看，构建人类命运共同体，是实现人类文明繁荣的新的合作框架。构建人类命运共同体对繁荣人类文明提供的中国方案，极大地彰显出中国特色社会主义制度的显著优势，特别是坚持以共享为理念、以共同富裕为要求、以每个人自由而全面的发展为目标。习近平指出："共享理念实质就是坚持以人民为中心的发展思想，体现的是逐步实现共同富裕的要求。共同富裕，是马克思主义的一个基本目标，也是自古以来我国人民的一个基本理想。孔子说：'不患寡而患不均，不患贫而患不安。'孟子说：'老吾老以及人之老，幼吾幼以及人之幼。'《礼记·礼运》具体而生动地描绘了'小康'社会和'大同'社会的状态。按照马克思恩格斯的构想，共产主义社会将彻底消除阶级之间、城乡之间、脑力劳动和体力劳动之间的对立和差别，实行各尽所能、按需分配，真正实现社会共享、实现每个人自由而全面的发展。"[19]

更为重要的是，中华文明的文化底蕴为世界文明的繁荣，贡献了独有的精神财富。"自古以来，中华民族就以'天下大同'、'协和万邦'的宽广胸怀，自信而又大度地开展同域外民族交往和文化交流，曾经谱写了万里驼铃万里波的浩浩丝路长歌，也曾经创造了万国衣冠会长安的盛唐气象。"[20] "中华文明自古就以开放包容闻名于世，在同其他文明的交流互鉴中不断焕发新的生命力。"[21] 历史终将见证，只有真正承担起人类文明的繁荣使命、引领世界经济的新发展，才能真正推动世界文明繁荣发展的历史车轮。

四 构建人类命运共同体的发展使命

开拓人类文明的美好未来，推动人类文明永续发展，是构建人类命运共同体的最终落脚点。冷战结束以后，"历史终结论""文明冲突论"甚嚣尘上。然而，在西方中心主义文明架构下的少数成功案例，远远不能够满足绝大多数国家的和平、发展与存续的基本而迫切的要求。在这种情况下，探索多样性的文明道路、建立"最大公约数"的文明共识、确立文明共存的新方案，这是构建人类命运共同体所必须承担的发展使命。正是在这一意义上，中国提出了人类文明发展的方案，将中国特色社会主义开辟的文明新形态与世界文明发展接轨。由此，中国自我定位为"世界和平的建设者、全球发展的贡献者、国际秩序的维护者"[22]，努力以自身的新发展为推动人类文明永续发展提供新机遇。

（一）对西方文明共同体方案的反思与批判

纵观人类文明发展的历史长河，文明的道路从来就不止一条。在当今世界历史进程中，人类文明发展中关于构建"真正的共同体"的探索，也绝不只有西方一种模式。自第二次世界大战结束以来，不同国家、地区与民族探索了不同的共同体途径，但在新自由主义曾主导世界文明发展的进程中，不可避免地受到了一定的冲击。由于资本主义制度的剥削特质、西方文明固有的问题以及"西方中心论"的偏见，新自由主义制度给世界文明发展带来的不稳定性不确定性明显增多。

早在欧洲共同体的形成与发展过程中，一批欧洲知识分子就曾展开对西方文明共同体方案的反思与批判。20 世纪下半叶，由于两次世界大战与冷战的历史"包袱"，以及思想史上对欧洲形而上学传统和极权主义的批判共同体的构建成为欧洲政治的现实的命题。20 世纪 80 年代，受到后结构主义影响的政治哲学家让·卢克·南希（Jean-Luc Nancy）、莫里斯·布朗肖（Maurice Blanchot）同吉奥乔·阿甘本（Giorgio Agamben）等展开了关于"共同体"概念的辩论[23]。

在他们看来，共同体不应该是现代性的、以理性原则为基础建立的政治集体，同时他们也直接反对哈贝马斯的交往行为主张；进而提出了"无用的共同体"，强调由个体偶然性交往、现实利益等结成的共同体是现代社会的基础，指出现代社会所强调的社会总体性，实际上是对这种共同体本身的异化[24]。概览这些人进行的思想论战，不难发现他们已经认识到西方文明传统下的共同体方案，无法照顾到不同的文明、国家与民族认同下的各自利益。在其"工具理性"的价值逻辑下，共同体内部的不同需要、声音与诉求不仅无法兼顾，而且没有现实的被容纳的空间。

于是，阿甘本与南希主张个体性、偶然性，反对总体性、理性；强调政治运行的直接的、现实利益和行动的第一位，而否定传统政治学以理念、共识为前提；强调西方政治的现实前提是以个体合作为基础的共同体，而非政治规范性优先存在于人类政治形态与活动[25]。在"不确定""不稳定性"与日俱增的今天，对于如何完成人类文明面向未来和永续发展的使命，西方文明自认为已经给出了一个满意的答卷，而事实并非如此。从本质上说，新自由主义的全球化所期待建立的西方文明共同体，无法成为全人类的共同体；这是因为西方文明潜意识地自负于其历史优势下的制度模式，并以此为标准对待世界文明发展。

（二）超越"西方中心论"的中华文明智慧

回顾近代以来的世界历史，伴随着资本主义的发展与扩张，"西方中心论"成为国际秩序的基础，使之带有典型的二元对立色彩。这种思维表现在国际秩序中的阵营划分、利益博弈与文明冲突。在"西方中心论"主导下，只存在西方模式一条出路，但是并不存在保有世界各国本土传统的路径，其结果注定为造成世界发展的南北失衡状态。正如皮凯蒂在《21世纪资本论》中所揭示的，18世纪以来的现代化过程，非但没有缩小贫富分化，反而加剧了全球范围内的不平等[26]。

构建人类命运共同体的中国方案的提出，并不在于确立另一个新的中心，而在于倡导多边主义，强调全人类的互利平等。诚如马克思所言，"任何真正的哲学都是自己时代的精神上的精华，因此，必然会出现这样的时代：那时哲学不仅在内部通过自己的内容，而且在外部通过自己的表现，同自己时代的现实世界接触并相互作用"[27]。构建人类命运共同体，不仅在于"百年未有之大变局"的洞察，而且在于创造性地提出未来的发展道路与策略。因而，在博弈论仍旧影响国际关系走向的当下，构建人类命运共同体是践行超越西方中心主义的中华文明智慧。

归根结底，共产主义事业与社会主义道路是要实现人的全面发展。社会主义对人的自由全面发展的关注，并不是强调抽象个体、群体的人的无约束行为，而是强调保存人类生存发展的根本权利。因此，社会主义的建设与发展的目的，使得社会主义国家在处理国际事务时具有深远的战略布局传统。

上述传统同时也是中国特色社会主义道路的内在要求，是中国共产党的使命。中国共产党自成立之时起，就始终把实现全人类解放作为奋斗目标。在新民主主义革命时期，中国共产党坚持阶级性、民族性与世界性的统一，坚持国际统一战线政策，推动了自身和世界受压迫民族的解放。到了社会主义革命和建设时期，中国共产党在冷战背景之下提出了"三个世界理论"，反对霸权主义、维护世界和平、促进发展中国家进步。党的十一届三中全会以后，中国共产党领导中国人民，坚持改革开放，积极融入并推动全球化，为世界经济的繁荣稳定、为人类的和平发展事业做出了重要贡献。

随着中国特色社会主义进入新时代，中国日益走近世界舞台中央，积极推动维护和完善国际秩序，积极推进全球治理变革，为发展中国家现代化贡献中国经验，体现了当代中国的大国担当。由此可见，构建人类命运共同体，是给世界全面认识和深刻理解社会主义道路的机遇。特别是当前新冠肺炎疫情大流行，中国的国家治理与国际援助，充分显示了一个负责任大国的形象，展示了一个最大限度尊重人的生命安全的社会主义形象。因此，构建人类命运共同体是对推动社会主义走向新发展阶段的重大贡献。

构建人类命运共同体是为人类文明贡献中华文明力量的机遇。长久以来，西方中心主义者之所以总是试图边缘化中华文明与中国文化，在意识形态领域片面地贬低甚至抹黑中国形象，归根结底是因为害怕中国的强大，担心东方统治西方。事实上，中国的崛起绝不意味着对西方的威胁，这恰恰来自中华文明与中华优秀传统文化的底色与内核。中国是一个文明型国家，其在五千多年的文明史中虽经历波折却没有大的断裂，从而形成极强的文明向心力。中华文明绝不主张个人与国家的二元对立，而是强调个人生存与发展基础的家国一体。

正是通过家庭建立的普遍联系，中华文明内生出"修身齐家治国平天下"的家国责任。儒家的"亲亲"理念、仁的理念，包含了爱的伦理基础与"修齐治平"的人生责任，并成为支撑五千多年来中国国家治理的重要原则。在仁政的支撑下，中华文明中的国家治理的常态与根本价值，在于无为而治、与民休息、治大国如烹小鲜等。这些都是解决冲突、矛盾，谋求更紧密联系的中国智慧与方案。面对当前国际形势中的不稳定性不确定性，构建人类命运共同体，最终是要建立一个和谐相处、休戚与共的世界大家庭，这恰恰是中华文明的特质所在。易言之，构建人类命运共同体，肩负着将中华文明的真实面貌呈现于世的责任，给世界文明发展提供宝贵的智慧与经验。

（三）构建人类命运共同体与开创人类文明新形态

构建人类命运共同体与开创人类文明新形态密切相关。习近平在庆祝中国共产党成立 100 周年大会上指出："我们坚持和发展中国特色社会主义，推动物质文明、政治文明、精神文明、社会文明、生态文明协调发展，创造了中国式现代化新道路，创造了人类文明新形态。"[28] 人类文明新形态面向的是人类命运与共的未来。在全球化的历史大势下，人类从未像今天这样广泛而深刻地被紧密联系在一起，全球化同时也将文化、宗教上人们彼此间的距离和情感拉近了。

全球化使得人类文明在世界范围内形成了互联互通的状态，一荣俱荣，一损俱损。在经济社会繁荣发展时期，人们可以期待更美好的生活。而在萧条期、动荡期，甚至连人们的基本生活需求也会受到影响，一个国家、民族的困境，就有可能传导为全球性的问题。这正是当前世界局势发展的一个显著特征。在这种情况下，中国强调坚持以世界各国命运与共的普遍利益为前提，不能只从一国利益出发。荣辱与共、团结一致是中华文明自古以来的传统，这恰恰是当前国家社会最需要的主张和声音。中华人民共和国成立以来，我们强调互相尊重、互利共赢的国际关系策略，尤其是在百年变局与世纪疫情叠加所带来的重大挑战下，中国仍然坚持做负责任的大国与和平发展的道路。

人类文明新形态是中华文明为人类文明永续发展提供的中国智慧。习近平指出："每一种文明都延续着一个国家和民族的精神血脉，既需要薪火相传、代代守护，更需要与时俱进、勇于创新。中国人民在实现中国梦的进程中，将按照时代的新进步，推动中华文明创造性转化和创新性发展，激活其生命力，把跨越时空、超越国度、富有永恒魅力、具有当代价值的文化精神弘扬起来，让收藏在博物馆里的文物、陈列在广阔大地上的遗产、书写在古籍里的文字都活起来，让中华文明同世界各国人民创造的丰富多彩的文明一道，为人类提供正确的精神指引和强大的精神动力。"[29] 人类文明的延续，绝非无中生有，而是在既有传统中孕育、发展，并在与现代性的激烈碰撞中推陈出新。

"中华民族拥有悠久历史和灿烂文明，但近代以后历经血与火的磨难。中国人民没有向命运屈服，而是奋起抗争、自强不息，经过长期奋斗，而今走上了实现中华民族伟大复兴的康庄大道。回顾历史，支撑我们这个古老民族走到今天的，支撑五千多年中华文明延绵至今的，是植根于中华民族血脉深处的文化基因。中华民族历来讲求'天下一家'，主张民胞物与、协和万邦、天下大同，憧憬'大道之行，天下为公'的美好世界。我们认为，世界各国尽管有这样那样的分歧矛盾，也免不了产生这样那样的磕磕碰碰，但世界各国人民都生活在同一片蓝天下、拥有同一个家园，应该是一家人。世界各国人民应该秉持'天下一家'理念，张开怀抱，彼此理解，求同存异，共同为构建人类命运共同体而努力。"[30] 诚然，现代化的进程意味着"落后就要挨打"的历史教训，但是舍弃自身传统、历史与文化精神同样会导致虚无主义的深渊。当前，个别国家的衰退，从某种程度上，正是其照搬西方政策的结果，买办式的代理人政治非但没有使国民获得更高的福利水平，反而带来了难民危机问题，甚至引来惨烈的战争。忘记历史就是背叛。人类文明的发展所以能够走向未来，恰恰是要把文明传统摆在一个正确的位置上，即在人类文明发展的蓝图中，给予传统以创造性转化与创新性发展，然后才能有国家与民族的未来。

人类文明新形态是推动人类文明永续发展的社会主义方案。当今世界的不确定性不稳定性，在很大程度上源于新自由主义对世界文明发展的制约。这意味着资本主义主导的世界是诉诸资本增殖的制度。在经济繁荣时期，资本主义诉诸资本的全面扩张，以加速其对于世界经济的剥削；在经济下行期间，资本主义则陷入逆全球化的"怪圈"，鼓吹民粹主义，激化世界矛盾局势。

马克思主义是破除新自由主义谬误的科学理论。加强对马克思主义研究，主动用它的立场、观点和方法启发和引导世界人民，有助于消除民粹主义的错误做法。共产主义事业与社会主义道路，归根结底是要实现人的自由、全面发展。马克思主义的理论立场与自由主义根本不同。自由主义强调个体，忽视具体的、整体的经济规划的重要性，甚至轻视国家力量，敌视社会主义主张。而马克思主义相反，马克思主义强调社会总体性透视。马克思主义洞察了自由主义背后隐藏的市场缺陷，强调坚持社会主义的路线去引领市场，使市场成为发展资本主义与人的解放的路径。作为对马克思主义的创新与发展，构建人类命运共同体，把世界历史思想的理论逻辑和人类文明发展的实践逻辑结合起来，揭示了世界各国相互依存和人类命运紧密相连的客观现实和发展规律，有助于推动人的自由全面发展的实现。

（执笔：闫培宇）

第八章　构建人类命运共同体对中华优秀传统文化的弘扬

弘扬中华优秀传统文化是构建人类命运共同体的时代使命，担负着中华民族伟大复兴的光荣使命，承载着千百年来中华民族的共同梦想与时代精神。中华优秀传统文化是中华文明五千多年历史的厚重积淀，蕴含着构建人类命运共同体的精神财富，是构建人类命运共同体的文明基因所在。构建人类命运共同体何以向世界弘扬中华优秀传统文化，这是构建人类命运共同体所面对的"世界之问""人民之问""时代之问"[1]，包含着构建人类命运共同体的必然命题、应然命题、道路命题。换言之，构建人类命运共同体，要在继往开来的意义上推进中华优秀传统文化的创造性转化与创新性发展，要薪火相传地发扬中华文明蕴含的全人类共同价值，最终要走向全世界分享人类文明共生共荣的中国之道。

一　努力实现中华优秀传统文化"双创"

优秀传统文化的创造性转化与创新性发展，是文明进步的不竭动力。过去由西方中心主义所主导的世界发展，并不能满足各国人民对美好生活的需要。由此，如何实现人类文明的多样性发展，成为当今人类社会的世界之问。综观当代历史，人类文明的多样性离不开中华文明的繁荣发展；中华优秀传统文化走向世界不仅是时代使然，更是大势所趋。中华优秀传统文化为人类文明进步提供了不竭的新动力。古往今来，中华文化的绵延不绝是在无数时代的沉淀中展开的。正是经过不断的革故鼎新、与时俱进，才孕育出中华优秀传统文化。"努力实现传统文化的创造性转化、创新性发展，使之与现实文化相融相通"[2]，这一重要论断包含了对构建人类命运共同体的深刻思考。在此意义上，推进中华传统文化的"双创"是构建人类命运共同体的必然命题，是回答世界之问的关键环节。

（一）中华优秀传统文化"双创"及其使命

中华优秀传统文化"双创"是构建人类命运共同体的必然使命，是通过推进中华优秀传统文化的继往开来，使之服务于、致力于、融入于建设社会主义先进文化、推进中华文明的现代化、中华文化矗立世界的历史进程中。习近平指出："我们要加强文化领域制度建设，举旗帜、聚民心、育新人、兴文化、展形象，积极培育和践行社会主义核心价值观，推动中华优秀传统文化创造性转化、创新性发展，传承革命文化、发展先进文化，努力创造光耀时代、光耀世界的中华文化。"[3] 这就是说，努力实现中华优秀传统文化"双创"，既面向中国，更旨在于回答"世界之问"；它不仅是面向新时代的重大论断，还是中华民族始终矗立于世界民族之林的文明传统，体现着中华民族厚重的文明底蕴与深邃的文明智慧。

其一，中华优秀传统文化"双创"是中华文明永不褪色的文明传统；它来自中华民族百折不挠的生存哲学，表达出中华文明之所以始终屹立于人类文明历史潮流的坚韧意志。《周易·上经》有云，乾有四德，"元""亨""利""贞"。由天道运行到君子之道的天人合一思想贯穿古今，形成了中华民族勇猛、弘毅、豁达且睿智的生存理念。五千多年来，中华大地上的风雨悲欢离合之下，始终是生生不息的万家灯火。在大禹治水、愚公移山、夸父逐日这些心口相传之事中蕴含着中华民族薪火相传的文明传统，是镌刻在中华民族骨髓中的文化基因，是面对困难就会被唤醒的力量源泉。每当中华民族克服时艰、拨云见日，中华文化因而传承与革新，中华文明也就走向其崭新的一页。天下之大成，中华之兴旺，都离不开中华优秀传统文化中历久弥新的文明传统。

其二，中华优秀传统文化"双创"在于知史明鉴、不破不立、不断奋进的文明底蕴。反思精神是中华民族的重要文化禀赋，这种特质突出表现为中华文明中对历史知识的尊重、对历史规律的敬畏。中华文明思想博大精深、枝繁叶盛，离不开中华历史深厚底蕴的滋养，洋溢着对历史脉搏的不懈追问。文明兴衰、王朝更迭，并未阻断中华文明在反思中变革、在创造中创新，并使之成为中华文明繁荣发展的历史机遇。朝经暮史、革故鼎新、励精图治、化危为机是历代先贤哲人不竭的思想动能。东周以前，经史治国就是文明治理的重要依据，但经史知识多垄断于统治阶级上层。春秋战国时期，史官与史料下流散民间，不仅造成了知识的下沉，而且使得著史成说不再是官家的特权，中华文明也因此迎来了百家争鸣的文化繁荣。《商君书·更法》言："圣人苟可以强国，不法其故；苟可以利民，不循其礼。"[4] 先秦之后的两千多年，以文化之反思激活文明之活力的思想血脉延绵不绝，举凡两汉良史传世、唐宋诗文纵横、明清心学昌盛。精于省思、勇于变革、长于励新，成为中华文化中独有的精神气质，寄托着仁人志士复兴华夏的家国情怀。

其三，中华优秀传统文化"双创"在于兼容并包、博采众长的文明智慧。正所谓"兼听则明，偏听则暗"，能够吸收不同的意见观点、吸纳不同的资源、吸取不同文明的文明成果，不仅是中华文明海纳百川的治世之道，而且是中华文化不断走向繁荣昌盛的"秘法"所在。《贞观政要·君道第一》云："昔唐、虞之理，辟四门，明四目，达四聪。"[5] 开明开放，既是强汉盛唐创造辉煌的理由，也是当代中国走进现代化进程的高瞻远瞩。中国是勇于接纳、学习和创新多元文化、不同文明的代表。20 世纪以来，不论是推动马克思主义中国化时代化，还是在改革开放的历史进程中，抑或构建人类命运共同体的宏伟蓝图下，中华优秀传统文化"双创"，驱动着中国在追赶世界潮流中复苏和崛起，并且在全球化进程中融入中华智慧，使得人类文明因中华文明而迈向新台阶。

从本质上说，中华优秀传统文化"双创"是马克思主义中国化时代化的必然要求，是发展中国特色社会主义的应有之义。习近平强调："我们坚持把马克思主义基本原理同中国具体实际相结合、同中华优秀传统文化相结合，不断推进马克思主义中国化时代化，推动了中华优秀传统文化创造性转化、创新性发展。"[6] 中华优秀传统文化是发展中国特色哲学社会科学的重大理论资源之一，马克思主义是中国特色哲学社会科学的主体与最大增量。促进马克思主义指导下的中国特色哲学社会科学发展，需要"坚持古为今用、洋为中用"以推进创新，需要"坚持不忘本来、吸收外来、面向未来"，需要将国计民生、人类文明发展的重大课题与中国特色社会主义发展、中华优秀传统文化的弘扬结合起来。[7]

文化自信是中华优秀传统文化"双创"的关键所在，是中国特色社会主义优越性的必然走向。习近平强调："我们说要坚定中国特色社会主义道路自信、理论自信、制度自信，说到底是要坚定文化自信。"[8] 文化发展的历史规律证明，开明开放方能自信，博采众长方能自信，继往开来方能自信。中华优秀传统文化"双创"与文化自信相长，从而推动马克思主义中国化时代化、中国特色社会主义不断向前发展。

中国共产党是马克思主义中国化时代化的领导力量。毛泽东坚持马克思主义基本原理同中华优秀传统文化相结合，以高瞻远瞩的哲学智慧，找到了"开天辟地"的新中国之路。《礼记·礼运》有云："今大道既隐，天下为家，各亲其亲，各子其子，货力为己……是谓小康。"[9] 改革开放以来，邓小平为"小康"思想赋予了唯物辩证法的灵魂，创造性地提出优先实现满足基础性民生需要的"小康社会"目标。随着中国特色社会主义进入新时代，世界风云变幻，面对"百年未有之大变局"，习近平提出了构建人类命运共同体，其必定需要中华优秀传统文化融入这一深刻的文明进程。据此而言，弘扬中华优秀传统文化是构建人类命运共同体的一门"必修课"。

构建人类命运共同体必然离不开中华优秀传统文化"双创"。正如习近平所说："事实充分证明，社会主义核心价值观、中华优秀传统文化是凝聚人心、汇聚民力的强大力量。只要我们坚定道德追求，不断激发全社会向上向善的正能量，就一定能够为中华民族乘风破浪、阔步前行提供不竭的精神力量！"[10] 归根结底，中华优秀传统文化"双创"的实现，离不开社会主义事业的伟大实践，离不开矢志不渝地贯彻实事求是的原则。所谓"空谈误国，实干兴邦"，中华优秀传统文化"双创"必须深深植入社会主义事业、人民的生活与国家繁荣发展。

因此，我们必须吸取历史教训的是，优秀文化的创造创新仅仅靠口号远远不够，必须落实到优秀文化的形式与内容。正如马克思批评德国保守派时指出的，"没有首创精神，不相信自己，不相信人民，没有负起世界历史使命"[11]。可见，优秀文化的创造创新不可不"知行合一"。同样，中华优秀传统文化"双创"的实现，既要尊重优秀文化生长的科学规律，又要充分激活社会各界人士的文化创造力、创新精神与责任意识，还要杜绝文化垃圾、鉴别文化糟粕、拒绝文化造假，最终呈现出经得起人民与历史检验的优秀文化。

（二）克服中华传统文化历史局限性

任何事物的发展必然都有推陈出新的过程，中华优秀传统文化"双创"亦莫能外。古往今来，中华文化既有开立文明、教化万方的昭昭正道，也有故步自封、因循守旧的沉疴旧疾。前者是汉唐所以强盛之理，不仅推动中华文明繁荣，而且引领人类文明的和谐进步；后者则是晚清落后之由，不仅开启了愚民误国的不良风气，甚至阻碍了中国崛起、民族复兴。判断一种文化的先进程度，终归以世界历史为"方"，以人民的全面自由发展为"圆"。因此，中华优秀传统文化"双创"势必要推陈出新，克服中华传统文化历史局限性。由此，中华优秀传统文化的进步基因与高远智慧方可得到彰显、保存、发扬，这是关系到构建人类命运共同体之文化地基的先决条件。

横向来看，人类文明的发展并非简单的、线性的、乐观主义的进步过程，衰退、断裂与消逝在文明史中不断上演。在四大文明古国中，古埃及、古巴比伦、古印度已然消逝；作为西方文明之光的古罗马亦早已消亡；玛雅、阿兹特克等古老文明虽传至近代，却也终究挡不住西方殖民者的坚船利炮。令人遗憾的是，文明作为"定在"（Dasein）始终无法避免面对"存在"（Sein）的"诘难"，换言之，文明无不面对生存问题。然而，文明的存续实则是十分艰难的事情：在面临自身内部复杂矛盾的同时，也受到外部自然灾难、瘟疫与外敌的侵袭。在文明发展的底层逻辑，遵循着一种"丛林法则"式的、"物竞天择，适者生存"的生存法则。近代以来，各种文明都不可避免地被卷入资本主义扩张的世界历史进程，或是主动融入，或是变法自强，或是归于湮灭。中华文明也概莫能外，也曾有过屈辱的百年历史。

纵向来看，挫折与衰退并不是中华文明史只在近代才遭遇的困境。在改朝换代的历史周期率之外，中华文明的进程本身也饱经曲折：有夏商周所开启的文明曙光，也有数百年"礼崩乐坏"的春秋战国；而在秦汉富强、隋唐繁盛辉煌过后，也不免陷入五代十国的动荡时代。在大历史视野下，中华文明数千年来历经了"过山车"式的历史曲线，即秦、汉崛起500年，魏、晋纷乱200年，再到隋、唐臻于鼎盛300年，这是中华文明朝阳般崛起、攻坚与登顶的千年；而后唐亡100年，两宋偏安300年，元、明、清更替600年。史笔如铁，文化之开明、保守与文明兴衰有莫大关联。在19世纪的旧中国，国民积贫积弱、政治黑暗昏聩，文化则是故步自封。这与大唐盛世中国富民强、雍容大度、万邦来贺的繁荣景象有着天壤之别。两相对比，不难得出如下启示：只有文化之开明开放方能融入、推动与引领人类文明之进步；相反，孤芳自赏、夜郎自大、故步自封只会不断落后于时代发展潮流。

人类文明发展的客观规律表明，只有文化之推陈出新才能追赶、反超乃至引领时代浪潮。习近平指出："先进的思想文化一旦被群众掌握，就会转化为强大的物质力量；反之，落后的、错误的观念如果不破除，就会成为社会发展进步的桎梏。"[12] 中华文化的繁荣，产生了熠熠生辉、举世瞩目的文明宝藏。其中，儒家"家国天下"的理想情怀，将华夏的血脉相连、子孙绵延与万家灯火维系在"亲亲"的原则之上；道家"无为而治"的天长地久之智慧，在人与自然、人与社会的同一关系中掌握"不辱以静，天地将自正"的文明存续规律；佛家的心灵解脱之道，保存着个体放下执念、修炼内心、离苦得乐的"无上秘"，不断传递着社会的安定、包容与和谐。但也必须正视的是，在中华文化的浩瀚群星之中，也难免存在阻碍文明进步的桎梏与糟粕。礼教、方术与邪门歪道不绝于史，它们禁锢人性、愚昧民智、毒害人心，是中华沉沦的祸端。"周虽旧邦，其命维新"，文化推陈出新离不开文化批判：远有顾炎武、王夫之、黄宗羲等的华夏文明反思，近有陈独秀、李大钊、鲁迅等的文化启蒙实践。这是中华文明永不褪色的精神，为克服中华传统文化的历史局限性做出了巨大贡献。

克服中华传统文化历史局限性最终要靠马克思主义中国化时代化的科学检验。超越某种文化的历史局限性，关键在于如何鉴别、如何推陈出新。这两者均离不开马克思主义的指导。马克思主义从传入到扎根中国，同中华优秀传统文化不断交融、创新，走出了马克思主义中国化时代化的道路。马克思主义之所以能指导中国实践，源于马克思主义者历来对中国问题、中国人民的关切与同情。马克思曾对中国的社会革命做出如下预判："中国社会主义之于欧洲社会主义，也许就像中国哲学与黑格尔哲学一样。但是有一个事实毕竟是令人欣慰的，即世界上最古老最巩固的帝国八年来被英国资产者的印花布带到了一场必将对文明产生极其重要结果的社会变革的前夕。"[13]

文化能否推陈出新取决于是否符合中国实际、是否符合时代潮流、能否满足人民需要。正如习近平所说："坚持把马克思主义基本原理同中国具体实际相结合、同中华优秀传统文化相结合，用马克思主义观察时代、把握时代、引领时代，继续发展当代中国马克思主义、21 世纪马克思主义！"[14] 这一重要论述也说明了弘扬中华优秀传统文化的必然之义。当然，克服中华传统文化历史局限性，要点在于要把握"度"。正所谓"过犹不及"，一味强加干预尽管可以立竿见影地废除文化糟粕，不免打断优秀文化发展的趋势，留下的文化缺位反而会成为新的文化糟粕滋生之所。事实上，文化兴废自有其自身的客观规律，兴利除弊往往是同步的；这就需要让优秀文化的创造、创新蔚然成风，使得优秀文化令人心驰神往、文化糟粕使人撇如破履，为求兴利除弊同步进行的效果。

（三）有效推进中华优秀传统文化"双创"

如何有效推进中华优秀传统文化"双创"，这不仅是现实、实践问题，更是理论落脚点问题。总体来看，推进中华优秀传统文化"双创"，必须正确处理好以下六个方面的关系。

第一，正确处理传统与现代的关系。文化的创造创新不是简单的无中生有，而是推陈出新、承前启后的过程。文化并非单项输出、植入，而是一个自然而然被接受的过程。因此，如何处理好传统与现代的关系，事关中华优秀传统文化"双创"是否符合优秀文化发展的客观规律。中华优秀传统文化"双创"首要在推陈。中华优秀传统文化"双创"固然有丰富的传统文化资源，但同时也存在文化糟粕、桎梏和遗毒，并构成其面临的巨大挑战。厘清传统文化中的优劣，既需要引入"优胜劣汰"机制，也需要社会主义核心价值观的引领。与此同时，中华优秀传统文化"双创"关键在出新，在于申发文化自信的新文化。文化自信绝非盲从、盲信，而是必须经过人民、时代与世界的检验后生成的历史自信。得民心者得天下，其重中之重在于争取人、团结人、感召人。在新时代，文化自信就在于清醒把握中国崛起的历史大势，在此基础上将弘扬中华优秀传统文化与坚守中国特色社会主义的根本道路、坚持人民主体与人民至上的初心使命结合，才能真正实现中华优秀传统文化的继往开来。

第二，科学认知传统文化历史作用与现实价值的关系。毛泽东提出："向古人学习是为了现在的活人，向外国人学习是为了今天的中国人。"[15] 所谓"古为今用，洋为中用"，指的是在文化创造创新中提炼当代价值、本土价值。一言以蔽之，就是现实价值。传统文化也必然是在特定时代生产过程中的现实价值，并且这种影响是深远的，这种文化方可传世。因此，传统文化的历史作用不过是其时代价值的体现，这是科学认知传统文化历史作用与现实价值关系的基本点。同理，继承中华优秀传统文化也应看到其所具有的现实价值的可能性，这就在于如何能够发挥其对于时代、国家乃至世界的启示与益处。在此基础上，才能形成有价值的、经得起时代考验和人民热爱的文化创造与创新。中华优秀传统文化"双创"成不成，时代出"考题"，人民做"考官"。在此意义上，中华优秀传统文化"双创"必须充分挖掘以爱国主义为核心的民族精神，将之融入社会主义核心价值观与改革创新的时代精神。

第三，着力阐释创造性转化和创新性发展的关系。创造性转化侧重文化改造，创新性发展则倾向文化创新。中国特色社会主义是中华优秀传统文化"双创"的前进方向，是面向人民群众、当代中国乃至当今世界的文明动力。一方面，中华优秀传统文化"双创"需要将中华优秀传统文化转化为社会主义的当代文化，以使之与时代兼容、为人民服务。对中华优秀传统文化的创造性转化，不在于照搬照用，而是"他山之石，可以攻玉"，提炼其推进现代化经济、政治与国防建设的积极成分，赋予其新时期中国特色社会主义之新意，使之为全面建成小康社会、实现共同富裕服务。另一方面，中华优秀传统文化"双创"还需要在中华优秀传统文化的基础上提出新思路、新对策。在此意义上，中华优秀传统文化创造性转化是中华优秀传统文化创新性发展的基础。构建人类命运共同体不仅是对人类命运发展的重大突破，而且要将中华优秀传统文化的核心理念融入人类文明进步中。就此而言，构建人类命运共同体的中国方案，体现的是中华优秀传统文化"天下大同"理念对义利之辩的超越，这正是文化创新性发展的突出表现。

第四，科学把握中华传统文化和马克思主义的关系。推进中华优秀传统文化"双创"的根本指导在于马克思主义。习近平指出："学习马克思，就要学习和实践马克思主义关于文化建设的思想。"[16] 科学把握中华传统文化和马克思主义的关系，归根结底在于一个问题，即马克思主义为什么能救中国。百年建党历史证明，没有中国共产党就没有新中国，而只有马克思主义可以救中国。在马克思主义中国化时代化的进程中，已经融入了中华优秀传统文化的精髓，是引领中华文明发展进步的火炬。必须坚持以马克思主义为指导进行文化建设，以马克思主义中国化时代化为遵循推进中华优秀传统文化"双创"，从而使先进的思想文化被群众掌握，使得理论自觉和文化自信成为民族进步的力量，为当代中国释放活力。

第五，统筹协调传统文化和社会主义先进文化的关系。中国特色社会主义是推进中华优秀传统文化"双创"的根本落脚点。必须正视的是，中华优秀传统文化"双创"之所以可行，在于其坚实的文明土壤，即中国特色社会主义的现代化建设。中国特色社会主义现代化建设也离不开中华优秀传统文化。社会主义实践经验与教训表明，不仅需要坚持马克思主义在意识形态领域的指导地位，而且需要社会主义先进文化、精神文明建设与核心价值观的丰富发展，这离不开中华优秀传统文化。同样，意识形态工作也离不开中华优秀传统文化"双创"，将中华优秀传统文化的向心力与社会主义的进步要素相融通，更广泛、深刻和积极地凝聚人心，从而为构建人类命运共同体贡献文明繁荣之力量。

第六，深刻理解中华文化与世界多元文化的关系。在全球化历史进程中安置、发展和融合世界多元文化，这是 21 世纪世界历史的重大议题，也是构建人类命运共同体所致力于实现的未来蓝图。习近平强调，"要建立中国特色、中国风格、中国气派的文明研究学科体系、学术体系、话语体系，为人类文明新形态实践提供有力理论支撑"[17]。19 世纪末 20 世纪初，人类学、社会学与历史学的重大发现，引起了哲学社会科学变革，产生了大历史视野下的全球史谱系。不同文明之间的冲突问题，在世界历史发展中"浮出水面"。按照历史唯物主义的观点，资本主义矛盾运动在推动文明进步的同时，也为后发国家带来深重的痛苦；后者既承受着文明发展的苦恼，又负担着文明存续的压力。落后就要挨打，这是中国百年国耻的深刻教训。文化上的故步自封、保守与愚昧，只会使中华文明处于落后挨打的位置。落后封闭的文化实则反映了逡巡私利、鱼肉人民与愚昧无知的状态。就此而言，中华文化与世界多元文化的关系可谓"你中有我，我中有你"，看不到世界多元文化的精彩之处，也就难有中华文化的长足进步。

二 发扬中华文明蕴含的全人类共同价值

价值理念是人类文明联通的基础。价值相同，则文明相合；价值相异，则文明相拒。在全球化进程中，有西方主导下的"普世价值"，以强制的方式要求世界各国接受西方主导世界秩序；还有世界各国形成共识的全人类共同价值，以不同文明价值交集不断扩大的方式构建人类命运共同体的新秩序。全人类共同价值是人类文明交流实践的结晶，是当代世界历史进程中的人心所向，融入了中华文明古往今来的交往智慧。

习近平指出："中华文明自古就以开放包容闻名于世，在同其他文明的交流互鉴中不断焕发新的生命力。要坚持弘扬平等、互鉴、对话、包容的文明观，以宽广胸怀理解不同文明对价值内涵的认识，尊重不同国家人民对自身发展道路的探索，以文明交流超越文明隔阂，以文明互鉴超越文明冲突，以文明共存超越文明优越，弘扬中华文明蕴含的全人类共同价值，推动构建人类命运共同体。"[18] 这一重要论断深刻揭示了中华文明、全人类共同价值、构建人类命运共同体之间的关系。全人类共同价值是中华文明既有的文化基因，是构建人类命运共同体以回答"时代之问"的最优方案。倡导全人类共同价值，绝非以中国取代西方，而是在价值"最大公约数"的形成中发扬中华文明全人类共同价值；其基础在文明观，关键在导向，落脚点在尊重差异，这正是以中华文明所长补人类文明发展之短。要言之，发扬中华文明蕴含的全人类共同价值，是构建人类命运共同体的应然命题。

（一）平等、互鉴、对话、包容的文明观

西方资本主义崛起几百年来，启蒙精神虽带来了推动人类进步的自由、人权、平等、博爱等价值理念，却也留下了西方中心主义、单边主义、霸权主义等阻碍世界历史发展的"负能量"。在国际争端、冲突与风险不断加剧的今天，哪种文明观能在更大意义上达成广泛共识、赢得世界人民的认同、争取更广阔的合作空间，它就可以更好地引领世界发展和时代潮流。构建人类命运共同体，应当确立符合世界各国人民普遍利益的文明观。在此意义上，发扬中华文明平等、互鉴、对话、包容的文明观，有助于更好地弘扬全人类共同价值，不断巩固、扩大与深入全球化进程。

平等作为全人类共同价值的首要理念，既是当代世界的基本政治原则，也是构建人类命运共同体的最基本原则。早在 1945 年制定的《联合国宪章》中，就贯彻了"基本人权，人格尊严与价值，以及男女与大小各国平等权利之信念"；在其"宗旨及原则"的部分，更是强调"发展国际间以尊重人民平等权利及自决原则为根据之友好关系，并采取其他适当办法，以增强普遍和平"[19]。

当然，理念不直接等同于现实。联合国成立 70 余年来，尽管平等的观念早已深入人心，但是国际局势的复杂性、国际关系与国际力量的不平衡性，使得国与国之间的平等关系始终未能真正实现，世界各国平等的历史进程也屡屡受挫。归根结底，是所谓"普世价值"大行其道的国际旧秩序所致，这造成了世界各国平等的实现缺乏坚实

的现实基础。世界平等可谓是人心向背所在，应当"在独立自主、完全平等、相互尊重、互不干涉内部事务原则的基础上，同各国各地区政党和政治组织发展交流合作，促进国家关系发展"[20]。新时代国际关系和全球可持续发展的实现，应当重视中国的倡议，重视中华文明观，从而丰富构建人类命运共同体的价值理念。

互鉴、对话构成了弘扬全人类共同价值的重要方式，体现了中华文明亘古不易的交往智慧，是构建人类命运共同体的基本遵循。在国际旧秩序下，平等原则尚不可得，世界各国渴望实现平等、凝聚共识、团结人心的国际新秩序。正是对于这一世界人民的共同夙愿的满足，互鉴、对话才显得弥足珍贵。所谓互鉴，是指不同文明之间相互借鉴、学习和参照的交往机制；辅之以对话，就可以使文明之间的经验、教训、习俗得以深度互通，从而加深文明理解、消除文明隔阂，为文明互鉴打下坚实基础。同时，互鉴、对话也是中华文明分享给世界的文明经验，从千年丝绸之路到玄奘万里西行再到郑和下西洋等皆是如此。在中华文明交往的历史见证中，互鉴、对话对于推进不同文明隔阂消解、经济繁荣与人民生活自由富足，具有极为重要的作用。

除此之外，包容作为中华文明高度自觉的体现，也是弘扬全人类共同价值的重要方式。历史证明，中华民族不仅具备坚决抵抗外部侵略的不屈精神，同时又有为文明深谋远虑、放下成见的包容大度，这两者体现着中华文明绵延不绝的文明理念所在。古有"明犯强汉者，虽远必诛"的正义宣言，也有"昭昭有唐，天俾万国"的雍容气度；今有"另起炉灶"、独立自主的立国魄力，也有构建人类命运共同体的世界精神。"海纳百川，有容乃大"的包容价值，是中华民族古今不变的文明品质。面对当今世界更加复杂多变的局势，包容的文明观对于推动构建人类命运共同体具有深远的价值。

（二）"和羹之美，在于合异"的价值导向

多样性是人类文明的自然状态，和则共赢，斗则互伤。构建人类命运共同体，应当坚持"和羹之美，在于合异"的价值导向，后者同时也是中华文明交往的一贯原则。全人类共同价值之所以能够在世界范围内达成共识，就在于承认、尊重和理解不同国家、地区与文明差异的基础上，不断扩大价值理念的交集，尽可能地寻求和平发展与合作共赢。在此意义上，"和羹之美，在于合异"不仅是中华优秀传统文化的价值传承，而且是构建人类命运共同体的价值导向所在。

坚持弘扬平等、互鉴、对话、包容的文明观，应当着重把握价值引导的关键所在。习近平指出："坚持交流互鉴，建设一个开放包容的世界。'和羹之美，在于合异。'人类文明多样性是世界的基本特征，也是人类进步的源泉。"[21] "和羹之美，在于合异"是中华文明交往实践中的重要价值导向。自古以来，中华文明既善于和乐于接受不同文明的差异，也善于"化干戈为玉帛"，正确处理由文明间的不同而导致的问题，为不同文明间合作交流奠定基础。随着中国特色社会主义进入新时代，我们进一步继承了"和羹之美，在于合异"的文明传统，坚持把继承优秀传统文化、弘扬时代精神、立足本国又面向世界的当代中国文化创新成果传播出去。

合作与冲突是文明不变的主题。"有朋自远方来，不亦乐乎？"中华文明历来愿意包容文明间差异，鼓励和支持不同文明之间的交流合作，并且拒绝、反对干预他国内政。面对不同的文明形态、价值与特色，中国历来坚持求同存异、兼容并包、以和为贵的价值取向。汉、唐的西域都护府、安西都护府，宋、元的海洋贸易，明朝的贡市

等，这些文明创举无不发挥着"化干戈为玉帛"的持久影响。中华文明不仅捍卫文明之间的和平、繁荣的秩序，还擅长化解文明分歧、寻求文明间合作、构建文明繁荣，这也是中华人民共和国在外交实践中的优良传统。万隆精神首倡以来的 60 多年，求同存异、兼容并包就是中国在国际舞台上的一贯形象；在这一精神的指引下，中国不断为世界的繁荣发展不懈努力。

不止于此，"和羹之美，在于合异"的价值导向还在于追求国内、国际发展相互促进、相得益彰的文明智慧。力求国内发展与国际合作的统筹，是中华人民共和国发展史中的重要经验，并集中体现在与第三世界国家的合作中。在抗美援朝中，中国人民志愿军御敌于国门之外，为新中国的建设发展争取了 70 多年的和平大环境。20 世纪 60 年代，面对非洲人民所遭受的贫穷、瘟疫与战争，同样身处困难时期的中国即开始坚定不移地援助非洲、团结非洲，这为半个世纪以来的中非友好合作打下了坚实的基础。1971 年，在广大第三世界国家人民的支持下，中华人民共和国恢复联合国安理会常任理事国合法席位，这正是我们一直坚持国际合作、支持第三世界国家所收获的重大外交成果。

实践证明，国际合作与国内发展相辅相成，是坚持"和羹之美，在于合异"这一价值导向的缘由所在；这不仅是对中华优秀传统文化的继承，而且是新中国外交对中华优秀传统文化的"双创"。对此，习近平强调："坚持正确义利观，树立共同、综合、合作、可持续的新安全观，谋求开放创新、包容互惠的发展前景，促进和而不同、兼收并蓄的文明交流，构筑尊崇自然、绿色发展的生态体系，始终做世界和平的建设者、全球发展的贡献者、国际秩序的维护者。"[22]

面对当今世界百年未有之大变局，贵在坚持正确的价值导向，这是构建人类命运共同体的应有之义。习近平指出："新的征程上，我们必须高举和平、发展、合作、共赢旗帜，奉行独立自主的和平外交政策，坚持走和平发展道路，推动建设新型国际关系，推动构建人类命运共同体，推动共建'一带一路'高质量发展，以中国的新发展为世界提供新机遇。"[23] 应当看到的是，零和博弈、霸权主义、强权政治仍然是构建人类命运共同体所面临的主要挑战，相应而来的，则是人心的动摇、价值取向的虚无。对此，中国应当发扬"和羹之美，在于合异"价值导向，坚持合作、不搞对抗，坚持开放、不搞封闭，坚持互利共赢，做人类文明合作、发展与繁荣的中流砥柱。

（三）尊重各国人民自主选择发展道路

发扬中华文明蕴含的全人类共同价值，其落脚点在于尊重各国人民自主选择发展道路。第二次世界大战后，广大发展中国家相继实现了国家独立，并不断探索自身发展道路。冷战后，新自由主义扩张推进了全球化进程的同时，也使得霸权主义、强权政治成为主权国家独立发展的重大挑战。2008 年国际金融危机爆发之后，各国越发认识到新自由主义未必是适合本国国情的发展道路，应当给予不同国家选择自身发展道路的权利和空间。在这一问题上，中国自古就有"鞋子合不合脚，自己穿了才知道"的箴言。尊重各国人民自主选择发展道路，是中华优秀传统文化的应有之义，为构建人类命运共同体提供了重要思路。

现代化道路的分歧，是当今人类文明发展中的重大难题。对此，习近平强调："我们主张，各国和各国人民应该共同享受尊严。要坚持国家不分大小、强弱、贫富一律平等，尊重各国人民自主选择发展道路的权利，反对干涉别国内政，维护国际公平正义。'鞋子合不合脚，自己穿了才知道'。一个国家的发展道路合不合适，只有这个国家的人民才最有发言权。"[24] 20 世纪以来，日益严峻的文明存续问题，使得现代化道路的选择问题成为世界各国的首要问题。然而，霸权主义、强权政治、单边主义与干预主义等所制造的国际关系的不平衡，导致了诸多主权国家时至今日都不能自主选择自己的现代化道路，以至于很多国家不仅未能实现现代化，反而由于国际干预产生了更多的历史遗留问题，更有甚者走向了历史倒退。非洲、拉美、中亚等国家的经验教训无不印证此理。有鉴于此，只有能自主选择现代化道路才能有符合国情的发展道路，才能有坚实的未来蓝图。所以，自主选择发展道路不仅是世界历史的宝贵经验，而且最能反映本国人民诉求、捍卫人民利益的正当权利。

事实证明，当今世界的发达国家无不是能够自主选择发展道路的国家，而第三世界国家与人民的贫困与苦难背后无不有外界干预的身影。当今世界局势中，对各国人民自主选择发展道路的最大威胁，来自新自由主义的全球渗透、干预与裹挟政策。新自由主义横行数十年，不仅通过金融资本建构了全球的经济剥削链条，而且维持着西方主导的政治体系与强权政治的军事集团，更是塑造其所谓"普世价值"。正是在"普世价值"的遮掩下，"金融战争""颜色革命""舆论战争"在为西方发达国家创造了巨大红利的同时，也留下诸多支离破碎的民族国家与流离失所的难民。新自由主义并不是放之四海而皆准的完美制度，从东欧、拉美、非洲与中东的困局中可见一斑。

尊重各国人民自主选择发展道路应当坚持独立自主的原则。独立自主是中华人民共和国成立伊始就确立的原则，是被中国"站起来""强起来""富起来"的实践所证明的真理。与此同时，中国的发展绝不以别国的牺牲为代价。中华文明历来传递的是以文化人的文明理念。《论语·季氏》有云："夫如是，故远人不服则修文德以来之，既来之，则安之。"[25] 尊重各国发展选择，以文明的号召力、感染力教化万方是中国古今不变的交往实践原则，远有周、汉、唐、明的万国来朝，近有构建人类命运共同体的远大蓝图。正如习近平所说："和平、和睦、和谐是中华民族5000多年来一直追求和传承的理念，中华民族的血液中没有侵略他人、称王称霸的基因。中国共产党关注人类前途命运，同世界上一切进步力量携手前进，中国始终是世界和平的建设者、全球发展的贡献者、国际秩序的维护者！"[26] 在此意义上，只有尊重各国人民自主选择发展道路才能有世界各国的真正现代化发展；也只有尊重各国人民自主选择发展道路才会有中华文明的伟大复兴。这既是中国历史的珍贵经验，也是弘扬中华文明蕴含的全人类共同价值的应有使命。

三 共享人类文明共生共荣的中国之道

尽管和平与发展仍是当今时代的主旋律，但文明之间的隔阂、冲突与霸权却在全球范围内愈演愈烈。如何走上文明共生共荣的康庄大道，这是当前国际秩序所酿造的"时代之问"，是构建人类命运共同体面对的道路问题。面对这一世界性难题，习近平倡议"坚持合作共赢，建设一个共同繁荣的世界"[27]。值得注意的是，倡导人类文明的共生共荣，不仅是对中华文明的全人类共同体价值的分享，更是对中华文明"大道之行"精神的履践。亦如费孝通提出的"各美其美，美人之美，美美与共，天下大同"的方案[28]，这是中华文明长存之道所在，是千百年来中华优秀传统文化所包含的繁荣基因。以共享的方式传递共生共荣的中国之道，这恰恰是构建人类命运共同体的大道之行。

（一）以文明交流超越文明隔阂

文明隔阂是构建人类命运共同体的基础性难题。应当看到的是，尽管人类文明史中的文明隔阂似乎是"纤芥之疾"，但也是演化为"心腹之患"——文明冲突、文明优越——的社会前提。如何消解文明隔阂，事关构建人类命运共同体的道路选择。文明隔阂之于中国并不陌生；在中华文明的悠久历史中，其所践行的正是以文明交流缓解、化解与消解文明隔阂。在此意义上，文明交流是中华优秀传统文化传递给世界的中国精神，为构建人类命运共同体提供了前提性的道路远见。

文明隔阂在一定程度上可谓文明发展的常态：既有作为文明自然状态下就产生的自然隔阂，也有因为文明交流而产生的交往隔阂，后者在世界历史发展进程中格外凸显。纵览人类历史，文明隔阂并不会对人类社会构成直接的挑战。然而，随着资本全球化程度的加深，文明之间原本存在的自然隔阂间接地成为制造文明冲突、制造文明优越的深层原因。当前全球化面临的深层挑战在于，既有的国际旧秩序是资本主导、西方主导的模式，已经无法适应新时代人类文明发展的需要。与此同时，国际旧秩序中既得利益集团的力量、利益牵连与影响力依然十分巨大，这与新兴市场国家和发展中国家、新兴经济增长点与新发展模式之间产生巨大矛盾，进而造成了越发复杂的文明隔阂。可见，文明隔阂尽管本身不是什么问题，但是将文明隔阂置之不理的做法却可能留下隐患，并且在文明之间产生新问题、复杂化问题与恶化问题。

正确的方法是合理解决问题的"锁钥"。实践表明，消除文明隔阂，文明交流的方式往往是代价最小的。以文明交流超越文明隔阂，是中华文明的"拿手好戏"；中华文明通过文明交流化解文明隔阂的美谈，在人类文明史上描绘了一幅幅锦绣画卷。汉代置西域都护府，以丝绸之路结束了西域相互攻伐的历史，促进了从汉朝到罗马万里之间的文明互鉴、发展与繁荣，西域也正式进入中国的版图；文成公主入藏，唐蕃之间由战转和，青藏高原由此进入中华文化圈内；更有玄奘西行、鉴真东渡、郑和远洋……凡此种种，无不是通过文明交流的方式化解文明冲突、促进文明发展与文明繁荣的典范，创造了人类文明的一次又一次繁荣发展。

奉行文化交流超越文明隔阂，是中华文明的古今之道。《中庸》有云："万物并育而不相害，道并行而不相悖。"[29] 文明交流所走的是与文明隔阂相反的道路，前者坚持"和则两利，斗则相伤"，后者深藏零和博弈、怀疑链条的思维陷阱。"见不得人好"是文明隔阂的潜台词，往往导致尖锐的文明冲突。选择文明交流还是文明隔阂，实际上代表着不同文明的包容性，也显示了不同文明的承载力。以历史为镜鉴，文明隔阂思维尽管短时间成就了资本主义的原始积累、殖民霸权与先发优势，但是也留给了亚非拉国家深重的兵灾、人祸，以至于成为今天人类文明发展所不得不面对的贫困、动乱与恐怖主义困局。

针对上述问题，习近平发出如下倡议："我们应该坚持世界是丰富多彩的、文明是多样的理念，让人类创造的各种文明交相辉映，编织出斑斓绚丽的图画，共同消除现实生活中的文化壁垒，共同抵制妨碍人类心灵互动的观念纰缪，共同打破阻碍人类交往的精神隔阂，让各种文明和谐共存，让人人享有文化滋养。"[30] 防微杜渐，文明交流也是对文明隔阂思维的一剂"预防针"。

文明交流的关键在于广开言路、从善如流。在中国共产党的领导下，新中国继承了中华文明的交流之道，从其成立之初就走上了不同于西方的现代化道路，力图在消除文明隔阂中寻求共同发展。在这一过程中，中国在充分尊重各国人民选择发展道路的基础上，积极听取各方意见，求真务实地制定共同发展的可行道路，并确立了构建人类命运共同体的文明方案。广开言路、从善如流不仅提供思路，而且增强了参与，这意味着构建人类命运共同体不是"一家独大"，而是共同参与，并在文明交流中聚敛人心、聚汇能量、聚集点子，使得构建人类命运共同体落到实处。在此意义上，构建人类命运共同体坚持交流、超越隔阂，是对中华文明坚守文明交流之道的发扬光大。

（二）以文明互鉴化解文明冲突

文明冲突是构建人类命运共同体所面对的主要威胁，同时也是世界历史发展中的顽疾。世界历史的形成与发展表明，文明冲突是文明隔阂走向恶化、极端化的产物；放任文明冲突不仅会危害人类社会发展，甚至可能导致文明的毁灭。如何化解文明冲突，这是关系到构建人类命运共同体的道路模式问题，是关系到"怎么走"的问题。中国特色社会主义进入新时代以来，习近平反复强调以文明互鉴化解文明冲突。文明互鉴的观念源远流长，凝聚着中华文明绵延不绝的智慧之光，这对于构建人类命运共同体具有重要的道路启示。

从某种程度上来说，文明冲突是人类文明发展史中的"常事"。

文明冲突往往意味着文明之间交流的中断、经济的损失与政治的极端化；甚至更严重的是，放任文明冲突则会导致文明的消亡。人类文明史上，有无数由于文明冲突而走向文明灭亡的血泪教训：古代有希腊文明因城邦争霸而衰亡、罗马文明因外族入侵而毁灭；近代有西班牙、葡萄牙、荷兰因为殖民争霸一蹶不振，英、法、德、俄、日因为世界大战而走向衰落；晚近也有苏联因为阿富汗战争折戟沉沙、美国攻略中东而由盛转衰。"以人为镜可以知荣辱，以史为鉴可以知兴替。"显而易见的是，人类文明的繁荣发展应当避免和化解文明冲突，这就需要推动不同文明相互尊重、和谐共处，让文明交流互鉴成为增进各国人民友谊的桥梁、推动人类社会进步的动力、维护世界和平的纽带。

解决文明冲突问题，关键在于有世界影响力的大国。19世纪以来，大国博弈往往是左右世界局势的主导型力量。显然，现代国际冲突背后，往往是个别大国推手的"翻云覆雨"。印巴分治背后是英国的干预，朝鲜半岛问题背后是美苏博弈，乌克兰危机背后则有欧美操纵的影子。大国博弈对于文明冲突有着不可推卸的责任，究其思想战略模式，则普遍都有强权政治倾向。对此，习近平关切大国博弈对于文明冲突的影响，他指出："大国要尊重彼此核心利益和重大关切，管控矛盾分歧，努力构建不冲突不对抗、相互尊重、合作共赢的新型关系。只要坚持沟通、真诚相处，'修昔底德陷阱'就可以避免。大国对小国要平等相待，不搞唯我独尊、强买强卖的霸道。任何国家都不能随意发动战争，不能破坏国际法治，不能打开潘多拉的盒子。"[31]

化解文明冲突，有赖于文明互鉴的道路。所谓文明互鉴，就是不断学习他人的好东西，把他人的好东西化成自己的东西，然后形成自身的民族特色，这是中华文明的深层智慧所在。文明因互鉴而发展。尊重不同国家人民对发展道路的探索，自然而然就会学到文明发展的丰富经验、方法与成果，这本身对于国家发展是重要的机遇。"我们应该从不同文明中寻求智慧、汲取营养，为人们提供精神支撑和心灵慰藉，携手解决人类共同面临的各种挑战。"[32] 文明互鉴意味着，面对利益冲突，更多地思考利益的协调；面对思维差异，更多地思考价值交集；面对不同发展道路，更多地思考解决问题的技巧、方法。

当代世界格局中的文明冲突所缺乏的，正是文明互鉴的品质，这恰恰来自中华优秀传统文化的外交之道。中华文明之所以坚守文明互鉴，一方面是因为吸取了文明冲突的深刻教训而得出的道理，即"亲仁善邻、协和万邦的外交之道""以和为贵、好战必亡的和平理念"[33]；另一方面，中国坚持文明互鉴的长远之道。所谓"德不孤，必有邻""仁者爱人""与人为善""己所不欲，勿施于人""出入相友，守望相助"等，这些都表明文明互鉴是深藏于中华文明中的重要理念，蕴含着中华文明追求长治久安、繁荣昌盛的深切愿望。正如习近平所说，"历史告诉我们，只有交流互鉴，一种文明才能充满生命力。只要秉持包容精神，就不存在什么'文明冲突'，就可以实现文明和谐"[34]。不求强，而求恒；不图霸，而图远。这是中华文明互鉴之道的深谋远虑。

（三）以文明共存超越文明优越

如何超越文明优越，不仅考验着构建人类命运共同体倡议能否行得通，而且关系到当代人类文明的未来发展将会走向何方，关系到世界人民的愿望、诉求和梦想能否实现。不可否认的是，不论时代如何变迁，中华文明始终屹立不倒，其原因就在于中国始终清醒认识"好战必亡"的历史训诫，始终坚守不称霸、睦邻友好的文明共存传统。在此意义上，构建人类命运共同体应当继续将文明共存的中国精神发扬光大，分享文明共存的中华智慧，使之成为凝聚共识、团结各方的时代潮流，促使人类在历史进步中放弃过时的"文明优越论"。

究其实，文明优越是大国政治发展到一定程度所产生的"富贵病"。其看似为大国政治的底层思维形态，实则是一种包裹在文明偏见之中的"恃强凌弱"，是霸权主义的"温床"。霸权主义是构建人类命运共同体过程中的一大难关。霸权主义是现代社会的产物，极大地阻挠着人类文明现代化进程。如果说强权政治的结果，是区域文明隔阂、冲突的加剧，那么，霸权主义则意味着强权政治的凝聚，意味着文明冲突从地域蔓延到世界范围内，意味着对整个人类文明的整体利益、和平与安定的威胁和破坏。20 世纪见证了两次世界大战的人间悲剧、东欧剧变和苏联解体的动荡不安以及中东乱局下人民的流离失所。对此，西方霸权主义横行有着不可推卸的历史责任。

当代霸权主义的威胁，是西方资本主义文明不受控制、野蛮生长的后果，而这是违背文明存续客观规律的现象。应当警惕的是，当代西方霸权主义往往假借"普世价值"之名，实则是维护资本主义的全球剥削链条与新自由主义的虚假繁荣。2008 年国际金融危机的教训近在咫尺，它打碎了新自由主义"历史终结"的美梦，使得全世界人民认识到霸权主义之下并无共存之道。对此，习近平深刻地认识到霸权主义之害，指出："我们要推进国际关系民主化，不能搞'一国独霸'或'几方共治'。世界命运应该由各国共同掌握，国际规则应该由各国共同书写，全球事务应该由各国共同治理，发展成果应该由各国共同分享。"[35]

文明优越的文化误区，必须由文明共存的根本之道修正。针对人类文明现代化过程中所存在的诸多问题、教训与困局，费孝通先生坚持文明共存的基本主张，并给出"各美其美，美人之美，美美与共，天下大同"[36]的理念。其中，"天下大同"是来自中华优秀传统文化的核心理念。"天下"并非地理概念，亦不局限于所谓政治性的朝贡体系，而是根源于对中华文明文化认同的向心力。"天下"这种向心力可以细分为经济、政治与文化等具体方面，实则根源于中华文明的整体特质，其内容包括了和而不同、求同存异、咸与维新等中华优秀传统文化的核心价值和文明运行方式。不管是否曾周游四海、领略"天下"，士、农、工、商乃至帝王都会形成"天下"观念，这正是中华文明的整体性体现。

"大同"则是与"天下"相对应的至善理念。《礼记·礼运》有云："大道之行也，天下为公，选贤与能，讲信修睦。故人不独亲其亲，不独子其子，使老有所终，壮有所用，幼有所长，矜寡孤独废疾者，皆有所养；男有分，女有归；货恶其弃于地也，不必藏于己；力恶其不出于身也，不必为己。是故谋闭而不兴，盗窃乱贼而不作，故户外而不闭，是谓大同。"[37]由此可见，"天下大同"意味着在文明整体性意义上贯彻善的理念。"矜寡孤独废疾者，皆有所养"，这本身就是对于优越感的排斥。正是对"天下大同"理念的坚持，中华文明不仅曾在汉、唐等盛世中实现了"路不拾遗，夜不闭户"的大同之治，而且建构了万邦来朝的文明共存秩序，不得不说是人类文明史上的壮举。

中华文明发展的历史和实践表明，文明共存是超越文明优越的根本之道。在人类文明发展中，应当舍弃夜郎自大、心怀叵测的宵小之道，而要脚踏实地寻找文明长存、发展与繁荣之道。在全球化趋势不断深入的今天，应看到尽管矛盾与问题越发严峻，但是合作共赢的趋势、路径以及紧迫性也越发清晰。"一枝独秀不是春，百花齐放春满园。"各国人民都应共享文明发展成果，每个国家的自身发展也必然带动其他国家的相应发展，这种关系越发的"唇齿相依""荣辱与共"。"只有各国共同发展了，世界才能更好发展。那种以邻为壑、转嫁危机、损人利己的做法既不道德，也难以持久。"[38] 构建人类命运共同体的蓝图与理想，要落脚到文明的共存，这是必答题也是及格线。而要归根结底面对文明共存问题，脚踏实地解决这个问题，就必然要从中华优秀传统文化中寻找经验、丰富路径，从而真正走上弘扬人类文明共生共荣的康庄大道。

（执笔：闫培宇）

第九章　构建人类命运共同体对
马克思主义的创新发展

随着中华民族伟大复兴的世界历史意义的不断开显，构建人类命运共同体之于开创人类文明新形态的作用，越发成为一个不言自明的事实。在当今世界，人类命运共同体思想得到了越来越广泛的认同，意味着对其进行"鲜活"的思想阐释而非空洞的概念解读，使之真正作为时代精神的精华、在思想中把握的时代，进而引领世界历史的发展与人类文明的进步，成为一个极为重要的时代课题。其中，准确理解人类命运共同体思想与马克思主义之间的关系，始终是一个绕不开的前提性工作。有鉴于此，本章立足于价值观、历史观和文明观的有机统一，从价值同构、历史自觉和文明变革的角度，尝试揭示人类命运共同体思想对马克思世界历史理论特别是"真正的共同体"学说的创新与发展。

一　个人与共同体关系的揭示

人类命运共同体思想对"真正的共同体"学说的传承与发展，

首先在于它们价值取向上的同构性，即从个人与共同体的关系出发来实现人的自由全面发展。众所周知，"真正的共同体"一说，是由马克思恩格斯在《德意志意识形态》中提出来的，以示同形形色色的"冒牌的共同体""虚假的共同体"的区别。马克思恩格斯认为，过去的这些共同体形式无一例外都制约着个人的个性与自由。因此，"真正的共同体"是这样一种未来的理想社会形式：完成了人的解放、真正实现了人的自由个性的发展。人们所耳熟能详的"自由人的联合体""每个人自由而全面发展的社会"，皆与"真正的共同体"是同义语。"在真正的共同体的条件下，各个人在自己的联合中并通过这种联合获得自己的自由。"[1]

由此可见，准确把握"真正的共同体"的价值旨归，关键在于准确揭示个人与共同体的关系，系统梳理个人怎样隶属于以往的共同体形式以及后者又是如何反过来制约着个人的个性与自由的。

（一）个人隶属于共同体的过程及作用

将社会和历史的起点归结为现实的个人，而非抽象的、"无人身"的观念，是马克思通过清算其旧的哲学信仰得出的一个重要结论，也是唯物史观的基本观点之一。在马克思看来，所谓"现实的个人"，与"纯粹的个人"相对，意为处于一定的历史条件下和社会关系中的个人。个人的这种现实性，绝不表明他们可以直接成为社会和历史的主体，尽管每个人始终是从他们自己出发的。个人所隶属的共同体，才是在历史演进中的真正的社会主体，其历史作用在于包含着个人实现其自由个性的可能。

随着历史的持续演进、社会条件的不断变化，由分工所形成的社会关系逐渐独立起来，进而导致个人生活同社会生活、个人从属的特定劳动部门之间的差别。于是，个人的生活条件转变为他们的异己之物，物的关系和力量也完成了对个人的社会关系和力量的取代。马克思指出，个人之间的联合，成为他们重新驾驭物的力量、使之复归个人力量的必然选择。在人和物的关系的异化状态下，为了真正占有自己的生活条件，获取自我全面发展能力的手段，个人不得不诉诸共同体的联合的力量。个人隶属于一定的共同体并在其中得到发展，肇始于等级或阶级的形成，这是一个历史的过程。在共同生活条件下的一些个人，出于其自身生存和发展的共同需要而结为阶级。此时，原本在生存竞争中相互敌对的个人，却又必须进行反对另一个阶级的共同斗争。

以欧洲资产阶级的形成和发展为例，马克思具体分析到，中世纪逃亡农奴建立新的城市之后，这些市民迫于生存和自卫而联合起来，共同反抗农村贵族，逐步结成了地域性的市民团体。随着商业活动的扩大与交通道路的开辟，每个城市的相互联系日益加强，各市民团体间的联系更加紧密，并逐步孕育出市民阶级。在相同的利益需要和斗争对象的促使下，市民挣脱封建制度束缚所创造的共同生活条件，进一步发展为阶级条件。这些条件同现存的封建关系的对立，由这些关系决定的劳动方式之于市民的创造性，决定了它们的共同性和客观性，也就是不以市民阶级中的个人意志为转移。

尔后，共同的利益需要、斗争对象、生活条件，再次推动从市民阶级内部诞生出资产阶级。同样，在进一步分工的作用下，不仅资产阶级分裂为各种不同的集团，而且一切财产都转化为资本。此时，资本又反过来吞噬直接隶属于国家的劳动部门、所有或多或少与意识形态相关的等级，直至一切有财产的阶级。

（二）"虚幻的共同体"对自由个性的制约

然而，由社会分工和生活条件等推动个人结成的阶级，并非一种必然的联合。个人在共同生活条件下结成的阶级越紧密，其自由个性越湮没其中，以致有个性的个人与阶级的个人之间的差别遮蔽了起来。这样，个人的自由个性，只有对作为一般化的个人和作为统治阶级的个人来说，才是存在的。有个性的个人被有阶级的个人代替，意味着阶级成员的个性完全取决于既定的阶级关系，而绝不表明他们失去了自己的个性。在这样的共同体中，个人生活条件的偶然性，仅仅是由于个人相互间的竞争或斗争而产生并发展的。

换言之，正是个人的相互分离，才使得他们的生活条件不仅受到偶然性的支配，而且有着同个人相对立的独立性。这种分散性意味着个人更加依赖于生活条件即物的力量，越发背离真正的自由个性，远未实现真正的联合。恰如马克思所言，"过去的联合……只是关于这样一些条件的必然的联合……在这些条件下，各个人有可能利用偶然性。这种在一定条件下不受阻碍地利用偶然性的权利，迄今一直称为个人自由"[2]。更有甚者，统治阶级对于作为被统治阶级的个人来说，皆为阻碍其进一步发展的新的桎梏，是"虚幻的共同体"。因此，打破个人竞争或阶级对立那种"虚幻的共同利益"的制约，让个人掌控其自由发展的条件，是建立"真正的共同体"的必要前提。

除却个人自由的有限性和人的联合的异己性，"虚幻的共同体"对人的自由个性的制约还表现为，使个人产生等级或阶级的观念先于人的类存在、等级或阶级即为人的全部类存在的臆想。这些歪曲个人与共同体关系的观念，被马克思严厉地驳斥为"对历史的莫大侮辱"。个人在阶级的共同生活条件下的发展过程，并且表现为前后相继的等级或阶级，的确能够反映到人们的普遍观念中。但是，各种等级或阶级的观念绝非人的类本质的真正表现。个人唯有扬弃把等级或阶级视为"普遍表达方式的一些类别"抑或"类的一些亚种"[3]，更好地投身于自由自觉的实践活动中，方可复归人的类本质。

（三）人类命运共同体思想与"真正的共同体"学说的价值同构

综合前文论述，我们再来对比人类命运共同体思想的核心要义，不难将它和"真正的共同体"学说之间的价值同构归结为如下几个主要方面。

首先，用相互依存来界定人的类存在，摒弃错误的等级观念对个人与共同体关系的扭曲。人的类存在或类本质，从根本上来说是一种关系。人作为类存在物，同自然、社会及其自身之间均有密切的联系。这些联系绝非先于人的存在的、抽象的普遍性，而是现实的个人的生命活动所赋予的整体特性，即人与自然、人与人、人与社会的直接的内在统一。人类命运共同体思想中强调的"相互依存""彼此融合"，深入浅出地揭示了现实的个人所处的"类"的统一体系。

"人类生活在同一个地球村里，生活在历史和现实交汇的同一个时空里。"[4]一方面，人的类本质的实现仍然诉诸共同体的方式。在当今世界格局中各种复杂趋势的交互作用下，包括经济全球化和政治多极化的深入发展、文化多样化与社会信息化的持续推进、生态文明及新产业革命的孕育成长，一切民族、地域和国家紧密地联系在一起，形成了"你中有我，我中有你"的开放包容的"地球村"。另一方面，从人的类主体出发并坚持共同体思维，可以解决人们如今面临的全球性难题和风险挑战，诸如国际金融危机、保护主义、霸权主义、强权政治、新干涉主义、军备竞争、恐怖主义、网络安全等。人类命运共同体思想包含着对普遍无差别的人类劳动的尊重，主张全人类共享科技创新和物质财富增长的成果，有助于祛除以生产资料价值为标准的等级制世界分工体系的后果。

其次，用命运与共来诠释共同利益，破除"虚幻的共同利益"制约下的个人的有限自由。归根结底，任何一个共同体的基础条件都在于共同利益，因为利益既是人类活动的动力，又决定着人们的思想和观念。把人的类存在界定为相互依存的关系，意味着全人类的共同命运已经成为每个人都必须关注的切身利益问题。"当今世界，相互联系、相互依存是大潮流……正日益形成利益交融、安危与共的利益共同体和命运共同体。"[5] 要言之，整个人类的共同利益，是构建人类命运共同体的根基所在。

这种共同利益与马克思强调的"所有互相交往的个人的共同利益"[6] 是同义语，它首先作为现实的个人之间的相互依存关系而存在，继而在观念上反映为一种普遍的东西。相较于构筑在个人竞争或阶级对立之上的"虚幻的共同利益"，包括单个的阶级利益和单一的国家利益，以及它所导致的个人的有限自由和片面发展的后果，命运与共所指代的共同利益坚持正确的义利观，既可以摒弃狭隘的功利主义和民族主义的偏见，在命运共同体的整体架构中实现整个人类的共同利益和共同发展；又能够促进人类在守望相助、共同发展的道义追求下实现全面发展，因而，具有强大的现实生命力。

最后，用合作共赢来指明未来发展，消解"虚幻的共同体"中的个人的联合的异己性。分工的发展不可避免地带来各种利益冲突，其中尤以共同利益与特殊利益的矛盾为甚。正是由于它和特殊利益之间的张力，共同利益才诉诸它们之外的共同体形式——国家——来解决矛盾。可是，国家非但无法从根本上解决共同利益与特殊利益的矛盾，反而在这种矛盾客观存在的情况下，沦为"虚幻的共同利益"的附庸，即维护统治阶级利益的工具。尽管国家在世界体系中表现出一定的民族特性并作为国家利益的代表，但是国家利益的实质仍在于阶级利益。从共同利益的角度来看，不同的国家利益之间的冲突依旧没有脱离"虚幻的共同利益"的范围，其中尤以发达国家对发展中国家的利益的剥夺为甚。

有见于此，应当探索一种互惠互利、相得益彰的基本原则或价值理念，追求实现更广泛的、更深层的全球性共同利益，真正超越单一的、浅显的国家利益。人类命运共同体思想中的合作共赢理念，彻底扬弃了非此即彼、零和博弈的旧思维方式，"在追求自身利益时兼顾他方利益，在寻求自身发展时促进共同发展"[7]。因此，这个新理念可以适用于经济、政治、文化、社会、生态文明等广泛领域，有利于消除这些生活条件之于个人的偶然性，使其进一步摆脱物的力量的束缚，有助于满足世界各国人民对和平与发展的美好向往，推动人与人之间的真正联合。

二　世界历史形成和发展的把握

一种价值观作为一定的社会历史条件下的产物，是与历史观密切相连的。"真正的共同体"学说和人类命运共同体思想也不例外。这两种理论所内蕴的价值观具有同构性的原因为内在一致的世界历史理论。正是构筑于对历史向世界历史转变的过程及后果的深刻把握，人的自由全面发展这一价值旨归才得以确立下来。也正是得益于对世界历史的决定力量和动力机制的科学分析，构建人类命运共同体才具有了通达"真正的共同体"的可能。

（一）历史向世界历史的转变

所谓历史，简言之就是不同时代间的依次更替。按照马克思的理解，任何一个时代的发展都离不开对以前各个时代所创造的生产力和生产资料的运用。如此一来，每个时代不仅要进行过去延续下来的活动，还要在同以往完全不同的环境下从事彻底的变革活动，以便能够改造旧的环境。由此可见，历史的发展不是抽象的目的使然、纯粹的量的积累、同质性的朝代更迭，而是现实力量的结果、质的飞跃、社会形态的改变。表面看来，前期历史与后期历史之间是过程与目的、萌芽与结果的关系，历史也貌似成为"自我意识"与"特殊使命"的人格化。

实际上，所谓"目的""结果""意识""使命"，无非是对历史经验的抽象总结，反映着人们从前期历史到后期历史的现实联系、前期历史对后期历史的积极影响。同样，历史向世界历史的转变，亦非"自我意识"的先验的抽象行动，而是物质的经验证明的现实运动。在这个过程中，生产方式的不断进步、交往形式的日臻丰富、活动影响的持续扩大，使得不同民族间的狭隘分工和自我封闭逐渐被打破，直至被彻底消灭，从而使世界历史的趋势越发明显。以历史为镜鉴，不论是英国的机器发明导致中国和印度的手工业劳动者的失业，进而造成这些国家的生产方式乃至社会形态的改变，还是拿破仑的大陆封锁引起的生活用品的匮乏，继而推动反对拿破仑统治以取得独立的德意志解放战争的爆发，都可以归结为世界历史性的事实。

在历史向世界历史的转变的过程中，分工具有重要的标志性意义。以物质劳动与精神劳动的分工为起点，马克思将世界历史形成前的主要环节，归结为从城市与乡村的对立，经由城市行会、商业发展、工场手工业、人口跨国迁徙、行业在单一国家的集中，直至现代大工业和世界市场的出现。马克思指出，现代大工业垄断的历史作用，绝不止于推动世界市场的形成，更在于加快了工业资本的积聚；其之所以"首次开创了世界历史"，是因为"它使每个文明国家以及这些国家中的每一个人的需要的满足都依赖于整个世界"，"消灭了各国以往自然形成的闭关自守的状态"[8]。它不仅使城市最终战胜了乡村，促进了资本的现代转型的完成，还导致了普遍竞争，从而使个人普遍地处于精神高度紧张中，暴露出资本主义私有制阻碍生产力全面发展的弊端，造成资本与劳动的对立，最终使现实的个人彻底沦为抽象的个人。因此，如何使全部的个人重新占有现代生产力总和，是世界历史发展的题中应有之义。

（二）世界历史发展与人的解放

各个人对既有的生产力总和的重新占有，不可避免地会受到占有的对象、主体、方式等的制约。在马克思看来，这种占有须诉诸个人的普遍联合方可实现。究其原因，就在于个人在世界历史进程中受世界市场力量支配的越来越强。在个人活动不断扩展为世界历史活动的情况下，民族性和地域性给个人重新占有生产力造成了极大的限制。个人和世界性的生产活动（包括物质生产和精神生产）实际地联系起来，才是他们真正运用自身创造的全球化的全面生产力的有效途径。这种"自然形成的世界历史性的共同活动的最初形式"[9]，即各个人的全面依赖关系，由于私有制的消灭，转化为人们相互作用所产生的力量的重新控制与自觉驾驭。正是在这个意义上，人的解放程度和世界历史的发展程度之间有着内在一致性。

以个人对其创造的力量的占有程度为依据，马克思将人的解放划分为三大阶段，即自然形成的人的依赖关系、彼此独立的个人之间的全面依赖关系、人的自由个性的全面发展。与此相对应的共同体形式，依次为古代共同体、现代市民社会、"自由人的联合体"；后两者与世界历史的发展是相一致的，人类命运共同体则构成它们的中间环节。换句话说，个人之间的全面依赖性潜在地包含着各个人的同一时空性的相互依存关系。

在世界历史的形成时期，各个人的全面依赖关系不过是"以物的依赖性为基础的人的独立性"[10]。不同的个人之间实质上是毫不相干的。依靠物的依赖性所维系的个人的社会联系，必然表现为物的关系，体现于不断交换的必然性上和作为全面中介的货币上。这种全面依赖并不意味着各个人通过追求其自身利益，也就实现了个人利益的总体这种共同利益。相反，每个人都在妨碍着他人利益的实现。诚如霍布斯所言，自然状态的最本质特征在于一切人反对一切人的战争，故而普遍的否定而非普遍的肯定是必然的结果。现代市民社会呈现出各个人的全面依赖与利益冲突的矛盾，时至今日仍然没有得到真正的解决。构筑于整个人类的共同利益之上、致力于人的解放的人类命运共同体思想，则为破解上述矛盾提供了一种可行方案。

随着全球生产力的发展，特别是新一轮科技革命和产业变革的蓄势待发，个人的普遍交往和相互依存的程度越来越高，全人类的整体利益越来越得以扩大与提高，不同民族和国家的相互依存和共同利益越来越广泛。这种情况在迄今为止的世界历史中已经成为一种经验事实。"各国相互协作、优势互补是生产力发展的客观要求，也代表着生产关系演变的前进方向。在这一进程中，各国逐渐形成利益共同体、责任共同体、命运共同体。无论前途是晴是雨，携手合作、互利共赢是唯一正确选择。这既是经济规律使然，也符合人类社会发展的历史逻辑。"[11] 除此之外，另一种情况也有着同样的经验依据：随着全球化朝着开放包容和普惠共赢的方向发展，以及与之具有同等意义的人类命运共同体的构建，世界历史发展的内在矛盾——资本逻辑所导致的国家之间的不均衡发展和不平等分配——也将得到解决。

（三）构建人类命运共同体的世界历史意义

究其实，历史向世界历史的转变，是在资本逻辑的主导下进行的，是资本主义生产方式的产物和运动的结果。起初，通过对过去的生产关系乃至全部社会关系的不断变革，资本主义生产关系适应了现代生产力的发展，并且由于开拓了世界市场而建立起资本生产的世界体系。尔后，现代生产力的强大，已经到了资本主义生产关系所无法适应的程度，从周期性的资本主义经济危机中可见一斑。除了毁灭大量的生产力和夺取新的市场之外，资产阶级对此毫无办法。于是，无产阶级与资产阶级的斗争扩展到全球范围内并愈演愈烈。这种全球性的斗争开启了全新的生产方式和全新的社会形态的发展进程。

同资本逻辑相伴而生的是国家关系。现代生产力与资本主义生产关系的对抗，使得普遍交往进一步深化；这既强化了单个国家的"政治的集中"和不同国家的密切联系，又加剧了国家之间的不平等关系，"使未开化和半开化的国家从属于文明的国家"[12]。马克思认为，资本主义生产方式的全球扩张，不可避免地导致发展中国家对发达国家的不断加深的依附，造成全球主义和国家主义之间越发尖锐的冲突，带来层出不穷的霸权主义与强权政治的各种形式。以发展的不均衡和分配的不平等为特征的传统国家关系，势必引发全球治理的"赤字"；这既不符合各国人民的共同利益，又妨碍国家利益的实现。对于世界历史发展中的全球治理体系和新型国家关系的方向性变革，构建人类命运共同体不失为一种有效的途径，因为它倡导"在追求本国利益时兼顾他国合理关切，在谋求自身发展中促进各国共同发展，不断扩大共同利益汇合点"[13]。

进而言之，人类命运共同体思想作为一种历史观，秉承了"真正的共同体"学说（毋宁说唯物史观乃至整个马克思主义）的特质，延续了对那些用凌驾于历史之上的观念或原则来解释历史的学说的有力批判。通过对世界历史进程的分析，马克思得出了这样的历史观：整个历史的现实基础在于生产力和交往形式的总和，意识的全部理论产物和各种不同意识形态，都是在上述现实基础下做出的阐释。由此，马克思指明了这种唯物主义历史观和唯心主义历史观的区别：不是用观念来解释历史发展，而是从实践出发来理解观念，使关于历史发展的诠释始终不脱离具体的时代和现实的基础。唯心史观的根源，要么在于完全无视生产力和交往形式的总和之于历史的基础作用，要么在于错误地把这个现实基础降低为附带因素，认为它与历史发展之间毫无关联。总而言之，按照唯心史观的基本观点，"历史总是遵照在它之外的某种尺度来编写的；现实的生活生产被看成是某种非历史的东西，而历史的东西则被看成是某种脱离日常生活的东西，某种处于世界之外和超乎世界之上的东西"[14]。

就其实质来说，不论是将自由民主视为人类意识形态发展终点的"历史终结论"，还是以超越任何社会和历史的价值观念作为政治扩张工具的"普适价值论"，都仅仅提供了与现实基础和实际过程相脱离的观念的历史，对于人类社会及共同体的发展毫无裨益。相比之下，在把握世界历史发展趋势中，洞察到整个历史的现实基础的人类命运共同体思想，势必有助于推动人类社会的进步，同时也是对"历史终结论""普适价值论"等的最直接回击。

三　人类文明新形态的开创

从总的趋势来看，历史发展与文明进步往往是并行的。在人类社会从低级向高级的"进化"过程中，各种依次更替的历史状态皆不过是暂时而又必然的阶段或环节。历史发展的这种过程性或阶段性表明，人类文明是历史发展中的特定阶段的产物。世界历史的形成与发展亦不例外，它包含着人类文明新形态的可能。相应之下，"真正的共同体"学说和人类命运共同体思想，同时作为一种变革的文明观而存在。对资本主义文明的积极扬弃，肯定多元因素对人类文明的共同塑造作用，强调文明交流互鉴之于人类文明发展的必要性，将个人的美好生活需要理解为实现人的解放的重要环节，这些人类命运共同体思想所具有的开创人类文明新形态的条件，为"真正的共同体"的实现奠定了坚实的基础。

（一）实现物质生活与自主活动相一致

在历史向世界历史的转变过程中，处于现代大工业及普遍竞争下的各个人的全部现实状况，包括一切的生活条件、制约因素、片面影响等在内，都融合并简化为资本和劳动这两种形式。易言之，现实的个人是在私有制的条件下进行交往的，因而这种交往不再是作为个人的交往。这是世界历史发展的后果之一。马克思对此解释说，在劳动的范围内，私有制是同劳动相对的。从这个角度来说，私有制的产生和发展内化于劳动积累的必然性中。随着历史向世界历史的转变，私有财产由最初的共同体形式中的积累劳动转化为资本，并逐步接近它的现代形式——货币。对于个人而言，不仅交往本身及其全部形式都成为偶然的东西，而且其自身因屈从于分工而完全被置于相互依赖的关系中。

事实上，分工的内涵即社会劳动力的划分，本身就意味着以下两方面内容：一是劳动的条件——劳动工具和劳动材料，在劳动者之间的分配；二是劳动的结果——作为积累劳动的私有财产，在所有者之间的分配。换言之，所有制的不同形式、劳动与资本的对立，是与分工相伴而生的。在私有制的条件下，分工的程度越高，劳动的积累越大，劳动与资本的对立越强。只有在这种对立的前提下，各个人的劳动才能够存在，并在现实中表现为各个人相互作用而产生的力量（生产力）与个人本身的分离、物质生活的生产（劳动）与自主活动本身的分离。

那么，上述两种分离的后果是什么呢？马克思分析到，在交往的作用下，各个人及其力量从分散和彼此对立走向融合和相互联系，并成为一种真正的力量。当这种力量以物的形式来体现私有制的力量之时，表现为个人力量总和的生产力便不再作为个人的力量而存在。随着个人同其自身力量的分离，从而失去全部现实生活的内容，他们就沦为抽象的个人。当然，个人之间产生相互联系的前提在于，他们作为抽象的个人而存在。此时，个人与生产力之间、个人同其自身存在之间的唯一联系，便只剩下劳动了。对于个人而言，劳动仅仅是为了维持其生存的手段，也就是失去了任何自主活动内容的假象。在现代大工业生产以前，劳动的非自主性只是由不同的个人承担导致的，具体表现为个人的自主活动和物质生活的生产的分开。由于个人的局限性，这种分开是以个人的物质生活的生产从属于其自主活动为前提。到了现代大工业时期，劳动达到了一种严重程度的非自主性：物质生活本身同它的生产之间只表现为目的与手段的关系。因此，消灭私有制，使每个个人重新占有已取得的生产力总和，实现个人的物质生活与自主活动的一致性，成为世界历史发展和人类文明进步的方向，是实现"真正共同体"的必经之路。

（二）对资本主义文明的积极扬弃

作为历史向世界历史转变过程中的产物，资本主义文明在世界历史发展中表现出正反两方面的作用。一方面，同前资本主义的各种文明形态相比，它消灭了传统的封闭的生产方式与需要方式，扬弃了神化自然的观念，克服了各民族间的界限和偏见，破除了人类发展的地域性困境，摧毁了过去的一切阻碍生产力发展、需要扩大和生产多样化、利用自然力和精神力的各种限制，因而更有利于生产力和生产关系的发展，以及"更高级的新形态的各种要素的创造"[15]。另一方面，资本主义文明扩张，特别是资本主义私有制所导致的世界秩序，以资本生产、暴力征服、宗教传播等作为工具，演变为一种支配与服从的统治关系。发达国家靠牺牲不发达国家来强制和垄断文明进程，加剧了全球范围内的文明冲突与对抗，阻碍了现代生产力的进一步发展。由此可见，如何积极扬弃资本主义文明，真正占有现代生产力的总和，构成实现"真正的共同体"的内在要求。正如马克思所说，

"随着联合起来的个人对全部生产力的占有，私有制也就终结了"[16]。秉承以上思路，人类命运共同体思想顺应生产力发展的客观要求，强调各国之间的相互协作与优势互补，有助于解决人类文明自资本主义文明以降的日益严重的"全球分裂"状态，打破"发达"与"不发达"的对立、"中心"与"边缘"的割裂的世界格局。

强调各个人对现代生产力的普遍适应及重新占有，绝不意味着片面的文明发展的经济决定论。相反，马克思始终重视多元因素对文明的塑造作用。尤其是在其晚年所作的《人类学笔记》《历史学笔记》中，他通过比照罗马帝国所表征的地域性世界历史、基督宗教所表征的精神性世界历史、启蒙理性所表征的属人性世界历史、西欧文明所表征的现代性世界历史，详尽探讨了经济力量、政治模式、宗教观念、伦理道德、科学技术、文化艺术等因素在资本主义文明的形成过程中的实际影响。不可否认，上述除经济力量以外的其他因素，包含着不亚于经济力量所具有的强大生命力。正是这些因素之间的相互作用、彼此影响，才生成了多样化的文明形态，并使之成为整个人类社会的基本特征，从而决定了文明的交流互鉴，是开创人类文明新形态和推动人类社会进步的必由之路。人类命运共同体思想中反复提及以文明交流来打破文明隔阂、以文明互鉴来解决文明冲突、以文明共存来扬弃文明优越，其原因即在于此。

（三）满足世界人民对美好生活的向往

不仅如此，基于多元因素塑造文明的认识，人类命运共同体思想还从各主要领域的具体实际出发，着眼于经济、政治、文化、社会、生态文明各方面，着力"建设持久和平、普遍安全、共同繁荣、开放包容、清洁美丽的世界"[17]。整体审视迄今为止的人类文明历程，不难看出发展与安全是极其重要的主题。正所谓"发展是第一要务""发展是硬道理"，人类文明演进到今天，已经不再是"中心"控制、剥削与压迫"边缘"的发展格局，而是一个休戚与共的共同体。过去由资本逻辑主导的全球化，势必朝着开放、包容、普惠、平衡、共赢的方向发展。

当今时代发展的潮流在于绿色发展和可持续发展。绿色发展的实质是人与自然和谐相处，是将生态文明融入物质文明、精神文明、政治文明、社会文明的协调发展中，有助于解决好资本主义文明带来的各种消极后果，诸如"发展断层""治理赤字""文化殖民""逆全球化"等。当前，在错综复杂的诸因素的交互作用下，人类文明发展环境面临深刻复杂变化，不稳定性和不确定性明显增加，普遍安全日益成为文明发展所不可或缺的保障。对此，人类命运共同体思想以"营造公平正义、共建共享的安全格局"[18]为旨向，主张"摒弃一切形式的冷战思维，树立共同、综合、合作、可持续安全的新观念"[19]。

历史发展与文明进步的最终落脚点在于人的解放。在马克思看来，感性解放是达到"真正的共同体"、实现人的解放的重要环节。他指出，个人复归其本质的一个有效途径，就在于他们诉诸感觉来把握对象，进而超越直接的享受和单纯的占有来进行真正的活动。随着人的一切感觉在真正的活动中不断丰富与发展，人作为人的全部特性得到彻底的解放。然而，在资本主义私有制的条件下，人沦落到极其愚蠢而片面的程度，以致只剩下纯粹的物质追求，也就是只有在占有并使用一个对象时才感觉到拥有它。因此，感性解放不应当被仅仅理解为外在的占有与直接的享受，而是一种全面的占有与丰富的感觉。

所谓全面的占有与丰富的感觉，指不论是在主体上，还是在客体上，人的全部感觉及其特性都复归于人自身。作为一种彻底的解放，感性解放的实现，须通过人自身来感性地占有人的产品、作为对象而存在的人、人的本质及生命。到了人类命运共同体思想中，感性解放被具体化为"把世界各国人民对美好生活的向往变成现实"[20]，继而将以美好生活为目标的人类文明新形态，理解为不断实现人的解放的动态过程而非终极状态，故而能够得到世界各国人民的广泛认同，为全部的个人携手迈向"真正的共同体"提供了一种可行的中国方案。

综上所述，从马克思的"真正的共同体"学说到人类命运共同体思想，昭示着马克思主义的理论品格和思想旨归的一脉相承。从其内蕴的价值观来看，它们之间的同构表现为从个人与共同体的关系出发来实现人的自由全面发展。这是因为它们内在一致的世界历史理论，尤其是对历史向世界历史转变这一趋势的把握。历史发展往往与文明进步相伴随，世界历史的形成与发展本身包含着人类文明新形态的可能。除却历史观和价值观的延续，从"真正的共同体"学说到人类命运共同体思想的发展，还蕴含着文明观的传承与变革。构建人类命运共同体之于开创人类文明新形态的作用，同时奠定了实现"真正的共同体"的思想基础。

（执笔：杨洪源）

注　释

导　言　深化对构建命运共同体的人类文明的理解与把握

[1]《中国共产党第十九届中央委员会第六次全体会议文件汇编》，人民出版社，2021，第 14 页。

[2] 习近平：《论坚持推动构建人类命运共同体》，中央文献出版社，2018，第 521、414 页。

[3] 习近平：《把中国文明历史研究引向深入　增强历史自觉坚定文化自信》，《求是》2022 年第 14 期。

[4]《习近平外交演讲集》第 2 卷，中央文献出版社，2022，第 396 页。

第一章　作为文明观的人类命运共同体思想及其理论渊源

[1]《马克思恩格斯选集》第 4 卷，人民出版社，2012，第 588 页。

[2] 习近平：《在哲学社会科学工作座谈会上的讲话》，人民出版社，2016，第 14 页。

［3］〔英〕狄更斯：《双城记》，宋兆霖译，译林出版社，2020，第1页。

［4］《马克思恩格斯选集》第1卷，人民出版社，2012，第190页。

［5］同上书，第194页。

［6］同上书，第404页。

［7］同上书，第168页。

［8］习近平：《论坚持推动构建人类命运共同体》，中央文献出版社，2018，第5页。

［9］习近平：《决胜全面建成小康社会　夺取新时代中国特色社会主义伟大胜利——在中国共产党第十九次全国代表大会上的报告》，人民出版社，2017，第58页。

［10］《马克思恩格斯选集》第1卷，人民出版社，2012，第140页。

［11］《马克思恩格斯选集》第2卷，人民出版社，2012，第715页。

［12］仰海峰：《问题意识、思想型与知识地图——关于马克思主义哲学研究方法论的思考》，《中国社会科学评价》2021年第1期。

［13］《马克思恩格斯选集》第1卷，人民出版社，2012，第403~404页。

［14］同上书，第155页。

［15］习近平：《论坚持推动构建人类命运共同体》，中央文献出版社，2018，第426页。

［16］《马克思恩格斯选集》第1卷，人民出版社，2012，第169页。

［17］《马克思恩格斯文集》第1卷，人民出版社，2009，第185页。

［18］《马克思恩格斯选集》第2卷，人民出版社，2012，第3页。

［19］刘同舫：《构建人类命运共同体对历史唯物主义的原创性贡

献》,《中国社会科学》2018 年第 7 期。

[20] 《马克思恩格斯文集》第 8 卷,人民出版社,2009,第 52 页。

[21] 《马克思恩格斯选集》第 1 卷,人民出版社,2012,第 422 页。

[22] 贺来:《马克思哲学的"类"概念与"人类命运共同体"》,
《哲学研究》2016 年第 8 期。

[23] 孙来斌:《论"人类命运共同体"与马克思共同体思想的关
系》,《马克思主义研究》2019 年第 12 期。

[24] 《马克思恩格斯文集》第 7 卷,人民出版社,2009,第 929 页。

[25] 《马克思恩格斯选集》第 1 卷,人民出版社,2012,第 164 页。

[26] 习近平:《论坚持推动构建人类命运共同体》,中央文献出版
社,2018,第 106~107 页。

[27] 方克立:《"天人合一"与中国古代的生态智慧》,《社会科学
战线》2003 年第 4 期。

[28] 习近平:《论坚持推动构建人类命运共同体》,中央文献出版
社,2018,第 422 页。

[29] 李民、王健:《尚书译注》,上海古籍出版社,2010,第 1 页。

[30] 杨天宇:《礼记译注》(上),上海古籍出版社,2010,第 275 页。

[31] 钱穆:《中国文化对人类未来可有的贡献》,《中国文化》1991
年第 4 期。

[32] 赵汀阳:《天下体系:世界制度哲学导论》,中国人民大学出版
社,2011,第 52 页。

[33] 习近平:《论坚持推动构建人类命运共同体》,中央文献出版
社,2018,第 230 页。

[34] 《国语·郑语》,上海古籍出版社,2015,第 347 页。

[35] 王国轩译注《大学·中庸》,中华书局,2016,第 268 页。

［36］习近平：《论坚持推动构建人类命运共同体》，中央文献出版社，2018，第 256 页。

［37］方勇译注《墨子》，中华书局，2015，第 129 页。

［38］习近平：《论坚持推动构建人类命运共同体》，中央文献出版社，2018，第 511 页。

［39］参见《毛泽东选集》第 4 卷，人民出版社，1991，第 1193 页。

［40］《毛泽东文集》第 8 卷，人民出版社，1999，第 344 页。

［41］同上书，第 441 页。

［42］参见丰子义、杨学功、仰海峰《全球化的理论与实践——一种马克思主义的视角》，江苏人民出版社，2017，第 146 页。

［43］《邓小平文选》第 2 卷，人民出版社，1994，第 160 页。

［44］《毛泽东选集》第 4 卷，人民出版社，1991，第 1465 页。

［45］《毛泽东年谱（一九四九——一九七六）》第 2 卷，中央文献出版社，2013，第 611 页。

［46］习近平：《论坚持推动构建人类命运共同体》，中央文献出版社，2018，第 130 页。

［47］同上书，第 89 页。

［48］《邓小平年谱（一九七五——一九九七）》（下卷），中央文献出版社，2004，第 1228 页。

［49］《邓小平文选》第 3 卷，人民出版社，1993，第 105 页。

［50］同上书，第 282 页。

［51］同上书，第 96 页。

［52］《江泽民文选》第 1 卷，人民出版社，2006，第 243 页。

［53］《习近平谈治国理政》第 2 卷，外文出版社，2017，第 41 页。

［54］《十六大以来重要文献选编》（中），中央文献出版社，2006，

第 850~851 页。

[55]《胡锦涛文选》第 2 卷，人民出版社，2016，第 352 页。

[56] 习近平：《弘扬传统友好　共谱合作新篇——在巴西国会的演讲》，人民出版社，2014，第 7 页。

第二章　人类命运共同体思想的历史生成与文明逻辑

[1]《马克思恩格斯选集》第 1 卷，人民出版社，2012，第 404 页。

[2] 习近平：《论坚持推动构建人类命运共同体》，中央文献出版社，2018，第 5 页。

[3] 同上书，第 521 页。

[4] 参见《十七大以来重要文献选编》（上），中央文献出版社，2009，第 34 页。

[5] 参见中华人民共和国国务院新闻办公室《〈中国的和平发展道路〉白皮书》，国务院新闻办公室官网，http：//www. scio. gov. cn/ztk/dtzt/58/3/Document/999959/999959. htm。

[6]《十八大以来重要文献选编》（上），中央文献出版社，2014，第 37 页。

[7] 习近平：《论坚持推动构建人类命运共同体》，中央文献出版社，2018，第 5 页。

[8] 同上书，第 6 页。

[9] 同上书，第 29~31 页。

[10] 同上书，第 254 页。

[11] 习近平：《在中国国际友好大会暨中国人民对外友好协会成立 60 周年纪念活动上的讲话》，新华网，http：//www. xinhuanet. com/

politics/2014-05/15/c_ 1110712488. htm。

[12] 习近平：《论坚持推动构建人类命运共同体》，中央文献出版社，2018，第254~255页。

[13] 同上书，第255页。

[14] 同上书，第256页。

[15] 同上。

[16] 同上。

[17] 同上书，第419页。

[18] 同上。

[19] 同上。

[20] 《习近平外交演讲集》第2卷，中央文献出版社，2022，第352页。

[21] 习近平：《论坚持推动构建人类命运共同体》，中央文献出版社，2018，第421页。

[22] 同上书，第42页。

[23] 《习近平外交演讲集》第2卷，中央文献出版社，2022，第340页。

[24] 同上书，第391页。

[25] 同上书，第401页。

[26] 参见亚洲基础设施投资银行官方网站，http://www.aiib.org/en/index. html。

[27] 习近平：《论坚持推动构建人类命运共同体》，中央文献出版社，2018，第421页。

[28] 同上。

[29] 同上书，第422页。

［30］同上书，第 414 页。

［31］《习近平外交演讲集》第 2 卷，中央文献出版社，2022，第
379～380 页。

［32］杨天宇：《礼记译注》，上海古籍出版社，2010，第 265 页。

［33］习近平：《坚定不移走中国人权发展道路　更好推动我国人权
事业发展》，《求是》2022 年第 12 期。

［34］《习近平外交演讲集》第 2 卷，中央文献出版社，2022，第
396 页。

［35］习近平：《携手共命运　一起向未来——在中国同中亚五国建
交 30 周年视频峰会上的讲话》，《人民日报》2022 年 1 月
26 日。

第三章　利益共同体、责任共同体和命运共同体的内在逻辑

［1］参见王伟光《利益论》，中国社会科学出版社，2010，第 3～
22 页。

［2］《马克思恩格斯选集》第 3 卷，人民出版社，2012，第 258 页。

［3］《马克思恩格斯全集》第 1 卷，人民出版社，1995，第 187 页。

［4］《马克思恩格斯选集》第 4 卷，人民出版社，2012，第 257 页。

［5］《马克思恩格斯全集》第 2 卷，人民出版社，1957，第 103 页。

［6］《马克思恩格斯选集》第 1 卷，人民出版社，2012，第 147～
148 页。

［7］同上书，第 163 页。

［8］《马克思恩格斯选集》第 3 卷，人民出版社，2012，第 401 页。

［9］《马克思恩格斯选集》第 1 卷，人民出版社，2012，第 180 页。

［10］参见王伟光《利益论》，中国社会科学出版社，2010，第270~274页。

［11］《毛泽东选集》第3卷，人民出版社，1991，第864页。

［12］《马克思恩格斯全集》第3卷，人民出版社，1960，第275~276页。

［13］参见王伟光《利益论》，中国社会科学出版社，2010，第81~82、160~162页。

［14］参见习近平《论坚持推动构建人类命运共同体》，中央文献出版社，2018，第67、200、339页。

［15］同上书，第253页。

［16］参见郇庆治、赵睿夫《构建人类命运共同体的人类共同价值基础及其时代拓展》，《党政研究》2021年第6期。

［17］习近平：《论坚持推动构建人类命运共同体》，中央文献出版社，2018，第405页。

［18］同上书，第275页。

［19］同上书，第416~417页。

［20］同上书，第259页。

［21］同上书，第248页。

［22］同上书，第275页。

［23］参见《中国共产党第十九届中央委员会第六次全体会议文件汇编》，人民出版社，2021，第45~90、93页。

［24］同上书，第88页。

［25］习近平：《论坚持推动构建人类命运共同体》，中央文献出版社，2018，第91页。

［26］同上书，第274页。

［27］同上书，第 260 页。

［28］《中国共产党第十九届中央委员会第六次全体会议文件汇编》，人民出版社，2021，第 89 页。

［29］同上书，第 89~90 页。

［30］习近平：《在纪念马克思诞辰 200 周年大会上的讲话》，人民出版社，2018，第 22 页。

［31］《马克思恩格斯选集》第 1 卷，人民出版社，2012，第 168 页。

［32］同上书，第 404 页。

［33］同上。

［34］习近平：《论坚持推动构建人类命运共同体》，中央文献出版社，2018，第 415 页。

［35］同上书，第 34~36 页。

［36］同上书，第 66 页。

［37］同上书，第 215 页。

［38］同上书，第 3 页。

［39］参见《中国共产党第十九届中央委员会第六次全体会议文件汇编》，人民出版社，2021，第 89 页。

［40］《马克思恩格斯选集》第 3 卷，人民出版社，2012，第 172 页。

［41］习近平：《论坚持推动构建人类命运共同体》，中央文献出版社，2018，第 510 页。

［42］康健：《从利益共同体到命运共同体》，《北京大学学报》（哲学社会科学版）2018 年第 6 期。

［43］同上。

第四章 相互依存、命运与共、合作共赢的核心理念及其文明 话语革命

［1］《马克思恩格斯文集》第 5 卷，人民出版社，2009，第 32 页。

［2］《马克思恩格斯选集》第 1 卷，人民出版社，2012，第 10 页。

［3］《马克思恩格斯全集》第 30 卷，人民出版社，1995，第 538 页。

［4］同上书，第 107 页。

［5］习近平：《论坚持推动构建人类命运共同体》，中央文献出版社，2018，第 405 页。

［6］同上书，第 254 页。

［7］《马克思恩格斯选集》第 1 卷，人民出版社，2012，第 163 页。

［8］《马克思恩格斯全集》第 30 卷，人民出版社，1995，第 389 页。

［9］同上。

［10］《马克思恩格斯选集》第 1 卷，人民出版社，2012，第 404 页。

［11］习近平：《论坚持推动构建人类命运共同体》，中央文献出版社，2018，第 271 页。

［12］同上书，第 256 页。

［13］《马克思恩格斯选集》第 1 卷，人民出版社，2012，第 163 页。

［14］同上书，第 166 页。

［15］《马克思恩格斯文集》第 10 卷，人民出版社，2009，第 354 页。

［16］《习近平外交演讲集》第 2 卷，中央文献出版社，2022，第 170~171 页。

［17］习近平：《论坚持推动构建人类命运共同体》，中央文献出版

社，2018，第 254 页。

［18］同上书，第 255 页。

第五章 坚持胸怀天下：构建人类命运共同体的经验依托

［1］《习近平外交演讲集》第 2 卷，中央文献出版社，2022，第 175 页。

［2］《马克思恩格斯文集》第 8 卷，人民出版社，2009，第 52 页。

［3］《习近平谈治国理政》第 1 卷，外文出版社，2018，第 40 页。

［4］《习近平外交演讲集》第 2 卷，中央文献出版社，2022，第 358 页。

［5］中华人民共和国国务院新闻办公室：《新时代的中国国际发展合作》，国务院新闻办公室官网，http：//www. scio. gov. cn/ztk/dtzt/44689/44717/index. htm。

［6］《马克思恩格斯选集》第 4 卷，人民出版社，2012，第 250 页。

［7］《邓小平文选》第 3 卷，人民出版社，1993，第 104 页。

［8］《十二大以来重要文献选编》（上），人民出版社，1986，第 45 页。

［9］《胡锦涛文选》第 2 卷，人民出版社，2016，第 508 页。

［10］参见习近平《论坚持推动构建人类命运共同体》，中央文献出版社，2018，第 199、532 页。

［11］同上书，第 200 页。

［12］参见《中国共产党第十九届中央委员会第六次全体会议文件汇编》，人民出版社，2021，第 34 页。

［13］同上书，第 35 页。

［14］同上书，第 90 页。

［15］习近平：《论坚持推动构建人类命运共同体》，中央文献出版社，2018，第 490 页。

［16］《习近平外交演讲集》第 2 卷，中央文献出版社，2022，第 357 页。

［17］《中国共产党第十九届中央委员会第六次全体会议文件汇编》，人民出版社，2021，第 98 页。

［18］《习近平外交演讲集》第 2 卷，中央文献出版社，2022，第 215 页。

［19］《中国共产党简史》，人民出版社、中共党史出版社，2021，第 168 页。

［20］习近平：《论坚持推动构建人类命运共同体》，中央文献出版社，2018，第 490 页。

［21］同上书，第 436 页。

［22］《习近平外交演讲集》第 2 卷，中央文献出版社，2022，第 195 页。

［23］习近平：《论坚持推动构建人类命运共同体》，中央文献出版社，2018，第 121 页。

［24］同上书，第 343 页。

［25］同上书，第 23 页。

［26］《胡锦涛文选》第 3 卷，人民出版社，2016，第 36 页。

［27］习近平：《论坚持推动构建人类命运共同体》，中央文献出版社，2018，第 319 页。

［28］《中国共产党第十九届中央委员会第六次全体会议文件汇编》，人民出版社，2021，第 89 页。

［29］《习近平外交演讲集》第 2 卷，中央文献出版社，2022，第 324 页。

［30］参见《习近平关于总体国家安全观论述摘编》，中央文献出版社，2018，第107页。

［31］习近平：《携手迎接挑战，合作开创未来——在博鳌亚洲论坛2022年年会开幕式上的主旨演讲》，《人民日报》2022年4月22日。

［32］《习近平外交演讲集》第2卷，中央文献出版社，2022，第338、342页。

［33］习近平：《论坚持推动构建人类命运共同体》，中央文献出版社，2018，第514页。

［34］同上书，第2页。

［35］《毛泽东年谱（一九四九—一九七六）》第1卷，中央文献出版社，2013，第59页。

［36］《建国以来重要文献选编》第1册，中央文献出版社，1992，第21页。

［37］《江泽民文选》第3卷，人民出版社，2006，第567页。

［38］《胡锦涛文选》第2卷，人民出版社，2016，第217页。

［39］参见中华人民共和国国务院新闻办公室《〈中国的和平发展道路〉白皮书》，国务院新闻办公室官网，http：//www.scio.gov.cn/ztk/dtzt/58/3/Document/999959/999959.htm。

［40］《习近平外交演讲集》第2卷，中央文献出版社，2022，第185页。

［41］同上书，第161页。

［42］参见习近平《论坚持推动构建人类命运共同体》，中央文献出版社，2018，第91、277页。

［43］同上书，第3页。

［44］同上书，第 201 页。

［45］《习近平外交演讲集》第 2 卷，中央文献出版社，2022，第 395 页。

［46］同上书，第 392 页。

［47］同上书，第 397 页。

［48］同上书，第 396 页。

［49］习近平：《论坚持推动构建人类命运共同体》，中央文献出版社，2018，第 230 页。

［50］《毛泽东年谱（一九四九——一九七六）》第 3 卷，中央文献出版社，2013，第 263 页。

［51］《毛泽东文集》第 8 卷，人民出版社，1999，第 301 页。

［52］参见《邓小平文选》第 3 卷，人民出版社，1993，第 363 页。

［53］《十四大以来重要文献选编》（上），人民出版社，1996，第 35 页。

［54］习近平：《论坚持推动构建人类命运共同体》，中央文献出版社，2018，第 257 页。

［55］同上书，第 91 页。

［56］中华人民共和国国务院新闻办公室：《〈新时代的中国国防〉白皮书》，《解放军报》2019 年 7 月 25 日。

第六章　中国式现代化：构建人类命运共同体的道路参照

［1］《中国共产党第十九届中央委员会第六次全体会议文件汇编》，人民出版社，2021，第 93 页。

［2］习近平：《论坚持推动构建人类命运共同体》，中央文献出版社，2018，第 5~6 页。

［3］《习近平外交演讲集》第 2 卷，中央文献出版社，2022，第 358 页。

［4］《建国以来重要文献选编》第 19 册，中央文献出版社，1998，第 483 页。

［5］《邓小平年谱（一九七五——一九九七）》（上卷），中央文献出版社，2004，第 497 页。

［6］《习近平谈治国理政》第 3 卷，外文出版社，2020，第 23 页。

［7］《高举中国特色社会主义伟大旗帜　奋力谱写全面建设社会主义现代化国家崭新篇章》，《人民日报》2022 年 7 月 28 日。

［8］参见蒋尉《欧洲工业化、城镇化与农业劳动力流动》，社会科学文献出版社，2013，第 17 页。

［9］《习近平谈治国理政》第 4 卷，外文出版社，2022，第 142 页。

［10］张梦旭：《美国贫富差距持续扩大》，《人民日报》2021 年 10 月 19 日。

［11］《十八大以来重要文献选编》（中），中央文献出版社，2016，第 789 页。

［12］《习近平谈治国理政》第 4 卷，外文出版社，2022，第 144 页。

［13］同上书，第 217 页。

［14］胡鞍钢等：《中国新发展理念》，浙江人民出版社，2017，第 1 页。

［15］习近平：《在教育文化卫生体育领域专家代表座谈会上的讲话》，人民出版社，2020，第 4 页。

［16］习近平：《在文艺工作座谈会上的讲话》，人民出版社，2015，第 6 页。

［17］同上书，第 5 页。

[18] 习近平:《论坚持推动构建人类命运共同体》,中央文献出版社,2018,第 256 页。

[19] 李宇军:《发达国家生态文明建设经验》,《政策瞭望》2010 年第 6 期。

[20] 《习近平外交演讲集》第 2 卷,中央文献出版社,2022,第 261 页。

[21] 《习近平谈治国理政》第 2 卷,外文出版社,2017,第 209 页。

[22] 《习近平谈治国理政》第 4 卷,外文出版社,2022,第 365 页。

[23] 《习近平外交演讲集》第 2 卷,中央文献出版社,2022,第 261 页。

[24] 同上。

[25] 《习近平会见美国国防部长马蒂斯》,《人民日报》2018 年 6 月 28 日。

[26] 《邓小平文集(一九四九——一九七四年)》(下卷),人民出版社,2014,第 355 页。

[27] 习近平:《论坚持推动构建人类命运共同体》,中央文献出版社,2018,第 418~421 页。

[28] 《习近平外交演讲集》第 2 卷,中央文献出版社,2022,第 357~358 页。

第七章 为世界谋大同:构建人类命运共同体的文明使命

[1] 《中国共产党第十九届中央委员会第六次全体会议文件汇编》,人民出版社,2021,第 93 页。

[2] John Williamson, "What Washington Means by Policy Reform", in

John Williamson, ed. , *Latin American Readjustment*: *How Much has Happened* (Peterson Institute for International Economics, 1989).

[3]《习近平外交演讲集》第 2 卷，中央文献出版社，2022，第 161 页。

[4] 同上书，第 260 页。

[5]《马克思恩格斯文集》第 5 卷，人民出版社，2009，第 861 页。

[6] 同上书，第 864 页。

[7]《习近平外交演讲集》第 2 卷，中央文献出版社，2022，第 255 页。

[8] 同上书，第 262 页。

[9] 同上书，第 284、285 页。

[10]《习近平谈治国理政》第 1 卷，外文出版社，2018，第 60 页。

[11] Samuel Bowles, *Microeconomics*: *Behavior*, *Institutions*, *and Evolution* (Princeton University Press, 2004), pp. 33–36.

[12] Jennifer Rubin, "The Flaw in Zero Sum Politics", *The Washington Post*, October 4, 2013.

[13] 胡宗山：《博弈论与国际关系研究：历程、成就与限度》，《世界经济与政治》2006 年第 6 期。

[14] 参见 Thomas C. Schelling, *The Strategy of Conflict* (Cambridge: Harvard University Press, 1980), pp. 11 – 72; Steven J. Brams, *Superpower Games*: *Applying Game Theory to Superpower Conflict* (New Haven: Yale University Press, 1985), pp. 10–90; George W. Downs, David M. Rocke, and Randolph M. Siverson, "Arms Races and Cooperation", in Kenneth A. Oye, ed. , *Cooperation*

under Anarchy (New Jersey： Princeton University Press， 1985），pp. 118-146。

[15] Graham Allison， "Thucydides's Trap has been Sprung in the Pacific"， *Financial Times*， August 21， 2012.

[16] Simon Tisdall， "The New Cold War： Are We Going Back to the Bad Old Days?"， *The Guardian*， December 11， 2014.

[17] Crotty， Epstein， and Kelly， *Multinational Corps in Neo-liberal Regime* (Cambridge University Press， 1998），p. 2.

[18] 参见 Charles R. Morris， *The Two Trillion Dollar Meltdown： Easy Money， High Rollers， and the Great Credit Crash* (The Perseus Books Group， 2009）。

[19]《习近平谈治国理政》第 2 卷，外文出版社，2017，第 214 页。

[20] 习近平：《在庆祝改革开放 40 周年大会上的讲话》，人民出版社，2018，第 39~40 页。

[21] 习近平：《把中国文明历史研究引向深入 增强历史自觉坚定文化自信》，《求是》2022 年第 14 期。

[22] 习近平：《论坚持推动构建人类命运共同体》，中央文献出版社，2018，第 515 页。

[23] Jean-Luc Nancy， *The Inoperative Community* (University of Minnesota Press， 1991）.

[24] 参见 Jean-Luc Nancy， *The Inoperative Community* (University of Minnesota Press， 1991），pp. 9-10。

[25] Brian Elliott， "Theories of Community in Habermas， Nancy and Agamben： A Critical Evaluation"， *Philosophy Compass* 4/6 (2009)： 893-903.

［26］参见〔法〕托马斯·皮凯蒂《21 世纪资本论》，巴曙松等译，中信出版社，2014，第 5 页。

［27］《马克思恩格斯全集》第 1 卷，人民出版社，1995，第 220 页。

［28］习近平：《在庆祝中国共产党成立 100 周年大会上的讲话》，人民出版社，2021，第 13~14 页。

［29］习近平：《论坚持推动构建人类命运共同体》，中央文献出版社，2018，第 82~83 页。

［30］同上书，第 509~510 页。

第八章　构建人类命运共同体对中华优秀传统文化的弘扬

［1］《习近平在中国人民大学考察时强调　坚持党的领导传承红色基因扎根中国大地　走出一条建设中国特色世界一流大学新路》，《人民日报》2022 年 4 月 26 日。

［2］习近平：《论坚持推动构建人类命运共同体》，中央文献出版社，2018，第 163 页。

［3］《习近平谈治国理政》第 3 卷，外文出版社，2020，第 185 页。

［4］《商君书》，中华书局，2012，第 3 页。

［5］《贞观政要》，中华书局，2012，第 3 页。

［6］习近平：《把中国文明历史研究引向深入　增强历史自觉坚定文化自信》，《求是》2022 年第 14 期。

［7］习近平：《在哲学社会科学工作座谈会上的讲话》，人民出版社，2016，第 16 页。

［8］同上书，第 17 页。

［9］杨天宇：《礼记译注》（上），上海古籍出版社，2010，第

266 页。

[10] 《习近平谈治国理政》第 4 卷，外文出版社，2022，第 136~137 页。

[11] 《马克思恩格斯选集》第 1 卷，人民出版社，2012，第 444 页。

[12] 习近平：《在纪念马克思诞辰 200 周年大会上的讲话》，人民出版社，2018，第 19 页。

[13] 《马克思恩格斯全集》第 10 卷，人民出版社，1998，第 277 页。

[14] 《习近平谈治国理政》第 4 卷，外文出版社，2022，第 10 页。

[15] 《毛泽东文集》第 7 卷，人民出版社，1999，第 82 页。

[16] 习近平：《在纪念马克思诞辰 200 周年大会上的讲话》，人民出版社，2018，第 19 页。

[17] 习近平：《把中国文明历史研究引向深入　增强历史自觉坚定文化自信》，《求是》2022 年第 14 期。

[18] 《习近平在中共中央政治局第三十九次集体学习时强调　把中国文明历史研究引向深入　推动增强历史自觉坚定文化自信》，新华网，http：//www. news. cn/politics/leaders/2022－05/28/c_1128692207. htm。

[19] 《联合国宪章》，联合国官方网站中文版，https：//www. un. org/zh/about-us/un-charter/full-text。

[20] 《习近平谈治国理政》第 2 卷，外文出版社，2017，第 42~43 页。

[21] 习近平：《论坚持推动构建人类命运共同体》，中央文献出版社，2018，第 421 页。

[22] 《习近平谈治国理政》第 3 卷，外文出版社，2020，第 20 页。

［23］习近平：《在庆祝中国共产党成立100周年大会上的讲话》，人民出版社，2021，第16页。

［24］《习近平谈治国理政》第1卷，外文出版社，2018，第273页。

［25］金良年：《大学译注·中庸译注·论语译注》，上海古籍出版社，2010，第257页。

［26］习近平：《在庆祝中国共产党成立100周年大会上的讲话》，人民出版社，2021，第16页。

［27］习近平：《论坚持推动构建人类命运共同体》，中央文献出版社，2018，第420页。

［28］费孝通：《缺席的对话——人的研究在中国——个人的经历》，《读书》1990年第10期。

［29］金良年：《大学译注·中庸译注·论语译注》，上海古籍出版社，2010，第45页。

［30］习近平：《论坚持推动构建人类命运共同体》，中央文献出版社，2018，第512页。

［31］同上书，第418~419页。

［32］同上书，第81页。

［33］《习近平谈治国理政》第3卷，外文出版社，2020，第120页。

［34］习近平：《论坚持推动构建人类命运共同体》，中央文献出版社，2018，第78页。

［35］同上书，第417页。

［36］费孝通：《缺席的对话——人的研究在中国——个人的经历》，《读书》1990年第10期。

［37］杨天宇：《礼记译注》（上），上海古籍出版社，2010，第265页。

[38] 习近平:《论坚持推动构建人类命运共同体》,中央文献出版社,2018,第 7 页。

第九章 构建人类命运共同体对马克思主义的创新发展

[1]《马克思恩格斯选集》第 1 卷,人民出版社,2012,第 199 页。

[2] 同上书,第 202 页。

[3] 同上书,第 198 页。

[4] 习近平:《论坚持推动构建人类命运共同体》,中央文献出版社,2018,第 5 页。

[5] 同上书,第 271 页。

[6]《马克思恩格斯选集》第 1 卷,人民出版社,2012,第 163 页。

[7] 习近平:《论坚持推动构建人类命运共同体》,中央文献出版社,2018,第 207 页。

[8]《马克思恩格斯选集》第 1 卷,人民出版社,2012,第 194 页。

[9] 同上书,第 169 页。

[10]《马克思恩格斯全集》第 30 卷,人民出版社,1995,第 107 页。

[11]《习近平外交演讲集》第 2 卷,中央文献出版社,2022,第 170~171 页。

[12]《马克思恩格斯选集》第 1 卷,人民出版社,2012,第 405 页。

[13] 习近平:《论坚持推动构建人类命运共同体》,中央文献出版社,2018,第 30 页。

[14]《马克思恩格斯选集》第 1 卷,人民出版社,2012,第 173 页。

[15]《马克思恩格斯文集》第 7 卷,人民出版社,2009,第 928 页。

［16］《马克思恩格斯文集》第 1 卷，人民出版社，2009，第 582 页。

［17］习近平：《决胜全面建成小康社会　夺取新时代中国特色社会主义伟大胜利——在中国共产党第十九次全国代表大会上的报告》，人民出版社，2017，第 58～59 页。

［18］习近平：《论坚持推动构建人类命运共同体》，中央文献出版社，2018，第 254 页。

［19］同上书，第 255 页。

［20］同上书，第 510 页。

参考文献

习近平：《论坚持推动构建人类命运共同体》，中央文献出版社，2018。

《习近平外交演讲集》第1~2卷，中央文献出版社，2022。

《习近平谈治国理政》第1卷，外文出版社，2018。

《习近平谈治国理政》第2卷，外文出版社，2017。

《习近平谈治国理政》第3卷，外文出版社，2020。

《习近平谈治国理政》第4卷，外文出版社，2022。

《马克思恩格斯选集》第1~4卷，人民出版社，2012。

《马克思恩格斯文集》第1~9卷，人民出版社，2009。

《毛泽东选集》第1~4卷，人民出版社，1991。

《毛泽东外交文选》，中央文献出版社、世界知识出版社，1994。

《邓小平文选》第1~2卷，人民出版社，1994。

《邓小平文选》第3卷，人民出版社，1993。

《江泽民文选》第1~3卷，人民出版社，2006。

《胡锦涛文选》第1~3卷，人民出版社，2016。

《中国共产党第十九届中央委员会第六次全体会议文件汇编》，人民出版社，2021。

韩子勇、任慧：《人类命运共同体与文明交流互鉴研究》，文化艺术出版社，2021。

何英：《大国外交："人类命运共同体"解读》，上海大学出版社，2019。

李君如、罗建波等：《人间正道：构建人类命运共同体》，外文出版社，2021。

李君如：《人类命运共同体：中国人的世界梦》，人民日报出版社，2020。

刘建武：《跨越"修昔底德陷阱"：构建人类命运共同体》，党建读物出版社，2019。

卢黎歌：《新时代推进构建人类命运共同体研究》，人民出版社，2019。

马俊峰、马乔恩：《构建人类命运共同体的历史性研究》，人民出版社，2019。

邵发军：《推动构建人类命运共同体的理论内涵与实践路径研究》，人民出版社，2021。

王公龙等：《构建人类命运共同体思想研究》，人民出版社，2019。

王灵桂：《70年中国发展与人类命运共同体建设：中外联合研究报告（No.8）》，社会科学文献出版社，2021。

王彤：《世界与中国：构建人类命运共同体》，中共中央党校出版社，2019。

王义桅：《人类命运共同体：新型全球化的价值观》，外文出版社，2021。

王义桅：《时代之问　中国之答：构建人类命运共同体》，湖南人民出版社，2021。

谢伏瞻总主编《习近平新时代中国特色社会主义思想学习丛书》，中国社会科学出版社，2019。

张飞岸：《马克思与人类命运共同体》，中国财政经济出版社，2021。

张进、谢桂山、许宏：《大同思想与人类命运共同体建设》，山东大学出版社，2020。

张立文：《中国传统文化与人类命运共同体》，中国人民大学出版社，2018。

张战等：《构建人类命运共同体思想研究》，时事出版社，2019。

中国人权研究会：《构建人类命运共同体与全球人权治理》，五洲传播出版社，2018。

〔英〕阿尔布劳：《中国在人类命运共同体中的角色》，严忠志译，商务印书馆，2020。

〔德〕奥斯特哈默：《世界的演变：19 世纪史》，强朝晖、刘风译，社会科学文献出版社，2016。

〔德〕黑格尔：《历史哲学》，王造时译，上海书店出版社，2006。

〔英〕汤因比：《历史研究》，郭小凌等译，上海人民出版社，2010。

曹泳鑫：《世界历史、中国道路和人类命运共同体》，《马克思主义研究》2017 年第 9 期。

陈须隆：《人类命运共同体理论在习近平外交思想中的地位和意义》，《当代世界》2016 年第 7 期。

高贵祖：《文明交流互鉴是打造人类命运共同体的重要途径》，《求是》2016 年 11 期。

高惠珠、赵建芬：《"人类命运共同体"：马克思"共同体"思想的当代拓新》，《上海师范大学学报》2017 年第 6 期。

韩庆祥：《为解决人类发展问题贡献"中国理论"——习近平"人类命运共同体"思想》，《东岳论丛》2017 年第 11 期。

郝立新、周康林：《构建人类命运共同体——全球治理的中国方案》，《马克思主义与现实》2017 年第 6 期。

何怀远：《书写马克思世界历史理论的下篇文章——论习近平人类命运共同体思想对马克思世界历史理论的贡献》，《思想理论教育导刊》2018 年第 9 期。

何星亮：《文明交流互鉴与人类命运共同体建设》，《人民论坛》2019 年第 21 期。

贺来：《马克思哲学的"类"概念与"人类命运共同体"》，《哲学研究》2016 年第 8 期。

郇庆治：《理解人类命运共同体的三个重要层面》，《人民论坛·学术前沿》2017 年第 12 期。

姜辉：《构建人类命运共同体：百年大党的中国方案和世界期待》，《党建》2021 年第 7 期。

康渝生、陈奕诺：《"人类命运共同体"：马克思"真正的共同体"思想在当代中国的实践》，《学术交流》2016 年第 11 期。

李包庚：《世界普遍交往中的人类命运共同体》，《中国社会科学》2020 年第 4 期。

李景源：《构建人类命运共同体何以可能?》，《湖北大学学报》（哲学社会科学版）2017 年第 6 期。

李梦云：《建设人类命运共同体的文化构想》，《哲学研究》2016 年第 3 期。

刘传春：《人类命运共同体内涵的质疑、争鸣与科学认识》，《毛泽东邓小平理论研究》2015 年第 11 期。

　　刘泓：《人类命运共同体是人类文明形态发展的大趋势》，《人民论坛》2021 年第 34 期。

　　刘同舫：《构建人类命运共同体对历史唯物主义的原创性贡献》，《中国社会科学》2018 年第 7 期。

　　卢德友：《"人类命运共同体"：马克思主义时代性观照下理想社会的现实探索》，《求实》2014 年第 8 期。

　　鲁品越：《"构建人类命运共同体"伟大构想：马克思"世界历史"思想的当代飞跃》，《哲学动态》2018 年第 3 期。

　　秦宣、刘鑫鑫：《共同价值：打造人类命运共同体的价值观基础》，《中国特色社会主义研究》2017 年第 4 期。

　　曲星：《人类命运共同体的价值观基础》，《求是》2013 年第 4 期。

　　饶世权、林伯海：《习近平的人类命运共同体思想及其时代价值》，《学校党建与思想教育》2016 年第 7 期。

　　石云霞：《习近平人类命运共同体思想科学体系研究》，《中国特色社会主义研究》2018 年第 2 期。

　　宋婧琳、张华波：《国外学者对"人类命运共同体"的研究综述》，《当代世界与社会主义》2017 年第 5 期。

　　孙聚友：《儒家大同思想与人类命运共同体建设》，《东岳论丛》2016 年第 11 期。

　　孙伟平：《"人类共同价值"与"人类命运共同体"》，《湖北大学学报》（哲学社会科学版）2017 年第 6 期。

　　田鹏颖：《历史唯物主义与"人类命运共同体"》，《马克思主义研究》2018 年第 1 期。

　　王易：《全球治理的中国方案：构建人类命运共同体》，《思想理论教育》2018 年第 1 期。

郗戈：《〈共产党宣言〉世界历史理论与人类命运共同体建构》，《湖南科技大学学报》（社会科学版）2018 年第 4 期。

肖群忠、杨帆：《文明自信与中国智慧——构建人类命运共同体思想的实质、意义与途径》，《中国特色社会主义研究》2018 年第 2 期。

谢俊：《人类命运共同体思想的生成逻辑及建构实践》，《哲学研究》2019 年第 2 期。

徐艳玲、李聪：《"人类命运共同体"价值意蕴的三重维度》，《科学社会主义》2016 年第 3 期。

叶小文：《人类命运共同体的文化共识》，《新疆师范大学学报》（哲学社会科学版）2016 年第 3 期。

张华波、邓淑华：《马克思发展共同体思想对构建人类命运共同体的启示》，《马克思主义研究》2017 年第 11 期。

张继龙：《国内学界关于人类命运共同体思想研究述评》，《社会主义研究》2016 年第 6 期。

张岂之：《"打造人类命运共同体"与中华优秀传统文化》，《山东省社会主义学院学报》2017 年第 1 期。

张曙光：《"类哲学"与"人类命运共同体"》，《吉林大学社会科学学报》2015 年第 1 期。

张永生：《生态文明是构建人类命运共同体的根本途径》，《当代中国与世界》2021 年第 3 期。

邹广文、王纵横：《人类命运共同体与文化自信的心理建构》，《中国特色社会主义研究》2017 年第 4 期。

后　记

《构建命运共同体的人类文明》是由社会科学文献出版社组织筹划的"人类文明新形态研究丛书"的第七卷，是为迎接党的二十大胜利召开而撰写的一部专著。

本书从提纲设计、文献整理、内容讨论、正式写作到修改定稿，历时将近一年，其间数易其稿。各章作者及单位具体如下：

导　言　杨洪源（中国社会科学院哲学研究所）；

第一章　关祥睿（北京大学哲学系）；

第二章　杨洪源、康峻川（北京大学哲学系）；

第三章　陈栋（中国社会科学院哲学研究所博士后流动工作站）；

第四章　杨洪源；

第五章　杨洪源；

第六章　刁超群（中共北京市委党校马克思主义学院）；

第七章　闫培宇（中国社会科学院哲学研究所）；

第八章　闫培宇；

第九章　杨洪源。

杨洪源负责全书提纲设计、文献整理、修订通稿工作，闫培宇承担书稿写作协调工作。

　　本书在创作过程中，有幸得到天津大学教授颜晓峰、社会科学文献出版社社长王利民、总编辑杨群的悉心教诲与大力支持。原中共中央党史研究室科研管理部主任黄如军、北京大学博雅讲席教授丰子义、清华大学教授郭建宁、中国人民大学教授陶文昭和侯衍社、北京航空航天大学教授赵义良，对本书内容提出了宝贵的指导意见。社会科学文献出版社总编辑助理姚冬梅、政法传媒分社总编辑曹义恒，也对本书的出版提供了充分帮助和细致协调。在此一一表示衷心的感谢！同时，在本书付梓之际，由衷感谢社会科学文献出版社人文分社副总编辑袁卫华为此所付出的辛勤劳动。

　　由于时间紧、任务重，特别是创作团队主要成员皆初入学界，本书难免有不足之处，恳请方家批评指正。

杨波涌

2022 年 7 月 27 日

出版后记

习近平总书记在庆祝中国共产党成立 100 周年大会上的重要讲话中指出："我们坚持和发展中国特色社会主义，推动物质文明、政治文明、精神文明、社会文明、生态文明协调发展，创造了中国式现代化新道路，创造了人类文明新形态。"随后，在党的十九届六中全会和中国文联十一大、中国作协十大开幕式等重要场合的讲话中，习近平总书记多次强调了创造人类文明新形态对中国及世界的重要作用。

为迎接党的二十大隆重召开，从历史高度、思想深度和实践广度上加快推进人类文明新形态研究，经与天津大学马克思主义学院院长颜晓峰教授商议，我社于 2021 年 11 月中旬开始筹划出版"人类文明新形态研究丛书"。2021 年 12 月 7 日我社召开了丛书策划研讨会，针对研创背景、写作思路、框架设计、研创团队、写作进度等方面进行了讨论和安排。2021 年 12 月 29 日我社召开了丛书创作研讨会，与颜晓峰教授一起遴选了写作团队。2022 年 1 月 24 日召开项目启动会以后，各位作者正式开始研究和写作。为更好地促进丛书研讨和写作，我社分别于 2022 年 4 月 22 日、6 月 17 日举行了项目中期统稿研讨会和定稿研讨会，主要讨论并解决书稿写作进度、遇到的难题，并对书稿定位、文风、体例等进一步加以明晰和规范。这两次会议特别邀请了原中共中央党史研究室科研管理部主任黄如军、清华大学马克思主义学院特聘教授郭建宁、中国人民大学马克思主义学院教授侯衍社、北京大学哲学系博雅讲席教授丰子义、中国人民大学马克思主义学院副院长陶文昭、北京航空航天大学马克思主义学院院长赵义良共六位专家莅临现场，以评审和指导的形式为丛书研究和写作提出宝贵意见。

丛书由颜晓峰、杨群主编，颜晓峰教授牵头撰写总卷，分卷主创有中共中央党校（国家行政学院）经济学部韩保江教授、武汉大学马克思主义学院项久雨教授、东北大学马克思主义学院任鹏教授等，创作团队成员有 40 余人，作者单位涵盖中国社会科学院、中共中央党校（国家行政学院）、北京大学、武汉大学、天津大学等国内一流科研机构和高等院校，作者均为国内马克思主义理论学科领域的知名专家学者以及近年成长起来的青年才俊，学术水平高、研究实力强。

"人类文明新形态研究丛书"是我社精心策划，为即将隆重召开的党的二十大献礼的重要图书，也被列入中国社会科学院 2022 年重点出版项目、中宣部"2022 年主题出版重点出版物"。中国社会科学院党组及相关部门高度重视丛书的出版，给予了多方面的指导。中国社会科学院秘书长、党组成员赵奇同志担任丛书编委会主任，在百忙中仔细审定了全部书稿，提出修改意见，并拨冗为丛书作序。

在整个丛书出版过程中，我社高度重视，从开始筹划，到各次研讨会及编辑出版，我和总编辑杨群同志全程参与了会议讨论、内容审核、编校指导等各个环节。杨群同志和副总编辑蔡继辉、童根兴一起，认真细致地完成了三审工作，确保了丛书的政治导向和学术质量；总编辑助理姚冬梅、政法传媒分社总编辑曹义恒以及重点项目办公室在项目策划、申报中宣部"2022 年主题出版重点出版物"及具体的编校出版过程中全力做好组织和统筹等相关工作；编审室、出版部、设计中心等部门也给予了大力支持；政法传媒分社社长王绯多次参加研讨会建言献策，各位编辑组成员也全力以赴做好书稿编辑出版工作。

在丛书付印之际，我谨代表社会科学文献出版社，向各位领导、专家、同事致以诚挚的感谢。今后，我们将继续努力，策划出版更多彰显社会效益的精品力作，为繁荣发展中国特色哲学社会科学做出自己应有的贡献。

社会科学文献出版社社长　王利民

2022 年 9 月 28 日

图书在版编目(CIP)数据

构建命运共同体的人类文明 / 杨洪源等著. --北京:
社会科学文献出版社,2022.9(2023.10重印)
(人类文明新形态研究丛书 / 颜晓峰,杨群主编)
ISBN 978-7-5228-0766-9

Ⅰ.①构… Ⅱ.①杨… Ⅲ.①国际关系-研究 Ⅳ.
①D81

中国版本图书馆 CIP 数据核字(2022)第 171887 号

人类文明新形态研究丛书
构建命运共同体的人类文明

著 者 / 杨洪源 等

出 版 人 / 冀祥德
组稿编辑 / 曹义恒
责任编辑 / 袁卫华
责任印制 / 王京美

出   版 / 社会科学文献出版社
          地址:北京市北三环中路甲 29 号院华龙大厦 邮编:100029
          网址:www.ssap.com.cn
发   行 / 社会科学文献出版社(010)59367028
印   装 / 三河市东方印刷有限公司

规   格 / 开 本:787mm×1092mm 1/16
          印 张:19 字 数:231 千字
版   次 / 2022 年 9 月第 1 版 2023 年 10 月第 2 次印刷
书   号 / ISBN 978-7-5228-0766-9
定   价 / 69.00 元

读者服务电话:4008918866